Reconnexion de l'Afrique à l'économie mondiale

Ce livre est une compilation d'articles issus de la XIIIe Assemblée générale du CODESRIA, 2011.

L'Afrique et les défis du XXIe siècle

Reconnexion de l'Afrique à l'économie mondiale

Défis de la mondialisation

Sous la direction de

Abdelali Naciri Bensaghir

CODESRIA

Conseil pour le développement de la recherche en sciences sociales en Afrique
DAKAR

© CODESRIA 2016
Conseil pour le développement de la recherche en sciences sociales en Afrique
Avenue Cheikh Anta Diop Angle Canal IV
BP 3304 Dakar, 18524, Sénégal
Site web : www.codesria.org

ISBN : 978-2-86978-638-7

Mise en page : Alpha Ousmane Dia
Couverture : Ibrahima Fofana

Distribué en Afrique par le CODESRIA
Distribué ailleurs par African Books Collective
www.africanbookscollective.com

Le Conseil pour le développement de la recherche en sciences sociales en Afrique (CODESRIA) est une organisation indépendante dont le principal objectif est de faciliter et de promouvoir une forme de publication basée sur la recherche, de créer plusieurs forums permettant aux chercheurs africains d'échanger des opinions et des informations. Le Conseil cherche ainsi à lutter contre la fragmentation de la recherche dans le continent africain à travers la mise en place de réseaux de recherche thématiques qui transcendent toutes les barrières linguistiques et régionales.

Le CODESRIA publie une revue trimestrielle, intitulée *Afrique et Développement*, qui est la plus ancienne revue de sciences sociales basée sur l'Afrique. Le Conseil publie également *Afrika Zamani* qui est une revue d'histoire, de même que la *Revue Africaine de Sociologie* ; la *Revue Africaine des Relations Internationales (AJIA)* et la *Revue de l'Enseignement Supérieur en Afrique*. Le CODESRIA co-publie également la *Revue Africaine des Médias*; *Identité, Culture et Politique : un Dialogue Afro-Asiatique ; L'Anthropologue africain*, la *Revue des mutations en Afrique, Méthod(e)s : Revue africaine de méthodologie des sciences sociales* ainsi que *Sélections Afro-Arabes pour les Sciences Sociales*. Les résultats de recherche, ainsi que les autres activités de l'institution sont aussi diffusés à travers les « Documents de travail », le « Livre Vert », la « Série des Monographies », la « Série des Livres du CODESRIA », les « Dialogues Politiques » et le *Bulletin du CODESRIA*. Une sélection des publications du CODESRIA est aussi accessible au www.codesria.org

Le CODESRIA exprime sa profonde gratitude à la Swedish International Development Corporation Agency (SIDA), au Centre de Recherches pour le Développement International (CRDI), à la Ford Foundation, à la Carnegie Corporation de New York (CCNY), à l'Agence norvégienne de développement et de coopération (NORAD), à l'Agence Danoise pour le Développement International (DANIDA), au Ministère des Affaires Etrangères des Pays-Bas, à la Fondation Rockefeller, à l'Open Society Foundations (OSFs), à TrustAfrica, à l'UNESCO, à l'ONU Femmes, à la Fondation pour le renforcement des capacités en Afrique (ACBF) ainsi qu'au Gouvernement du Sénégal pour le soutien apporté aux programmes de recherche, de formation et de publication du Conseil.

Table des matières

III
Quelles conditions de reconnexion ?

Note sur les auteurs

Serge Bernard Emmanuel Aliana (1975–2016), a travaillé en tant que chercheur et enseignant/assistant au Département de Philosophie et Anthropologie de l'École Normale Supérieure de Yaoundé (ENS) au Cameroun. Titulaire d'un Diplôme d'Études Approfondies (DEA) en philosophie, option : histoire de la philosophie et philosophie morale et politique avec une thèse de doctorat Ph.D finalisé et non soutenue.

Adolphe Dansou Alidjinou est maître de conférences de science politique. Il enseigne le régionalisme africain, l'histoire des idées politiques et la communication politique à l'université Gaston Berger de Saint-Louis. Il est auteur de nombreuses publications scientifiques en sciences sociales en général et en science politique en particulier. Ses recherches actuelles portent sur les relations entre le droit et la politique en Afrique.

Abdelhamid Bencharif Docteur en Économie du Développement, Ingénieur des Industries Agricoles et Alimentaires de l'ENSIA (Massy) est Administrateur Scientifique et Enseignant-Chercheur. Il est Spécialiste de l'Économie Alimentaire et plus particulièrement de la régulation des filières et des stratégies des entreprises agro-alimentaires dans le contexte de libéralisation et de mondialisation des économies des pays de la Méditerranée.

Abdelali Naciri Bensaghir Professeur habilité en sciences économiques à la faculté des sciences juridiques, économiques et sociales, université Hassan II – Mohammedia – Casablanca au Maroc. Auteur de plusieurs travaux de recherches, publications et communications nationales et internationales, dans les domaines de l'économie du transport, de la logistique et de l'économie internationale.

Kouider Boutaleb est professeur en sciences économiques, à la faculté des Sciences économiques et de gestion Université de Tlemcen (Algérie). Il fait ses recherches dans les domaines de l'économie du développement durable, la gouvernance, la planification et la gestion des entreprises. Il a publié sur la théorie de la décision, et a contribué dans plusieurs ouvrages collectifs avec une soixantaine d'articles et communications nationales et internationales sur des thèmes de l'analyse micro et macroéconomique liés au développement socioéconomique au Maghreb et plus particulièrement l'Algérie.

Ibrahima Thione Diop est titulaire d'un doctorat de 3ème cycle « Monnaie Finance Banque » et d'un doctorat nouveau régime en « économie internationale » de l'université Pierre Mendès France de Grenoble. Il enseigne à la faculté des sciences économiques et de gestion de l'UCAD depuis 1988, l'économie monétaire internationale et la microéconomie. Il a été notamment chef du département d'analyse et politique économiques et présentement directeur du CREA (Centre de recherches économiques appliquées).

Youssouf Meite est doctorant en sciences de gestion, il prépare une thèse sur le thème « Gouvernance d'entreprise et stratégies de développement durable : quels enjeux pour les entreprises de l'Union économique et monétaire ouest africaine (UEMOA) ? Application au cas du transport urbain à Abidjan – Côte d'Ivoire ». Ses travaux de recherche portent sur la Gouvernance d'entreprises et la problématique du développement durable. Il est actuellement professeur vacataire chargé des travaux dirigés au cycle-licence à la faculté des sciences juridiques, économiques et sociale de Marrakech – Université Cadi Ayyad. Il est conjointement rattaché dans le cadre d'une cotutelle internationale de thèse, au Groupe de recherche en Management et Ingénierie de Développement (GREMID) de l'Université Cadi Ayyad Marrakech (Maroc) et au Groupe de sociologie politique européenne (GSPE) de l'Université de Haute Alsace Mulhouse (France).

Louis Ndjetcheu est enseignant – chercheur à l'Université de Douala. Il est titulaire d'un Doctorat Troisième Cycle en Sciences de Gestion et d'un Doctorat d'Etat en Sciences Comptables et Fiscales. Il est chargé de cours au Département de Finance et Comptabilité où il enseigne la Fiscalité, la gouvernance financière et comptable des entreprises et les Mathématiques Financières. Il a été le premier coordonnateur de la filière Expertise Comptable de l'Université de Douala et Chef de Département d'Economie Publique. Il est auteur de plusieurs articles scientifiques dans le domaine de la Comptabilité, de la Fiscalité et de l'Audit.

Ibrahima Niang est Docteur en Sociologie option Sociologie économique et relations internationales, diplômé en Management de la communication des entreprises. Depuis une dizaine d'années, il poursuit des recherches sur la présence chinoise en Afrique et ses perspectives. En outre, Il est enseignant-chercheur (assistant vacataire) au Département de Sociologie de l'UCAD et charge du pole recherche Afrique-Asie au Laboratoire de Prospective et de Sciences des Mutations de l'Université Cheikh Anta Diop de Dakar. Auteur de plusieurs articles sur la thématique de la Chine en Afrique et sur celle des mouvements sociaux de jeunes en Afrique.

Sidi Mohamed Rigar est Docteur en sciences de gestion, enseignant-chercheur à l'Université Cadi Ayyad, Marrakech et directeur du groupe de recherche sur le management et l'ingénierie de développement – GREMID. Il était aussi chef de département des sciences de gestion à la même université entre 2006 et 2011. Il est actuellement Vice Doyen chargé de la recherche scientifique et de la coopération à la faculté des sciences juridiques économiques et sociales de l'université Cadi Ayyad de Marrakech, où il dirige également le Master « Management Financier de l'entreprise ». Ses champs d'intérêt s'agencent dans les domaines du management des organisations et la fiscalité des entreprises, avec plusieurs participations à des manifestations scientifiques nationales et internationales et des publications dans des revues spécialisées. Dans le cadre de ses travaux il a aussi contribué à la réalisation de plusieurs projets de recherche notamment avec le « Global Development Network GDN », l'Economic Research Forum ERF et le CODESRIA.

Introduction

Abdelali Naciri Bensaghir

Actuellement, la question de l'intégration des pays africains à l'économie mondiale interpelle davantage les analystes.

D'une part, la mondialisation néolibérale semble adopter les valeurs et les normes d'un Nord développé qui embrasse la postmodernité, pour les imposer à un Sud encore en quête de modèles de développement et qui ne peut prétendre à la protection de ses structures industrielles naissantes. D'autre part, au sein même des pays du Sud, les pays africains restent économiquement les plus sensibles aux perturbations du commerce mondial (14 pays parmi les 20 pays les plus pauvres sont africains). La mondialisation accentue ainsi les inégalités et pousse à la marginalisation des pays pauvres. Pour l'Afrique, sa part dans les échanges commerciaux mondiaux s'effrite de plus en plus dans les dernières années et représente actuellement moins de 3 pour cent ; elle ne capte que 5 pour cent du stock total entrant des IDE dans le monde. Par ailleurs, et avec des économies où l'agriculture continue à représenter plus des deux tiers du PIB et où la part de l'industrie n'a pas changé depuis les années soixante-dix du siècle dernier, la balance commerciale africaine reste largement excédentaire, plus de la moitié en étant représentée par des exportations minérales.

Certes, les pays africains présentent un important potentiel de croissance en raison de leurs énormes besoins dans les différents domaines, et font actuellement la convoitise de plusieurs pays développés, mais ils connaissent en même temps de grands problèmes économiques, politiques et sociaux. Le rapport sur la compétitivité africaine[1] note que, partis avec les mêmes PIB par habitant que les pays de l'Asie du Sud-Est dans les années soixante, les pays de l'Asie ont évolué plus rapidement que les pays de l'Afrique. D'énormes retards affectent ainsi en Afrique les facteurs déterminants de la compétitivité des pays, tels que la qualité des institutions, les infrastructures, l'environnement macroéconomique, la santé, l'enseignement supérieur et la formation, l'efficacité du marché du travail et du marché financier, les technologies et la capacité d'innovation… etc.

Le bilan ne s'applique toutefois pas uniformément à l'ensemble des pays africains. Les niveaux de développement, la qualité des institutions et les besoins en matière de politiques économiques ne sont pas identiques pour tous les pays africains.

Alors que certains pays sont arrivés à hausser leurs niveaux de compétitivité (Afrique du Sud, Botswana, Gabon, Maroc, Namibie, Seychelles, Maurice, Rwanda), d'autres pays plus fragiles cherchent tout simplement à rétablir une certaine stabilité. Il n'est guère possible par conséquent de construire des politiques de compétitivité identiques pour des pays aux besoins et ressources différents. Les réflexions à ce niveau doivent envisager toutes les composantes des politiques de compétitivité, en partant de la mise à niveau de la qualité des institutions par l'augmentation de la capacité du secteur public, l'amélioration des infrastructures, la qualification des systèmes de formation, l'encouragement à l'utilisation des technologies, etc., pour arriver à la planification de politiques d'intégration régionale en vue d'accroître la compétitivité de l'ensemble des pays africains par l'accroissement du commerce interrégional et l'augmentation de la taille des marchés.

Que signifie la mondialisation pour l'Afrique ? Quels changements implique-t-elle ? Quels modèles de développement impose-t-elle, et dans quelles conditions ? Un premier essai de compréhension est exposé dans le présent ouvrage, qui regroupe les actes des travaux de la 13e Assemblée générale du CODESRIA qui a eu lieu en 2011 à Rabat au Maroc et a eu comme thème principal « L'Afrique et les défis du XXIe siècle ».

Réussir une certaine intégration de l'Afrique à l'économie mondiale à l'ère de la mondialisation exige dans un premier temps de débattre des éléments de réussite et d'échec des politiques économiques entreprises jusqu'ici dans les pays africains, et incite à chercher comment remédier aux facteurs qui handicapent le développement de l'Afrique dans un contexte d'économie mondialisée.

Ainsi, dans le premier chapitre, « L'Afrique face aux défis du développement socio-économique à l'ère de la mondialisation néolibérale », Kouider Boutaleb s'arrête sur le pourquoi de l'échec des modèles de développement en Afrique. Deux questions principales doivent être discutées : qui doit formuler les modèles de développement ? À quels modèles de développement doit-on se référer ?

Pour la première question, l'auteur note que, contrairement aux pays du Nord, où la bourgeoisie avait constitué l'État conquérant au cours des XVIIIe et XIXe siècles, dans les pays en développement, l'État a été constitué par les pouvoirs d'après-indépendance qui tiraient leur légitimité de la lutte de libération. Ils avaient institué un pouvoir centralisé, limitant la participation à la prise de décision. Quant aux modèles de référence, les pays en développement s'inspiraient des deux tendances de l'époque, à savoir le modèle socialiste centralisé autour de l'État et le modèle capitaliste prônant la primauté du marché.

L'auteur constate l'échec douloureux de la plupart de ces expériences, que ce soit dans les pays socialistes ou dans les pays capitalistes, entraînant un pesant legs de sous-développement, difficile à surmonter même dans les décennies prochaines. Un tel échec s'explique, selon l'auteur, non par les facteurs externes (relation centre/périphérie) ou par les erreurs de gouvernance interne, mais du fait de la nature des systèmes socio-économiques mis en place et de leurs modes de fonctionnement qui, en Afrique, ont été complètement pervertis après une période de grâce des chefs charismatiques. Cela n'avait pas seulement échoué à lancer un processus de développement socio-économique, cela avait bloqué ce processus par le contrôle des ressources et leur distribution selon un esprit clientéliste. L'explication est développée davantage par les adeptes de l'école institutionnaliste.

Le redéploiement actuel de la plupart des pays africains vers le modèle capitaliste, que ce soit d'une façon volontaire ou sous l'impulsion des institutions financières mondiales pose à nouveau, pour l'auteur, les questions de la qualité des États et de leur gouvernance, en particulier dans le nouveau contexte de mondialisation. Dans ce contexte, plusieurs contraintes pèsent sur le processus de développement des pays africains, tels le poids de la dette, la montée des conditionnalités de l'aide au développement, et le fardeau de l'exode des compétences.

Dans ce nouveau contexte néolibéral, l'auteur souligne qu'il n'y a pas de modèle précis de développement valable pour tous les pays, qu'un modèle de développement doit tenir compte des spécificités des pays et que chaque pays a des caractéristiques et une histoire propre dont sa stratégie de croissance doit tenir compte. Le modèle de développement des pays de l'Asie du Sud-Est offre à cet égard un bel exemple de réussite à méditer, même si les conditions mondiales ont changé. L'exemple du modèle de développement de la Corée du Sud est évoqué et comparé au cas algérien pour montrer la réussite de l'un et l'échec de l'autre, cela dans deux pays où l'État a joué un rôle dominant dans les politiques d'industrialisation. La différence, pour l'auteur est qu'en Algérie en particulier et en Afrique en général, la logique de contrôle et de distribution de la rente l'a toujours emporté sur la logique de développement. Et de conclure que les pays africains ont besoin d'instaurer un État de droit capable de mettre en place les conditions de réussite et d'épanouissement des modèles de développement.

Adolphe Dansou Alidjinou, dans le deuxième chapitre, « L'intégration africaine face à la mondialisation », relève que l'État nation africain est aujourd'hui, à tout le moins, un échec face à lui-même et face à la communauté internationale. L'auteur revient sur la place qu'occupent les questions du territoire dans le processus d'intégration des pays africains, dans la mesure où le territoire a souvent conditionné les rapports entre ces pays, en totale contradiction avec l'objectif d'unité proclamé. L'auteur s'enquiert de la pertinence des questions d'intégration africaine dans un contexte où le territoire pose problème au sein même de la plupart des États africains, qui ont des problèmes de souveraineté sur leurs propres territoires.

Pour l'auteur, les problèmes territoriaux, résultats de la période des compétitions coloniales, doivent être résolus avant de s'engager dans un processus d'intégration. Le territoire, qui est pour l'auteur une construction historique, en interaction permanente avec les dynamiques sociales, politiques et économiques, ne constitue plus la base de l'établissement des États africains, laissant la place à de nouvelles formes de territorialité dont les bornes ne coïncident pas nécessairement avec les limites officielles, les normes, ou le langage des États.

L'auteur note que l'intégration africaine ou la constitution d'espaces économiques régionaux fut surtout refusée par certains leaders africains qui voyaient dans la création d'un espace fédéral une remise en cause de leurs territoires, lieu matériel de l'exercice de leurs pouvoirs et source de leurs légitimités, ancrant de la sorte une nouvelle forme de territoire et donnant naissance à l'État-nation. Une telle situation fut encore encouragée par la charte de l'OUA sur la souveraineté des nations, sur l'intégrité territoriale des États et sur le principe de non-ingérence dans les affaires intérieures des États.

La grande question soulevée par l'auteur est : comment les pays africains réussiront-ils à faire face à la mondialisation en étant désunis, dans un contexte mondial caractérisé par les grands groupements économiques ? Le nouveau-né, l'Union africaine, leur permet-il de réaliser cet objectif ? Un premier élément de réponse est déjà formulé par l'auteur, qui avance que l'Union africaine, comme l'ancienne OUA, ancre davantage la souveraineté des États qu'elle ne fait la promotion d'un esprit de souveraineté supranationale.

Dans le troisième chapitre, « Économie culturelle globalisée et anthropologie de l'exil : une analyse critique des enjeux de la mondialisation à partir de la lecture d'*Après le colonialisme. Les conséquences culturelles de la globalisation* d'Arjun Appadurai », Aliana Serge Bernard Emmanuel renvoie à la réflexion sur les dimensions culturelles de la mondialisation, à savoir la formation de nouvelles communautés transnationales résultant de l'accélération de la circulation des flux, notamment entre individus. Présentant une lecture des thèses du socioanthropologue américano-indien Arjun Appadurai qui met la culture et la circulation au centre des nouveaux concepts de la mondialisation postmoderne, il souligne que cette dernière a accentué les mouvements de personnes, et par conséquent la déterritorialisation des groupements, créant des « communautés imaginées » et réinventant de nouvelles cultures, encouragée en cela par le développement économique, technologique et médiatique. Il expose dans un premier point l'anthropologie de l'exil ou la manière dont les diasporas conçoivent leurs nouvelles présentations culturelles, ainsi que les nouvelles solidarités transnationales dans un monde globalisé, caractérisé par une désaffectation des cultures et des groupements à des territoires. Dans un deuxième point, l'auteur présente les dimensions de la constitution de ces groupements transnationaux avec d'une part, l'enracinement, en même temps que leur déracinement culturel, des cultures locales, comme réponse radicale à la postmodernité permise par la mondialisation et, d'autre part, l'apparition de la néosociété civile transnationalisée. Dans un troisième point, l'auteur discute la place de l'Afrique et de son identité dans le contexte de la globalisation, en affirmant que ce monde globalisé représente plus une opportunité qu'une menace pour une Afrique dont l'identité n'est pas figée, mais qui évolue au gré des enjeux liés à la mondialisation.

Quels modèles de reconnexion des pays africains ?

La question de la reconnexion de l'Afrique à l'économie mondiale doit permettre de concevoir des modèles de développement dépassant la simple exploitation et exportation des ressources naturelles. La mondialisation accentue la division internationale des processus de production et accélère la circulation des capitaux, des marchandises, des personnes et des informations. Les pays africains doivent ainsi tirer profit de la mondialisation en se positionnant sur les segments productifs où ils sont le plus compétitifs.

À cet effet, Abdelali Naciri Bensaghir présente dans le quatrième chapitre : « Quelle nouvelle reconnexion des pays africains au commerce mondial dans un contexte de mondialisation : l'expérience marocaine ? », le modèle de reconnexion du Maroc à l'économie mondiale depuis la fin du dernier siècle. L'expérience marocaine est riche d'enseignements. L'insertion du Maroc dans le commerce mondial est restée pour des décennies fondée sur quelques secteurs exportateurs, notamment l'agroalimentaire et le textile. Le développement du secteur textile a profité de la conjonction des politiques économiques marocaines dans le cadre des stratégies de substitution à l'importation adoptées dans les années soixante et soixante-dix, où le secteur textile a bénéficié de la plus grande partie des investissements, et de la volonté des pays européens de délocaliser une partie de leurs productions des produits textiles dans le cadre de nouvelles stratégies de production et de distribution.

Toutefois, les retombées escomptées du développement du secteur textile, au niveau de l'accroissement du niveau d'industrialisation de l'économie marocaine, sont restées très limitées. On n'a assisté qu'à un développement restreint de l'aval de la filière, notamment celui de la confection des articles textiles, sans que cela autorise le développement de l'amont très capitalistique, aux effets d'entraînement sur tout le tissu industriel, comme cela a été le cas pour les pays développés et les nouveaux pays développés où le secteur textile avait constitué la première étape de l'industrialisation. Le développement du tissu industriel se traduit ainsi par la diminution de la part des produits textiles dans les exportations, et l'augmentation de la part des autres articles, tels que l'électronique, l'électricité, l'automobile. On note ainsi que les difficultés des secteurs exportateurs marocains sont d'ordre structurel dans la mesure où la compétitivité des produits n'est que le reflet de l'amélioration des performances de son système productif en termes de capacités de production, de progrès technologique et d'accumulation du capital.

La nouvelle stratégie marocaine vise ainsi le développement de secteurs plus importants comme l'électronique, l'électricité, l'automobile. En effet, l'industrie automobile a été retenue en 2005, dans le cadre du plan du développement industriel « Émergence », parmi les nouveaux vecteurs de reconnexion de l'économie marocaine au commerce mondial. L'objectif est de profiter du redéploiement international de l'industrie automobile qui tend à favoriser relativement les espaces industriels périphériques des principaux centres de production, à savoir les USA, l'UE et le Japon. Dans ce schéma, le Maroc appartient à une zone géographique, l'Afrique du Nord, qui reste marginale dans le processus de production de l'industrie automobile, particulièrement européenne. Toutefois, l'industrie automobile au Maroc connaît actuellement un essor, notamment dans la région du Nord, en conjonction avec la volonté du gouvernement de développer cette région et l'objectif des équipementiers de délocaliser certaines activités automobiles auparavant réalisées en Espagne et au Portugal et en Europe orientale en raison de la convergence des revenus dans la péninsule ibérique et aux pays du PECO.

L'auteur note toutefois le risque, pour le Maroc, de voir les investissements réalisés concentrés principalement sur des segments du processus de production qui sont intensifs en main-d'œuvre, ce qui se voit dans la plupart des délocalisations qui portent essentiellement sur le câblage qui est une activité consommatrice de main-d'œuvre peu qualifiée. Cela limitera encore les possibilités d'apprentissage industriel et organisationnel.

Dans le chapitre V intitulé « Innovations industrielles et développement territorial durable au Maghreb : une illustration à travers une étude comparative des technopôles du secteur agroalimentaire », les auteurs Sidi Mohamed Rigar et Abdelhamid Bencharif évoquent la notion de technopôle comme innovation pour le développement territorial durable, nécessitant la réunion des connaissances scientifiques, des investissements industriels et l'appui de l'État. Il s'agit de développer des systèmes productifs locaux dans un contexte marqué par l'émergence des politiques territoriales et par la décentralisation des politiques sectorielles.

La notion de technopôle en tant qu'innovation exige une coordination entre le monde scientifique et le monde industriel sur un territoire présentant certaines conditions en termes d'infrastructures et d'institutions de création et de diffusion de l'innovation. C'est un processus d'appropriation des connaissances par les industriels, pour le développement territorial dans un cadre réunissant le global et le local.

Les auteurs montrent que malgré le développement des notions de technopôles, de pôles de compétitivité et de clusters depuis plusieurs décennies dans les pays du Nord, les pays du Maghreb n'ont vu le développement de ces technopôles que vers la fin des années 1990. Ils présentent à cet effet une étude comparative des technopôles dans le secteur agricole et agroalimentaire des trois pays du Maghreb : Maroc, Algérie et Tunisie. Pour les auteurs, le technopôle comme innovation dans ce secteur, notamment pour l'activité agricole, bien ancrée dans le territoire, répond aux contraintes que subissent le monde agricole et l'industrie agroalimentaire dans un contexte d'échanges commerciaux mondialisés. Ces contraintes sont liées à l'utilisation des progrès technologiques et des modèles d'organisation évolués dans la production, la transformation et la commercialisation de produits agricoles ayant des exigences spécifiques : qualité nutritionnelle et sécurité, conservation, traçabilité… etc.

Les auteurs notent que deux arguments justifient la mise en place des technopôles agricoles au Maghreb : d'une part, l'urgence des gains de compétitivité, face aux perspectives des marchés et à la fracture économique Nord-Sud, et d'autre part, l'exigence de dispositifs novateurs, aptes à organiser les ressources cognitives et à permettre le réel transfert des savoirs, leur accumulation et leur démultiplication locale. Ils soulèvent l'importance du développement du secteur agricole pour les pays du Maghreb dans un contexte d'échanges commerciaux mondiaux libéralisés. Ainsi, le secteur agricole agroalimentaire connaît actuellement un accroissement des facteurs « immatériels » au sein de la valeur des produits agricoles et alimentaires. Cela fait défaut dans les pays maghrébins où le secteur agricole ne bénéficie pas d'un fort appui des domaines scientifiques, en raison notamment des retards enregistrés dans la recherche scientifique en général.

L'étude de technopôles agricoles présentée montre la diversité des expériences dans les trois pays maghrébins. Les technopôles agroalimentaires réalisés en Tunisie et au Maroc et les projets de technopôles en Algérie sont tous faits dans le cadre de plans globaux de développement du secteur agricole. La réussite de ces expériences a pour condition, aux yeux des auteurs, la mobilisation des ressources cognitives nationales autour de réseaux spécialisés, l'organisation des relations entre ces réseaux et les entreprises, la recherche de nouvelles formes de partenariats internationaux qui autorisent de réels transferts des savoirs et leur démultiplication locale.

Les auteurs, Sidi Mohamed Rigar et Meite Youssouf, présentent dans le chapitre VI, « Intégration africaine : quel modèle de coopération économique Sud-Sud ? Expérience des entreprises marocaines pionnières en Afrique subsaharienne », un modèle de coopération Sud-Sud développé entre le Maroc et les pays de l'Afrique subsaharienne. Cette coopération fait suite aux relations politiques, économiques, religieuses, économiques et culturelles séculaires entre les deux parties. C'est un exemple très riche d'enseignements pour des relations Sud-Sud résultant d'une orientation volontaire du Maroc vers son voisinage subsaharien. Le partenariat est fondé sur le développement des relations commerciales – comportant des accords permettant la réduction des droits de douane pour les produits industriels subsahariens – et des relations d'investissement, avec la présence dans les pays subsahariens de plusieurs entreprises marocaines dans les secteurs de la banque, des transports, des assurances, des télécommunications, des travaux publics et bâtiments, ainsi que d'offices nationaux d'eau, d'électricité et de formation professionnelle. Il s'agit de mettre à disposition des pays subsahariens l'expérience du Maroc dans l'électrification, l'accès à l'eau potable, la construction de barrages, les infrastructures routières et ferroviaires, les télécommunications et les nouvelles technologies. Stratégie confortée par la position géographique du Maroc et sa volonté de jouer le rôle de tremplin entre l'Afrique et le reste du monde. Cette stratégie est encouragée par le potentiel de croissance que présente l'Afrique subsaharienne, avec une croissance démographique soutenue, une urbanisation croissante et la montée d'une classe moyenne qui peut représenter un facteur de stabilisation politique, à côté des ressources naturelles dont jouissent ces pays.

Les relations économiques entre le Maroc et l'Afrique subsaharienne n'ont ainsi cessé d'évoluer depuis le début des années 2000 avec une part de 8 pour cent dans les exportations marocaines et 60 pour cent des IDE marocains, soit 360 millions de dollars, ce qui fait du Maroc le deuxième investisseur en Afrique après l'Afrique du Sud. Plusieurs exemples d'entreprises publiques et de groupes privés engagés dans l'investissement dans l'Afrique subsaharienne sont présentés dans le papier.

Quelles conditions de reconnexion ?

L'amélioration de la place des pays africains dans le commerce mondial exige la révision de la donne concernant les économies africaines, de façon individuelle et collective. Au niveau interne, plusieurs conditions doivent être améliorées, notamment la gouvernance des institutions publiques et privées, les infrastructures, la formation des ressources humaines, l'accès aux technologies… etc. Au niveau externe, une coopération économique régionale serait d'un apport bénéfique dans l'échange des expériences, la création du commerce et l'élargissement des marchés.

En effet, Louis Ndjetcheu, dans le chapitre VII, « Diaspora et création d'entreprises en Afrique : recherche de facteurs d'incitation environnementale », présente un questionnement sur la place de la diaspora dans le processus de développement en Afrique, en dehors du schéma traditionnel de transferts d'argent pour les besoins de consommation. Pour l'auteur, malgré l'évolution importante des transferts dans les dernières décennies, ces transferts restent orientés principalement vers des investissements improductifs tels les besoins des familles d'origine, la construction de routes, d'écoles ou d'établissements de santé, ou, à la limite, dans des secteurs économiques à effets d'entraînements très réduits tels que l'immobilier et le commerce. L'auteur propose d'encourager les diasporas africaines à créer des PME créatrices d'emploi et moins capitalistiques. Mais il faut pour cela préparer un environnement propice et incitatif à l'investissement aux yeux des migrants. L'auteur expose une marche vers la préparation de cet environnement à travers l'organisation de foires pour consolider les relations des migrants avec leurs pays d'origine, l'accompagnement des migrants dans la préparation de leurs projets, l'aide au choix des types d'intervention des migrants dans les opérations d'investissement. L'auteur note que des pays africains se sont engagés dans ce processus de préparation de l'environnement, notamment juridique et fiscal, dans le cadre de traités entre plusieurs pays visant à renforcer le cadre juridique et à unifier les données fiscales dans l'objectif de les harmoniser avec les normes internationales. L'exemple du Traité de l'organisation pour l'harmonisation en Afrique du droit des affaires (OHADA) est révélateur. Ce traité apporte l'uniformisation et la simplification d'un régime juridique applicable dans tous les États-parties de l'Organisation, aux niveaux du droit des sociétés commerciales, de la réglementation des différentes formes de garanties offertes aux créditeurs, de l'organisation des procédures simplifiées du recouvrement et des voies d'exécution, du droit commun de l'arbitrage dans les États-membres, et de l'organisation et l'harmonisation des comptabilités des entreprises. Au niveau fiscal, les efforts entrepris pour l'encouragement de l'investissement dans les pays africains, portent sur l'exonération d'impôt sur les bénéfices ainsi que sur d'autres impôts directs pendant les premières années d'exploitation, sur les exonérations de droit de douane, et sur les impôts indirects sur les équipements importés ou produits localement. Toutefois, l'auteur relève que l'environnement de l'investissement an Afrique reste encore moins attractif en raison notamment de la multiplicité des intervenants sur le plan juridique et fiscal, de la lenteur administrative et de d'une présence modeste de la magistrature en droit des affaires.

Dans le chapitre VIII, « La monnaie unique africaine : contribution à l'étude du problème des États Unis d'Afrique », Diop Ibrahima Thione présente un instrument d'intégration des économies africaines pour faire face aux difficultés que rencontrent ces économies devant les défis de la mondialisation. En effet, l'Afrique reste encore, au niveau externe, marginalisée sur le plan des IDE, du commerce mondial, et elle souffre encore, au niveau interne, des crises alimentaires et de son retard technologique, notamment au niveau des TIC.

L'intégration économique, qui permet une circulation des produits dans l'espace intégré, se base premièrement sur l'union douanière qui permet la suppression des droits de douane, puis sur le marché commun qui permet la libre circulation des marchandises et celle des facteurs de production, et, enfin, sur l'union économique fondée sur la base de l'union monétaire. Théoriquement, cette intégration économique permet d'accroître les échanges commerciaux entre les pays intégrés, selon le principe de création du commerce. Pour l'Afrique, des espaces intégrés ont été créés, donnant lieu à des unions économiques avec les unions monétaires, mais sans aboutir à dynamiser les échanges commerciaux intercommunautaires et intracommunautaires. Trois groupements sont présentés dans le papier : l'UEMOA, la CEDEAO et la CEMAC. Les parts des échanges commerciaux entre les pays de ces trois groupements restent faibles, ainsi que les taux des échanges entre les trois groupements.

En plus des difficultés propres aux économies des pays de ces groupements, telles que la non-diversification et la ressemblance des productions, l'omniprésence du secteur informel, les coûts des transports élevés, l'auteur analyse l'obstacle de la diversité des monnaies et de leur inconvertibilité. D'où l'intérêt, selon l'auteur, de la mise en place d'une monnaie unique pour développer le commerce intrarégional et augmenter la compétitivité des produits africains. Sur le plan politique, l'ABCA (Association des banques centrales africaines) a lancé en 2002 le PCMA (le Programme de coopération monétaire en Afrique) avec la mise en place d'une monnaie et d'une banque centrale uniques à l'échelle du continent. Sur la CEDEAO, l'une des cinq régions mises en place par l'ABCA, l'auteur note l'existence de huit monnaies inconvertibles. L'unification de ces monnaies en une seule permettra d'accroître le commerce au sein de ce groupement, comme l'attestent de nombreux travaux théoriques.

Dans le chapitre IX, « L'Afrique a-t-elle un cahier des charges face aux pays émergents ? », l'auteur présente une étude prospective qui développe le repositionnement des relations africaines dans le cadre de relations Sud-Sud, notamment avec les pays émergents, dans un contexte où l'Afrique excite la convoitise des puissances traditionnelles telles que les USA, la France et la Grande-Bretagne, en même temps que des puissances émergentes, telle la Chine.

Il s'agit, pour l'auteur, de savoir si l'Afrique possède une vision de son avenir, afin d'éviter le piège d'une « mondialisation subalterne ». Le constat s'impose en effet de l'échec des pays africains, jusqu'à ces jours, à trouver place dans l'économie mondiale, contrairement aux pays asiatiques qui ont su tirer profit de leur spécialisation dans le cadre de la division internationale du travail pour développer des modèles propres d'intégration à l'économie mondiale. Notamment la Chine, qui s'intéresse à l'Afrique pour faire face à la forte dépendance de son économie dans les secteurs de l'énergie, des matières premières et des produits agricoles.

L'auteur présente l'exemple de la coopération Chine-Afrique et fait ressortir les déséquilibres entre un continent et un pays-continent. Dans une telle situation, l'Afrique se trouve confrontée à l'absence d'une stratégie africaine commune dans ses rapports avec la Chine, ce qui permet à celle-ci de tisser ses relations de pays à pays. Un forum sino-africain est ainsi institué pour passer de relations bilatérales à des relations multilatérales, en essayant de développer les pays partenaires africains dans les domaines se rapportant à la sécurité et à la paix, aux infrastructures, à la santé, aux ressources humaines, à l'agriculture, au commerce, à l'investissement, au tourisme et à l'exploitation des ressources naturelles.

Toutefois, l'évolution des relations semble reproduire le schéma qu'entretiennent les pays africains avec les pays occidentaux dans la mesure où les exportations africaines portent principalement sur les ressources naturelles, notamment les produits énergétiques dont la Chine reste fortement dépendante, alors que les importations sont des produits manufacturés. Dans cette relation, l'auteur note que le modèle relationnel est subi par les pays africains plutôt qu'orienté par ceux-ci. D'une part, les pays africains ne peuvent pas développer des industries de transformation pour améliorer leurs exportations, d'autre part, la Chine procède par un traitement au cas par cas, rompant avec l'esprit multilatéral prôné dans le premier sommet sino-africain de 2000 et fragilisant ainsi l'équilibre des institutions sous-régionales et continentales.

L'auteur ne remet pas en cause les relations Chine-Afrique, mais espère les réorienter vers une présence des pays africains qui soit davantage porteuse de projets de développement, mettant fin aux relations imposées par le système colonial et néocolonial.

I

L'Afrique et la mondialisation : les implications

1

L'Afrique face aux défis du développement socio-économique à l'ère de la mondialisation néolibérale

Joseph Ki-Zerbo : « On ne développe pas, on se développe »

Introduction

La problématique de la construction d'économies efficientes en Afrique à l'ère de la mondialisation néolibérale ne cesse d'interpeller les chercheurs. Cette problématique nous reporte aux débats anciens dont les questions fondamentales liées à l'organisation d'économies efficientes, demeurées depuis sans réponses, laissent aujourd'hui, sans doute plus que par le passé, la pensée et la politique économique dams un denouement trop facilement accepté.

Pour comprendre cette problématique, il faudrait sans doute nous interroger sur les causes de l'échec des politiques de développement entreprises depuis l'indépendance en Afrique, qu'elles soient d'essence socialiste ou libérale, et voir enfin, compte tenu des contraintes internes et externes et des mutations de l'environnement global, quels pourraient être les contours stratégiques pour un authentique développement en Afrique, à l'image des succès qu'ont pu connaître les pays du sud-est asiatique dont l'expérience devrait constituer une source d'inspiration.

Dans les conditions induites par ce phénomène de mondialisation, et ce cadre semble s'être désormais imposé, quels choix pour construire d'authentiques économies productrices d'emplois et de valeurs ajoutées capables de se reproduire sur une base élargie ? Des économies efficientes ?

Quels modèles de référence pour une stratégie de développement cohérente dans un cadre d'économie de marché assuré ?

La réponse à ces questions ne semble pas être tranchée, mais les expériences asiatiques de développement sont riches d'enseignements.

Ces interrogations étant précisées, nous aborderons analytiquement les trois volets qui structurent cette contribution :

1. L'expérience du développement post-indépendance, où nous rendrons compte des choix opérés en matière de développement socio-économique, des acteurs et des modèles de référence, à une époque – celle ayant suivi la décolonisation dams les années 1960 – où l'espoir de sortir du cercle vicieux du sous-développement était bien réel, et où nous présenterons les causes généralement admises de l'échec douloureux de ces expériences de développement.

2. La construction d'économies de marché efficientes dams un contexte interne et externe contraint, volet où nous rappellerons les postulats d'une économie de marché dont l'option s'est généralisée, avant d'identifier les principales contraintes internes et externes et les mutations de l'environnement global (mondialisation).

3. Quels choix pour les économies africaines : nous nous interrogerons enfin sur les conditions et perspectives pratiques de construction d'économies efficientes en Afrique (la référence étant les expériences asiatiques de développement) ?

L'expérience du développement postindépendance

Les acteurs et les modèles de référence

Comme nous l'avions souligné dams un travail antérieur (Boutaleb 2000) dams les débats que suscite cette problématique, deux questions, auparavant totalement occultées par les théoriciens du développement, doivent être posées. Elles ont ainsi été formulées par Ikonikoff :

1. Qui doit formuler les projets de développement ?

2. Par rapport à quel modèle de référence ces projets doivent-ils être élaborés ? (Ikonicoff 1985:781)

Longtemps il a semblé aller de soi que ce rôle revenait tout naturellement à l'État « en tant queue système institutionnel présidant aux destinées d'une société et seul à détenir la légitimité du pouvoir » (Boukhobza 1992).

En effet :

> Compte tenu du type de rapport existant entre État et société et de la nature des pouvoirs politiques et des mécanismes de la décision économique prévalant dams la plupart des pays du tiers-monde, il ne pouvait en être autrement. Les luttes contre la domination coloniale ou contre l'emprise des grandes puissances ayant été menées au nom de la souveraineté économique nationale, il paraissait logique

et nécessaire d'admettre au moins dans une première phase, l'épanouissement de l'Etat au détriment de la société.

Si la « bourgeoisie conquérante » (Morazé 1956) avait marqué de son empreinte le réveil de l'Occident au cours des XVIIe et XIXe siècles, c'est l'État conquérant qui marquera le réveil du tiers-monde dams la deuxième moitié du XXe siècle (Ikonicoff 1985:781).

Ces luttes de libération nationale ont longtemps constitué et constituent à ce jour dams beaucoup de cas la source de légitimation du pouvoir personnel ou de celui de groupes extrêmement restreints. À cela s'est ajoutée une autre légitimation fondée sur le combat pour le développement et contre la dépendance économique.

Ces types de pouvoirs autocratiques ont entraîné quasiment partout des systèmes de décision extrêmement centralisés. Le nombre des acteurs participant aux prises de décisions stratégiques était forcément très limité.

Quant à la seconde question, rappelle Ikonikoff (1985:782), le modèle de référence était le paradigme « national-développementaliste » (De Bandt & Hugon 1984), qu'il soit d'essence « socialiste » (voie socialiste de développement) à l'exemple de l'Algérie, dont l'exemple historique était constitué par l'ex-URSS, ou d'essence « capitaliste » (voie capitaliste de développement), à l'exemple de la Côte d'Ivoire.

Ce paradigme « développementaliste » avait deux sources d'inspiration, l'économie socialiste à planification centralisée et l'interventionnisme étatique préconisé par Keynes. Dans cette approche de développement :

> l'État controle l'essentiel des investissements, met en place des politiques macroéconomiques et élabore des outils de régulation tels que les mécanismes de contrôle des prix. Les politiques de planification et les modèles d'économie mixte – capitalisme d'État, libéralisme planifié ou communautaire – se situent dams ce courant. La réalité ne se montrant pas conforme à ces scénarios de développement, dams la mouvance de la réflexion menée au sein de la CEPAL avec le paradigme de la dépendancia, le débat va progressivement s'étendre du domaine théorique au domaine idéologique, avec la radicalisation qui intervient entre le milieu des années 1950 et jusqu'aux années 1970, dams un contexte de luttes de libération et d'émergence politique du tiers-monde (Bend 2007).

La mise en œuvre des projets de développement impliquait dams les deux cas l'intervention active dans l'économie, de l'État, prenant en charge l'affectation des ressources et l'accumulation du capital.

Dans le cas du modèle socialiste (Algérie, Angola, Mozambique, Congo Brazzaville…), bien plus sans doute que dans l'autre option (ou l'État est tout aussi omniprésent), l'affectation des ressources ne pouvait être laissée aux forces du marché, car le schéma de croissance nécessitait dans cette optique une orientation précise des investissements. Il faut, écrivait G. D. de Bernis, que le plan organise chaînon par chaînon la propagation de leurs effets d'industrialisation, puisqu'on ne peut jamais supposer queue cette propagation se réalisera spontanément (De Bernis 1962).

La mise en œuvre de ce projet de développement supposait aussi, comme l'écrivait A. Benachenhou :

> Un centre de décisqion qui ait le pouvoir politique d'imposer une logique aux différents secteurs, c'est-à-dire un lieu de préparation des arbitrages et de contrôle de l'exécution des décisions. En d'autres termes, ce modèle de croissance implique une forte structure de planification impérative (Benachenhou 1982).

Par ailleurs, c'est à l'État que revenait la prise en charge de la mobilisation du surplus, ce qui a fondamentalement justifié les nationalisations des leviers de commande de l'économie nationale (système bancaire, mines, énergie...). Qu'on se souvienne du concept de « récupération des richesses nationales » et, conséquemment, de la souveraineté économique par voie de « nationalisation » au sujet de laquelle les discours retentissants du défunt président algérien Houari Boumedienne demeurent gravés à jamais dams la mémoire collective. L'Algérie avait même, par la voix de son chef d'État, revendiqué en octobre 1974, dans l'enceinte des Nations Unies à New York, le droit aux nationalisations, considéré alors comme une condition essentielle, pour les nations démunies, à la promotion du développement socio-économique.

Ce fut une époque où la volonté de briser le cercle vicieux du sous-développement et les mécanismes de sa reproduction par la constitution d'un système productif national ne connaissait pas de limites. Les ressources de la nation (Algérie) étaient massivement investies malgré les multiples problèmes rencontrés.

Cette expérience de développement étatiste n'a pas « tenu la route », en Algérie comme ailleurs, pour de multiples raisons dont la plus fondamentale tient, nous semble-t-il, à la nature des systèmes socio-économiques et politiques mis en place et à leurs modes de fonctionnement.

Pouvoir autocratique et développement socio-économique

Le constat d'échec

Les expériences de développement étatiste (État entrepreneur général du développement) dont l'Algérie – pays qui a longtemps suscité l'admiration des observateurs – représentait par son ampleur un cas quasi unique en Afrique, ont connu partout des échecs douloureux dont témoignent les graves crises socio-économiques, mais aussi politiques dams lesquelles se débattent encore beaucoup de pays.

La Côte d'Ivoire aussi, pour citer ce pays, a représenté pendant longtemps un exemple de réussite de l'optique libérale de développement, avant que cette expérience et tant d'autres ne connaissent un effondrement dramatique dont les conséquences se ressentent aujourd'hui, et sans doute pour longtemps encore.

Ces expériences de développement, qui avaient suscité beaucoup d'espoir pour pour les populations africaines totalement acquises aux élites dirigeantes de l'époque, les chefs charismatiques à l'exemple de Nasser en Égypte, de Boumedienne en Algérie, de Sekou Toure en Guinée ou Houphouet Boigny en Côte d'Ivoire, et bien d'autres encore, ont connu donc quasiment partout en Afrique des échecs douloureux.

Certes, la période post-coloniale s'est caractérisée d'abord par la croissance et la hausse du niveau de vie, porteuses d'espoir. L'évolution socio-économique dans beaucoup de pays, à l'instar de l'Algérie et de la Côte d'Ivoire, est incontestable. Mais là comme ailleurs, la désillusion ne se fait pas attendre.

La crise économique qui survient au début de la décennie 1980 – qui sera d'ailleurs considérée comme perdue pour le développement – a provoqué de nombreuses remises en question. Loin d'avoir contribué de manière décisive au développement, les financements massifs engagés dams l'effort de rattrapage auront toujours plus enferré les pays africains dams le piège de la dette. Les fluctuations enregistrées dams les prix des matières premières montreraient combien il était illusoire de compter sur un progrès économique et social généré par la vente des hydrocarbures et autres produits de rente. L'État serait contesté dams son rôle, accusé d'avoir bridé d'éventuelles initiatives privées, de s'être compromis dams la réalisation de vains éléphants blancs et d'être devenu la propriété de réseaux ethno-claniques, faisant ainsi preuve de son manque de rigueur. Crise des théories et modèles de développement également, mais qui suscitera cependant des interprétations divergentes (Kohler 2001).

L'âge d'or de l'Afrique contemporaine a été éphémère, il prend fin dans la décennie 1970 (au lendemain d'une remarquable hausse des prix à l'exportation, tirée par le premier « choc pétrolier »). Abstraction faite de quelques îlots de croissance, les vingt dernières années sont celles de la régression économique et sociale du continent africain ; ses indicateurs sociaux demeurent au plus bas, tandis que le chiffre de sa population vivant en deçà du seuil de pauvreté s'accroît, parallèlement à l'intensification du processus de mondialisation ; le taux de mortalité absolue s'y accroît, en 1984–2004, et l'espérance de vie y reste peu enviable ; celle-ci n'est dans certains pays que de 39 ans. L'ancien directeur général du Fonds monétaire international (FMI), M. H. Kohler, déclarait queue :

> L'intégration à l'économie mondiale a permis des progrès inouïs des revenus et du bien-être pour le plus grand nombre, mais elle a fait trop de laissés pour compte, en particulier l'Afrique subsaharienne dams sa presque totalité. (Kohler 2001)

Ce constat est largement confirmé dams tous les rapports et études d'organismes internationaux ou de centres de recherche universitaires. On peut citer, à titre d'exemple, le rapport d'étapes relatif à la réalisation des Objectifs du nouveau millénaire rédigé par le FMI et la BIRD, en collaboration avec d'autres organismes internationaux, et publié en juillet 2004.

Le PNUD est formel :

> Au rythme actuel, l'Afrique subsaharienne ne respectera l'objectif de la scolarisation universelle dams le primaire qu'en 2129, ou l'objectif concernant la réduction de la mortalité infantile des deux tiers qu'en 2106 – dams 100 ans, au lieu des 11 ans qu'exigeraient les objectifs. Pour trois des objectifs, – la faim, la pauvreté du revenu et l'accès aux sanitaires –, on ne peut même pas fixer de date, car la situation dams la région, loin de s'améliorer, est en train de se dégrader (PNUD 2004).

Pour la CNUCED,

> dans les conditions actuelles, il est illusoire d'escompter queue le continent africain puisse atteindre les objectifs du Millénaire pour le développement.

Comme le Chancelier de l'Échiquier du Royaume-Uni, M. Gordon Brown, l'a déclaré avec force au début de cette année :

> Au rythme actuel des choses, aucun des objectifs de développement du Millénaire ne sera réalisé en Afrique non seulement au cours des dix prochaines années, mais au cours des cent prochaines années (CNUCED 2004).

L'explication

Il faut rappeler sans doute que durant les années 1960, la théorie du développement s'est quelque peu focalisée sur la dimension internationale qui articule le Centre à la Périphérie. Beaucoup considèrent que cette approche a engagé la réflexion sur le sous-développement dans une impasse, évacuant totalement les facteurs internes, tant politiques qu'économiques, du sous-développement.

De ce fait, l'échec des stratégies de développement entreprises dams ce cadre ne peut être attribué exclusivement à des mécanismes internationaux d'exploitation des pays du tiers-monde, de même qu'il ne saurait être ramené à des erreurs de gestion et/ou de planification (bien que beaucoup d'erreurs dams ce domaine aient été commises). Nonobstant les contraintes extérieures (elles existent et ne peuvent être occultées), cet échec est fondamentalement inhérent (si l'on considère l'expérience asiatique où l'État et les élites politiques ont piloté d'une manière remarquable le développement) à la nature des systèmes socio-économiques mis en place et à leurs modes de fonctionnement qui, en Afrique, ont été complètement pervertis après une période de grâce des chefs charismatiques (Boutaleb 2010).

La théorie du néo-patrimonialisme, plus encore que la théorie des économies rentières, semble assez pertinente pour expliquer un tel échec, comme nous l'avons exposé dams une contribution antérieure (Boutaleb 2008).

Ces systèmes d'économie étatisée, fondés sur la détention par une bureaucratie d'État des moyens de production nationalisés (cas de nombreux pays en Afrique et ailleurs) apportant les mêmes bénéfices matériels et sociaux que la propriété privée mais libérant en revanche simultanément des risques et de la responsabilité qu'entraîne cette dernière, ont abouti, après des décennies d'« investissement » de ressources, non pas à édifier des économies prospères, capables de satisfaire les multiples besoins de la société, mais au contraire à bloquer totalement le processus même de développement socio-économique.

Dans de tels systèmes socio-économiques et politiques, où les détenteurs du pouvoir considèrent les biens communs comme leurs biens propres, et pourvus d'un système de redistribution clientéliste – étendu en période de prospérité et réduit aux clientèles ou à la Assabiyya (concept Khaldounien exprimant l'esprit de clan) dominante en période de crise – cette gestion patrimoniale de l'État n'est possible que dans le cadre d'une monopolisation sans partage du pouvoir politique et du contrôle des ressources économiques et financières qu'il permet d'assurer (Addi 1994).

La monopolisation du pouvoir politique est à la base de ces systèmes. Beaucoup d'analyses convergent pour mettre en exergue ce caractère constitutif des systèmes étatistes, à l'exemple de l'Algérie.

Mais l'exercice du monopole politique ne suffit pas en lui-même. Il faut en effet que le pouvoir d'État exerce son monopole et/ou son contrôle sur l'ensemble des ressources économiques et financières de la nation. Même les réformes lancées dams le cadre de la transition à l'économie de marché n'ont pas infléchi sensiblement cette tendance.

> La propriété étatique, en principe propriété de la nation exercée et gérée en son nom, sert ici d'artifice, de leurre juridique masquant une jouissance privative par les tenants du pouvoir d'État (Dahmani 1997).

Ainsi, la distinction entre domaine public et domaine privé est plus théorique que réelle dams un système où le domaine public est ordinairement confondu par les tenants du pouvoir avec le domaine privé. Il perd alors son caractère public sans pour autant être privé au sens plein du terme.

Du fait du contrôle qu'il exerce sur les ressources économiques et financières du pays, il en assure la gestion comme s'il s'agissait d'une propriété privée, mais sans assumer les risques et responsabilités inhérents à la gestion privée du capital.

> Par définition ce pouvoir n'est pas responsable, car il ne répond devant aucune instance ni des résultats de sa politique économique ni même de l'utilisation des ressources du pays (Benachenhou 1999).

Certes, formellement il existe un Parlement, une Cour des comptes… mais leur fonctionnement est totalement subordonné au pouvoir politique dont ils sont l'émanation.

Ces systèmes socio-économiques dont l'exemple historique était l'URSS et les « Démocraties Populaires » de l'Est européen se fondent, nous dit le professeur J. Balcerek, sur des méthodes d'investiture féodale, de nomination, de nomenklatura.

> La bureaucratie totalitaire constitue une hiérarchie féodale où le rapport de base entre supérieur et subordonné, suzerain et vassal, est de rigueur… Tout bureaucrate, à l'exception de l'échelon le plus élevé et du plus bas, est simultanément supérieur

et subordonné, suzerain et vassal. Le supérieur fixe à son subordonné une sphère objective, territoriale, et du fait qu'aucun vassal ne peut prévoir pour combien de temps il sera toléré par son suzerain, son unique motivation sera la maximalisation dams le délai le plus court de ses bénéfices. Il vit aussi dams l'incessante crainte métaphysique qu'il ne s'appropriera pas aujourd'hui, ni a fortiori demain, ce qu'il n'a su s'approprier hier » (Balcerek 1988).

Telle est, résumée on ne peut mieux, l'essence économique et socio-psychologique d'un tel système de gouvernance, générateur d'une corruption étendue à tout le corps social, dont beaucoup de pays en Afrique offrent une illustration quasi parfaite.

Ces systèmes socio-économiques et politiques se sont infiniment complexifiés avec l'ouverture économique et les réformes de transition à l'économie de marché. Pouvoir économique et pouvoir politique se sont encore davantage imbriqués à la faveur de la libéralisation.

La théorie institutionnaliste a offert plus récemment une explication assez proche (l'explication par *la défaillance des institutions*).

Rappelons que c'est à la fin des années 1980 que :

> Le débat sur la croissance économique s'est élargi à de nouvelles approches, et plus particulièrement encore la croissance économique en contexte des pays du Sud. Les analystes et spécialistes de l'histoire économique ont en effet mis en lumière qu'ici, la croissance économique dépend fortement de la mise en place d'institutions qui fournissent des stimulants encourageant la productivité des facteurs capital et travail (Bouzidi 2010a).

On doit surtout le développement de l'économie institutionnelle et de l'école institutionnaliste à l'économiste américain, prix Nobel en 1993, Douglas North, selon qui les institutions sont :

Les lois, règles, normes et croyances qui régissent une société. Ce sont les règles du jeu, c'est-à-dire les règles officielles et les normes non officielles qui régissent le fonctionnement de la société ainsi queue leur mise en application. Les institutions définissent « la manière dont le jeu se joue ». Les plus importantes de ces institutions sont :

1. le droit de propriété bien défini et spécifié qui fournit les stimulants à la productivité. Les fournisseurs de capital aussi bien queue ceux de main-d'œuvre doivent être correctement récompensés et leurs droits de propriété protégés ;

2. un système légal et juridique d'exécution des contrats et accords. North souligne : « S'il n'y a pas un système politique qui encourage la mise en place de droits de propriété efficaces et un système juridique impartial, on n'arrivera nulle part » (Bouzidi 2010a).

Pour Samir Amin et le courant dans lequel il se situe, l'explication est autre :

> Dans les pays sous-développés, la minorité de la bourgeoisie compradore (c'est-à-dire la bourgeoisie possédant un certain pouvoir d'achat) assoit son pouvoir sur

le modèle occidental et pousse les puissances du Sud vers la division productions importées. Pour les obtenir, on spécialise le pays dams des productions intéressantes pour le marché international et on joue le jeu de la mondialisation libérale : arrachage des cultures vivrières pour les cultures de rentes, spécialisation à l'export sur les matières premières, sur la déforestation (Amin 2002, cité dams Bend 2007).

Quoi qu'il en soit, l'histoire retient l'échec retentissant de ces approches de développement amorcées par des pouvoirs autocratiques qui se sont totalement pervertis et sont devenus irréformables. Conjugué avec la transformation de l'environnement international (mondialisation) et la chute des prix des matières premières (pétrole en l'occurrence et pas seulement, à partir de 1986), l'écroulement du bloc socialiste a entraîné des bouleversements qui n'ont pas fini de produire des ondes de choc sur le plan international : nombreux sont les pays africains qui ont été confrontés brusquement à des problèmes tout à fait inédits, à des crises multiformes qui les ont contraints à s'ouvrir et à adopter les plans d'ajustement structurels concoctés par le FMI, avec des conséquences dramatiques sur les populations. D'où une déstructuration encore plus prononcée des maigres systèmes productifs mis en place durant la période post-coloniale avec beaucoup d'efforts et d'abnégation des populations, totalement engagées dans les processus de développement qu'elles croyaient réellement devoir les sortir de la misère où le colonialisme les avait enfermées.

La construction d'économies de marché efficientes dams un contexte interne et externe contraint

Certes, la plupart des pays africains se sont convertis de leur propre initiative à l'idéologie libérale dominante en matière de développement, ou en contrepartie de l'aide du FMI et de la Banque mondiale pour le remboursement de leur dette extérieure. Toutefois, progressivement, le consensus tend à se faire autour de l'impossibilité de penser une issue durable à la crise sans passer par des transformations majeures, capables d'adapter les économies en développement aux nouvelles conditions financières, mais aussi commerciales et technologiques, qui se font jour dams l'économie mondiale (De La Taille 2001).

Cette transformation se doit d'être l'œuvre d'États crédibles, engagés résolument dams la construction d'économies efficientes. D'où l'attention qui est portée désormais à la problématique du fonctionnement des États, des conditions de transformation de leurs bases sociales et de leur autonomisation. Ceci explique sans doute pourquoi les économistes en sont venus à s'intéresser à la question de la démocratie et de la gouvernance d'une manière générale.

Cela étant, il faut relever qu'aujourd'hui, toute perception des acteurs politiques, économiques et sociaux semble conditionnée par deux séries de phénomènes :

- les contraintes auxquelles les pays sont soumis et qui exigent des solutions immédiates ;

- les mutations qui se sont opérées sur la scène internationale et ont remis en cause les postulats des anciennes philosophies de développement (les contraintes de la mondialisation).

Les contraintes internes et externes et les mutations de l'environnement global (mondialisation)

Les contraintes

Les économies africaines souffrent d'une multitude de contraintes relevant du fonctionnement interne des systèmes sociopolitiques en place, mais aussi des effets des mutations qui se sont produites sur le plan international, à savoir la mondialisation et son cortège de conséquences en matière de choix stratégiques de développement.

Si la contrainte de la dette extérieure représente incontestablement un centre de préoccupation dominant pour l'ensemble, pratiquement, des pays africains, à quelques exceptions près – comme l'Algérie qui a remboursé anticipativement sa dette grâce aux revenus démultipliés du pétrole – la contrainte d'ordre interne est d'une importance comparable. Cela se reflète dans les revendications sociopolitiques et culturelles, largement étouffées par le passé, qui s'expriment avec une extrême vigueur et semblent difficilement maîtrisables dans un système de concentration des pouvoirs.

La dette

Le poids de la dette ne cesse de croître et constitue par conséquent un handicap important dont la levée conditionne toute velléité de développement.

Selon un rapport de la Banque mondiale, la dette africaine entre 1972 et 1983 s'est accrue de 20 pour cent par an. Cette progression résulte de la conjoncture favorable de l'évolution des prix des matières premières de cette décennie (73-83) qui a métamorphosé les États africains en emprunteurs solvables, mais qui devait se heurter plus tard à la montée des taux d'intérêt, au moment même où les prix des matières premières déclinaient. Cet effet de ciseaux renverse la mesure de la capacité de remboursement. Ce n'est plus avec leurs ressources, tirées des exportations, que les États amortissent leurs emprunts, mais avec de nouveaux emprunts (Vallée 2005).

Depuis 1980, la dette extérieure publique (c'est-à-dire contractée par les pouvoirs publics ou garantie par eux) à long terme de l'Afrique a continué de croître. Celle de l'Afrique subsaharienne a été multipliée par 4, passant de 45 milliards de dollars en 1980 à 175 milliards en 2003.

Les quatre pays d'Afrique du Nord (mis à part la Lybie qui n'est pas prise en compte) étaient étaient déjà très endettés en 1980 (44 milliards de dollars à eux quatre, soit autant que tous les autres pays au sud du Sahara), et leur dette a doublé dans les années 1980 avant de se contracter légèrement : 75 milliards de dollars en 2003. La dette extérieure publique de l'ensemble de l'Afrique est donc passée de 89 milliards de dollars en 1980 à 250 milliards en 2003 (Millet 2005). Les experts de la CNUCED relèvent :

L'idée couramment répandue que le surendettement de l'Afrique est tout simplement l'héritage de gouvernements africains irresponsables et corrompus. Si cette idée n'est pas entièrement dénuée de fondement, en particulier au regard de ce qu'a été la politique de la guerre froide, ce sont bien les chocs extérieurs, la dépendance à l'égard des produits de base, des programmes de réforme mal conçus et l'attitude des créanciers qui ont joué un rôle décisif dans la crise de la dette. Une analyse plus nuancée montre que le profil de la dette est passé de la « viabilité » dans les années soixante-dix à la « crise » dans la première moitié des années quatre- vingt, la majeure partie de la dette ayant été contractée entre 1985 et 1995 dans le cadre des programmes d'ajustement structurel et sous la surveillance étroite des institutions de Bretton Woods (CNUCED 2004).

Ajoutant par ailleurs que :

Loin de favoriser les dictatures, contrairement au système actuel, une véritable annulation de la dette et la rétrocession, sous l'entier contrôle des populations, des fonds détournés par les dirigeants du Sud avec la complicité des créanciers, seraient en mesure de mettre à bas des régimes autoritaires et corrompus. Dette, corruption et dictature sont des facettes d'un même problème.

L'aide

La question de l'aide au développement pour les pays africains, du moins pour ceux qui sont les plus démunis, est essentielle. Cette question a fait l'objet de nombreuses études qui ont toutes conclu qu'elle n'a jamais atteint les engagements déclarés, d'une part, et que, d'autre part, son allocation est loin d'être neutre, désintéressée, ce qui explique son peu d'impact sur l'amélioration du niveau de développement dans les pays qui la perçoivent. Ceci étant, de nouvelles conditionnalités sont édictées pour son octroi et rendent sa perception particulièrement difficile pour les pays qui se débattent dans la complexe transition démocratique.

Le libéralisme dans la sphère économique se prolonge, sur le plan politique, par un certain nombre de nouveaux critères qui sont désormais pris en compte pour décider de l'octroi de fonds internationaux aux pays africains : le fonctionnement démocratique et transparent des institutions, le respect des droits de l'homme, une gestion rigoureuse des affaires publiques – la bonne gouvernance. Cette nouvelle standardisation internationale est par exemple visible dans la similitude entre les rubriques et objectifs définis dans les documents de stratégie de réduction de la pauvreté (DSRP) soumis pour approbation à la Banque mondiale, et les rubriques et objectifs retenus par le NEPAD, tandis que le dernier accord de Cotonou illustre les nouvelles conditionnalités de la coopération et du développement tels qu'ils doivent désormais être envisagés (Bend 2007).

L'aide internationale devient de plus en plus incertaine et de plus en plus difficile à obtenir, ce qui pose problème pour beaucoup de pays démunis ayant besoin de cette d'aide... dont il faudrait sans doute reconsidérer les conditionnalités et les mécanismes d'utilisation.

L'exode de compétence

La pénurie de cadres est perpétuée. Alors qu'au départ (au moment des indépendances) il y avait effectivement absence de cadres (absence qui a été prise en charge par la priorité donnée à la formation et quelque peu atténuée grâce à la coopération internationale, notamment avec les anciens pays socialistes – et, à leur tête, l'URSS – qui envoyaient des contingents entiers d'ingénieurs de médecins et d'enseignants), aujourd'hui cette pénurie de cadres pénalisant les pays africains est d'une tout autre nature. Il s'agit du phénomène d'exode de cerveaux qui s'est amplifié avec le phénomène de la mondialisation.

À titre d'exemple, à l'indépendance de l'Algérie, Sonelgaz (Société nationale de l'électricité et du gaz) – alors Électricité et gaz d'Algérie – devait faire face au départ massif de cadres français. Il fallait absolument assurer la relève et contribuer ainsi à la conquête et à la maîtrise d'un outil indispensable à la souveraineté nationale.

Il faut savoir qu'à la veille de l'indépendance de l'Algérie, le personnel d'EGA (Électricité et gaz d'Algérie) était composé de près de 5 000 agents permanents et temporaires (4 633 titulaires en 1959).

Très peu d'Algériens se retrouvaient dans les différents échelons de l'entreprise. La plupart d'entre eux émargeaient parmi les effectifs d'agents temporaires ou étaient cantonnés dans les emplois subalternes et souvent, dans les emplois dits insalubres, comme dans les usines à gaz.

Il y avait quelques Algériens dans l'administration, mais en nombre insuffisant. En effet, parmi les 295 ingénieurs et cadres, il n'y avait quasiment pas d'Algériens. C'est l'effort conjugué des responsables de la cellule économique de l'exécutif provisoire de l'époque, de la fédération des gaziers et électriciens UGTA, de jeunes diplômés algériens à peine sortis des universités et grandes écoles étrangères (des cadres de l'UGEMA pour la plupart, que la section universitaire du FLN avait envoyés en formation) et des travailleurs militants de l'EGA qui a permis de faire face au vide qu'allait provoquer le départ massif des cadres européens.

Aujourd'hui, c'est un phénomène pernicieux qui se développe. L'exode ou la fuite de cerveaux cause un préjudice grave aux pays africains déjà démunis quant aux cadres capables de piloter le développement.

Cette forme de migration a certes toujours existé, mais sans commune mesure avec la situation actuelle engendrée par le phénomène de la mondialisation. On estime ainsi à 27 000 le nombre de cadres africains ayant quitté le continent entre 1960 et 1975, alors que depuis les années 1990, le nombre des départs est estimé à 20 000 par an. De plus, les pays africains ont investi des sommes importantes dans la formation de ces cadres, et leur départ signifie donc une dépense sans retour (Mghari 2007).

Dans ces conditions, les pays africains se trouvent dans un véritable cercle vicieux. Alors qu'ils forment à grands frais des cadres et des ingénieurs fuyant à l'étranger, ils doivent faire venir des experts étrangers pour leurs besoins, à des coûts exorbitants.

Dans ce cadre, selon une étude faite par la Commission européenne, 100 000 coopérants étrangers coûtent à l'Afrique chaque année 4 milliards de dollars.

Ces données élémentaires montrent l'autre face de cet exode, qui se traduit par des coûts financiers directs qui connaîtront certainement une forte augmentation au cours des prochaines années

Concernant enfin les coûts en expérience, ils sont difficilement quantifiables et sont source de dégâts encore plus considérables. Il s'agit des coûts inhérents au « pompage » de cadres et d'ingénieurs ayant déjà une grande expérience au sein des entreprises nationales. Ces coûts peuvent se mesurer en termes de perte de fonctionnement rationnel et efficace, de réduction de compétitivité, de non-réalisation des projets…

Cette situation est d'autant plus grave (Mghari 2007) que :

-   les entreprises en Afrique manquent cruellement de cadres et de compétences (ce sont des entreprises largement sous-encadrées et qui manquent de ressources humaines) ;

-   les besoins en matière de ressources humaines sont grandissants avec le processus de mondialisation et d'ouverture économique ; ce facteur est devenu déterminant dans toute dynamique compétitive des entreprises nationales.

Ce type de coût, moins connu, moins médiatisé et peu analysé, est fondamental dans la mesure où il vide nos entreprises de leurs compétences et de leur matière grise, ce qui représente un handicap de taille dans leur recherche de compétitivité et d'amélioration de performance.

Le départ de cadres et de professionnels qualifiés et leur remplacement par des coopérants maintiennent ces pays dans un état de sous-développement et de dépendance.

Selon le professeur Hocine Khelfaoui, spécialiste algérien des mouvements migratoires, les impacts en sont désastreux dans la mesure où ils vont affecter les pays à long terme, tout en ne les épargnant pas sur le court et le moyen terme. Il est aisé d'en imaginer les conséquences sur le devenir du pays lorsque l'on sait que la science, ces vingt dernières années, est devenue le principal facteur de compétitivité des entreprises et des nations (Khelfaoui 2010).

En définitive, la question de la disponibilité des facteurs de production se pose encore avec acuité dans beaucoup de pays, en conjugaison avec de nombreux facteurs – dont l'endettement extérieur et l'exode des cadres compétents ne sont pas les moindres – ce qui force à un certain nombre de choix dans les domaines économique et social, choix qui restreignent considérablement la capacité d'action des pouvoirs publics, alors même que le développement des actions revendicatrices rend extrêmement difficile la gestion des conflits et, par conséquent la stabilité nécessaire en matière de développement socio-économique.

La gestion de l'ouverture démocratique et des conflits sociaux

L'émergence en tout lieu d'une société civile (sacrifiée auparavant sur l'autel de l'unité nationale et de l'efficacité économique) dispute aujourd'hui aux États leurs propres espaces d'autonomie. Sur le plan politique, ce phénomène se traduit par une exigence croissante de démocratisation. L'alternative démocratique est posée en termes politiques, mais aussi économiques. Les pouvoirs en place ont dû aborder quasiment partout depuis longtemps déjà de difficiles transitions vers le pluralisme politique. Les sociétés civiles s'affirment aussi sur le plan social par le renouveau de l'action sociale et sur le plan culturel par l'exigence de la reconnaissance des identités régionales (Boutaleb 2000).

> Derrière la crise économique se profilaient une crise politique et une crise sociale dont les effets n'en finissent pas de se faire ressentir. Les pouvoirs à la légitimité douteuse, et coupables d'une gestion économique hasardeuse devraient s'effacer devant de nouveaux acteurs du secteur privé, et abandonner l'initiative de l'arbitrage économique au marché (Bend 2007).

Cela pose un grave problème de gestion de conflits qui ne sont pas pour favoriser la stabilité nécessaire au développement socio-économique. Que d'efforts et de fonds sont dépensés dans des approches chaotiques de la gestion de ces conflits... et ce, afin de pérenniser les pouvoirs en place !

Les mutations de l'environnement global (le phénomène de mondialisation)

Parmi l'ensemble des mutations qui se sont opérées ces dernières décennies sur la scène internationale, celles qui semblent jouer un rôle déterminant sont d'ordre techno-économique et idéologique.

Les mutations techno-économiques (les NTIC et la mondialisation)

L'environnement économique international a été marqué, tout au long de ces dernières années, par :

> des mutations profondes, rapides et complexes qui ont touché les méthodes d'organisation et de gestion, les systèmes de production, les circuits de distribution et les pratiques du commerce aux niveaux national et international (ONUDI 2002:iii).

Cette révolution économique a été rendue possible, en partie, par les progrès dans le domaine des technologies de l'information et de la communication (TIC) qui ont réduit le coût et augmenté la vitesse des communications à travers le globe, abolissant les anciennes barrières du temps et de l'espace, et ayant une incidence sur tous les domaines de la vie sociale et économique.

> Cette révolution a permis l'intégration des systèmes nationaux de production et de finance et se reflète dans la croissance incroyable de l'échelle des flux transfrontaliers de biens, de services et de capitaux (NEPAD 2001).

Par ailleurs, l'accélération du progrès technique s'accompagne d'une diffusion planétaire ; cela se traduit concrètement par la montée des interdépendances.

> Les normes de l'industrie mondiale transgressent les découpages administratifs territoriaux et empêchent de considérer comme système industriel une industrie isolée, autant celle d'un pays du centre développé que celle d'un pays de la périphérie sous-développée (Humbert 1984).

Il s'agit de ce qui est désormais qualifié de phénomène de mondialisation de l'économie. Ainsi :

> L'intégration des systèmes nationaux de production a rendu possible le « découpage en tranches de la chaîne des valeurs » dans un grand nombre de processus de production du secteur industriel et du secteur des services. Simultanément, la plus grande mobilité des finances signifie que les emprunteurs, publics ou privés, doivent rivaliser les uns avec les autres pour trouver des capitaux sur des marchés mondiaux plutôt que nationaux. Ces deux processus ont accru les coûts pour les pays qui sont incapables d'une concurrence réelle. L'Afrique a, dans une large mesure, supporté ces coûts de façon disproportionnée (NEPAD 2001:7).

La mondialisation, qui n'a pas fini de produire ses effets, a ainsi déjà rendu obsolètes les démarches économiques classiques, relativisant la portée des stratégies conçues exclusivement dans le cadre national.

Les mutations idéologiques

Le renouveau incontestable de l'idéologie libérale face aux contradictions du « développement étatiste » constitue un fait majeur qui a marqué la fin du siècle dernier.

Le marché est apparu à nouveau comme le cadre le plus approprié pour l'allocation optimale des ressources et des facteurs, mais également comme le principal stimulant à la créativité. Laissées à elles-mêmes, les forces du marché sont capables, dit-on, de réaliser la croissance la plus forte et la répartition la plus juste. Il s'agit là d'une conviction qui s'est généralisée et parmi ceux-là mêmes qui ont longtemps été hostiles à cette idéologie, rares sont ceux qui s'opposent à ce paradigme. C'est ainsi que l'économie basée sur la liberté d'entreprendre et la concurrence est actuellement en état de grâce. Tout le monde est pour l'économie de marché et nul n'entrevoit de solutions en dehors de ce cadre.

> La libéralisation et l'ouverture de l'économie se sont principalement matérialisées pour la majorité des pays en développement et des pays à économie en transition par l'adhésion à l'Organisation mondiale du commerce (OMC) et par la signature d'un certain nombre d'arrangements préférentiels et/ou d'accords de zones de libre-échange. Nous pouvons citer, à titre indicatif, les zones de libre-échange suivantes : Nafta (Amérique du Nord), Mercosur (Amérique du Sud), Union européenne (Europe occidentale et centrale), Asean (Asie du Sud-Est), Pays arabes (Afrique du Nord et pays du Golfe), SADC (Afrique australe), UEMOA (Afrique de l'Ouest) (ONUDI 2002:3).

Ce nouveau contexte, qui vise une intégration croissante de l'économie mondiale met en revanche ces pays en face de l'impératif de la restructuration et de la mise à niveau de leurs industries.

La conclusion des accords des négociations d'Uruguay, la mise en place de l'Organisation mondiale du commerce (OMC) au niveau international et l'établissement de plusieurs accords d'association et de zones de libre-échange aux niveaux régional et sous-régional sont considérés comme le point de départ d'une nouvelle ère dans les relations économiques et industrielles internationales.

> L'approche interventionniste matérialisée principalement par la mise en place de barrières commerciales et par l'aide financière et commerciale à l'exportation (subvention, réévaluation de la monnaie nationale, etc.), appliquée par la plupart des pays en développement, n'est plus en conformité avec l'Acte final du Cycle d'Uruguay qui a créé un système de commerce libéral et ouvert visant à permettre aux entreprises des pays membres à commercer dans des conditions de concurrence « équitables et non biaisées ».
>
> Les politiques et stratégies protectionnistes adoptées jusqu'en 1995 dans la plupart des pays en développement devront être remplacées par d'autres très différentes, obéissant à une nouvelle logique d'intégration avec les pays développés se caractérisant par : plus de compétition, moins d'interventionnisme et plus de compétitivité (ONUDI 2002:3).

Par ailleurs, la globalisation de la concurrence, la diversité des marchés et le processus rapide d'innovation dans les produits et les processus technologiques ont modifié les déterminants de la compétitivité industrielle au niveau international.

> Selon le nouveau paradigme de la concurrence qui se joue désormais au niveau international, les sources de l'avantage concurrentiel sont non seulement reliées au coût des facteurs de production et à la disponibilité des matières premières, mais de plus en plus à la qualité de l'infrastructure des institutions de support et d'appui à l'industrie, à l'efficacité des sources d'innovation, au degré des pressions des entreprises d'acquérir et de maîtriser des technologies nouvelles et de répondre rapidement aux besoins et aux changements de la demande (ONUDI 2002:4).

Ces mutations (le nouveau contexte de mondialisation) imposent des stratégies industrielles et commerciales adaptées. Problématique fort complexe que nous avons abordée dans une contribution antérieure (Boutaleb 2008).

Conséquences pour l'Afrique

On peut ici reprendre in extenso les termes de la Déclaration sur les défis de développement de l'Afrique adoptée à la fin de la Conférence sur « Les Défis de développement de l'Afrique du nouveau millénaire », organisée par TWN – Africa et le CODESRIA à Accra du 23 au 26 avril 2002, concernant notamment ce point relatif aux obstacles internes et externes au développement économique de l'Afrique, qui exprime parfaitement la nature de ces contraintes que nous avons tenté succinctement d'expliciter :

La réunion a noté que les défis auxquels fait face l'Afrique en matière de développement proviennent de deux sources étroitement liées :

a- les contraintes imposées par l'ordre économique et politique mondial dans lequel nos économies opèrent ;

b- les faiblesses internes résultant des structures politiques et socio-économiques et des politiques néolibérales d'ajustement structurel.

1. Les principaux éléments de l'ordre international hostile incluent en premier lieu le fait que les économies africaines sont intégrées de manière inadéquate dans l'économie mondiale, en tant qu'exportatrices de matières premières et importatrices de produits manufacturés, ce qui a entraîné la persistance des déficits dans les termes de l'échange. Cette situation a été renforcée par les politiques de libéralisation, de privatisation et de déréglementation, ainsi que par un ensemble de politiques macroéconomiques inappropriées, imposé à travers les conditionnalités de l'ajustement structurel de la Banque mondiale et du FMI. Ces tendances sont actuellement institutionnalisées dans les règles, les accords et les procédures de l'OMC, qui comportent des biais au détriment de nos pays. Les effets combinés de ces politiques et de ces structures ont contribué à la création du fardeau insoutenable et injustifié de la dette, qui étouffe nos économies et met en péril la capacité de l'Afrique à s'approprier les stratégies de développement.

2. Les difficultés externes ont exacerbé les déséquilibres structurels internes de nos économies et, en conjonction avec les politiques néolibérales d'ajustement structurel et les structures politiques et socio-économiques inéquitables, ont contribué à leur désintégration et à l'accroissement des inégalités sociales et de genre. Notre secteur manufacturier en particulier, est détruit ; la production agricole est en déclin ; les services publics sont sévèrement affaiblis ; et la capacité des États africains à

formuler et à mettre en œuvre des politiques nationales en faveur d'un développement équilibré et équitable est annihilée. Les coûts de ces politiques sont supportés de manière disproportionnée par les groupes marginalisés et opprimés de nos sociétés, y compris les travailleurs, les paysans et les petits producteurs. Ces coûts ont été particulièrement excessifs pour les femmes et les enfants.

3. Ces événements ont renversé les politiques, les programmes et les institutions mis en place à l'époque de l'indépendance en vue de créer et de développer une production intégrée au sein de nos économies dans les domaines de l'agriculture, de l'industrie, du commerce, des finances et des services sociaux. Ces programmes et institutions, malgré leurs limitations, étaient destinés à résoudre les problèmes de la faiblesse du marché interne et de la fragmentation des structures de production, ainsi que des inégalités sociales internes et entre États héritées de la colonisation, et à remédier à l'intégration inadéquate de nos économies dans l'ordre mondial. En conséquence, les gains économiques et sociaux réalisés pendant cette période ont été anéantis.

Dans ces conditions, et ce cadre semble s'être désormais imposé, quels choix pour construire d'authentiques économies productrices d'emplois et de valeurs ajoutées capables de se reproduire sur une base élargie ? Des économies efficientes ?

Il faudrait sans doute revenir sur les postulats de base d'une économie de marché et voir quelles en sont les exigences pour en déduire les réformes de fonds qui devraient être engagées, poursuivies et consolidées (Boutaleb 1996).

Il n'y a certes pas de doctrine et de « modèle » de croissance et de développement économique valables pour tous les pays. « S'il existait une seule doctrine de croissance valable, nous l'aurions découverte », ont affirmé les membres de la commission – créée en 2006 sous l'égide de la Banque mondiale – dénommée « Croissance et développement », qui était composée de dix-neuf sommités et présidée par le Nobel d'économie américain, Michael Spencer. Robert Solow, un autre Nobel d'économie, Kamal Dervis (ancien économiste en chef de la BM), le gouverneur de la Banque centrale de Chine, celui de la BC d'Indonésie et d'autres grands économistes ont fait partie de cette commission, sur la base d'une étude qui a duré dix-huit mois et qui a concerné treize pays : Brésil, Chine, Corée du Sud, Indonésie, Hong Kong, Japon, Malaisie, Malte, Oman, Botswana, Singapour, Taïwan, Thaïlande. Il s'agit des treize pays qui ont obtenu 7 pour cent de croissance économique par an en moyenne durant vingt-cinq ans au moins (Bouzidi 2009).

Selon les conclusions de cette étude, chaque pays a des caractéristiques et une histoire propre dont la stratégie de croissance doit tenir compte.

Il faut par conséquent être pragmatique et coller aux réalités de l'économie et de la société que l'on veut transformer et développer.

Cela n'empêche pas de s'inspirer des bonnes pratiques des pays asiatiques – les seuls où les experiences conditions historiques de construction de ces économies ont beaucoup changé. Demeure cependant la philosophie d'ensemble.

Quels choix pour les économies africaines

Un vrai retour au vrai marché

Partout en Afrique, nonobstant quelques exceptions, on constate que, si le principe d'une transition à l'économie de marché est clairement proclamé, la conception des modalités concrètes de cette transition demeure encore confuse. Il s'est agi souvent d'une « conception tronquée de l'économie de marché conforme à une bureaucratie effrayée par la redistribution du pouvoir économique » (Benissad 1991:150).

Contrairement à la société de marché, beaucoup de pays africains, à l'image de l'Algérie, voyaient l'économique indistinctement fondu dans le politique et ne bénéficiant d'aucune autonomie. Il ne s'agit certainement pas d'opposer le marché et l'État. L'État a un rôle déterminant à jouer. Mais son retour n'est pas antinomique avec des réformes du système économique national et la libéralisation économique interne peut très bien se poursuivre dans le cadre d'une gestion rigoureuse des grands équilibres et d'une ouverture commerciale sous contrôle. Autrement dit, la libéralisation externe doit continuer à être préparée : libéralisation économique interne/libéralisation économique externe sous contrôle.

Ceci étant rappelé, il faut souligner que dans les pays africains, et singulièrement dans ceux qui disposent d'une rente importante comme l'Algérie (hydrocarbure), le rôle de l'État dans les stratégies de croissance et de développement est déterminant. Il y a à cela au moins trois raisons, comme le souligne le professeur algérien A. Bouzidi (2011) :

1. L'État doit « semer son pétrole » dans la construction d'une économie de production efficace, créatrice de richesses et fournisseur d'emplois, car cette rente, qui appartient à toute la société, doit servir à préparer les conditions de sa prospérité future.

2. Il n'y a pas dans nos pays suffisamment d'entrepreneurs privés capables de se substituer à l'État dans l'immense tâche du développement économique. Ces entrepreneurs privés dont l'histoire économique est récente n'ont ni la taille technique et technologique nécessaire, ni la surface financière suffisante ni l'expérience requise pour être capable de relever seuls le défi du développement.

3. Les pays africains ont besoin de renouer avec des ambitions industrielles. Cela ne peut se faire qu'en continuant à donner un rôle déterminant à l'État, mais en tirant cette fois-ci les leçons de l'expérience des années 1970 : reconnaître une grande place au secteur privé, renforcer le système

d'économie de marché, compléter la demande interne (qui doit rester le moteur de la croissance) par la conquête de débouchés extérieurs, notamment pour les produits manufacturés à valeur ajoutée.

Certes, on ne peut souscrire à une quelconque fermeture à l'échange international, ni même au repli, mais il est bon de plaider pour une ouverture consciente, régulée et contrôlée. Il est certain que l'ouverture aux échanges procure des gains pour l'ensemble de l'économie si elle est bien gouvernée, mais il ne faut pas négliger la juste répartition des gains et des coûts au motif que des politiques correctives à mettre en œuvre seraient en mesure de remédier aux inégalités. « Tout comme nous n'avons pas le droit de nous « déshabiller » pour adhérer à l'OMC, le tout est question de négociation intelligente et bien menée » A. Bouzidi (2011).

Quels choix, quels modèles de référence (les leçons des expériences asiatiques de développement)

S'il n'existe point de modèles de référence, comme on l'a déjà souligné, il existe des expériences probantes qu'il faudrait sans doute méditer. Il s'agit des expériences de développement entreprises par les pays asiatiques, qui ont incontestablement le mieux réussi dans le tiers-monde et qui, aujourd'hui, constituent de véritables moteurs de la croissance économique mondiale :

> Les progrès économiques et sociaux réalisés dans les pays de l'Asie du Sud-Est en 40 ans sont considérables. la Corée du Sud, Taïwan, Hong Kong et Singapour ont connu trente ans durant des taux de croissance annuels moyens de +8 pour cent ; Malaisie, Thaïlande et Indonésie ont affiché de 1960 à 1996 des taux de croissance annuels de +7 pour cent et ont divisé par 5 le nombre de pauvres vivant avec un dollar par jour ; la Chine et le Vietnam sont aujourd'hui des exemples réussis de transition à l'économie de marché, l'Inde enfin, est en pleine expansion (Bouzidi 2007).

Ainsi :

> Les pays du sud-est asiatique, Corée du Sud et Taïwan en particulier, ont pu construire, en quelques décennies seulement, des économies diversifiées et parfaitement adaptées aux exigences de la nouvelle économie mondiale (Khelif 2007).

> Ces résultats positifs excluent, aujourd'hui, de faire l'impasse sur l'expérience asiatique dans une réflexion sérieuse sur les choix et le contenu d'un nouveau projet d'industrialisation pour les pays africains, et pas seulement pour eux.

> Ces expériences réussies doivent ouvrir de nouveau le chantier et les grands débats sur les choix et les options que les pays doivent emprunter pour construire des économies efficientes.

> Le succès économique asiatique, sans constituer un modèle transférable à tous les pays du Sud, replace le débat sur le développement économique sous un nouveau jour. « Il y a, dans les expériences économiques asiatiques, beaucoup à apprendre et à prendre », selon l'expression du professeur A. Bouzidi (2007).

Saurons-nous méditer ces exemples au lieu de nous perdre en conjectures sur « la capacité de telle théorie ou de telle autre à résoudre quelques-uns de nos problèmes économiques ? » se demande Rachid Mohamed Brahim (2010) qui nous rappelle que jadis, dans le monde de l'islam, une bataille philosophique s'était engagée entre les partisans du « AQL » et ceux du « NAQL », fallait-il plagier et reprendre intégralement ou interpréter ? Manifestement c'est le AQL qui doit être de mise.

La mise en parallèle avec les expériences africaines (le cas de l'Algérie)

Commençons par souligner qu'à sa mise en application, le modèle de développement coréen était, à une nuance près, quasiment identique au modèle d'industrialisation de l'Algérie des années 1970.

A. Bouzidi (2008) propose d'en juger à partir des travaux du professeur d'économie sud-coréen, enseignant à la Kyungnam University et consultant au Kyungnam Industrial Consulting Co, M. Ick Jin Seo, qui produit une analyse détaillée et fouillée de l'industrialisation de la Corée du Sud dans son ouvrage *La Corée du Sud : une analyse historique du processus de développement (2000)* :

> Au moment du lancement de sa stratégie d'industrialisation, la Corée du Sud n'avait pas de secteur productif (biens intermédiaires, biens d'équipement, machines).

> Elle n'avait pas non plus de produits nationaux ni de matières premières exportables. Il fallait donc importer l'ensemble des biens de production nécessaires à l'industrialisation jusqu'à l'installation d'un système productif national relativement autonome. Le financement de ces importations se faisait par le recours à l'emprunt extérieur. Il faut noter qu'à ce niveau déjà la Corée du Sud, comme l'Algérie des années 1970, refusait le recours aux IDE et voulait éviter « la domination étrangère sur l'appareil de production national ». La dette extérieure a bien évidemment explosé.

> Pour y faire face, la Corée du Sud a choisi dès le départ d'exporter la plus grande partie possible de ses produits nationaux fabriqués à partir des biens d'équipements importés (contrairement à l'Algérie qui cherchait d'abord à développer son marché intérieur, démarche rendue possible par les possibilités de financement qu'offrait l'exportation des hydrocarbures).

> Les importations étaient sévèrement contrôlées et orientées principalement sur les biens d'équipements et les biens intermédiaires (contrôle du commerce extérieur). La gestion des devises était sous monopole de l'État et centralisée (même démarche en Algérie). Les autorités financières sud-coréennes combinaient surévaluation de la monnaie nationale (pour diminuer le coût des importations pour les entreprises) et subventions aux exportateurs qui bénéficiaient ainsi d'un dumping qui leur permettait de compenser les pertes subies (ils vendaient à l'extérieur à des prix qui ne couvraient même pas leurs coûts de production). De plus, la surévaluation de la monnaie sud-coréenne, qui renchérissait les exportations pour les acheteurs, devait

être compensée par l'État pour les exportateurs afin de ne pas les décourager. Les ressources étaient canalisées vers un système bancaire public centralisé.

La Corée du Sud a eu cinq plans quinquennaux durant la période d'industrialisation (1962-1987), (l'Algérie deux quadriennaux et un quinquennal de 1970 à 1984, avec une pause de 2 ans, 1978 et 1979). Le schéma d'industrialisation sud-coréen a été le fait de grands groupes industriels étatiques, mais aussi privés et sous contrôle du plan. Il a commencé par les industries légères (les années 1960) pour substituer la production nationale aux importations, mais surtout pour avoir des produits à exporter. Durant les années 1970, lancement des industries de biens intermédiaires et chimiques. Durant les années 1980, lancement des industries d'équipements (machines) et des composants et pièces. On retrouve ici le schéma de l'industrialisation par substitution d'importation, mais combiné à un modèle exportateur. Comme en Algérie, les liaisons industries-agriculture et intra- industrielles ont été une préoccupation centrale des planificateurs sud-coréens (noircissement de la matrice inter-industrielle et liaison agriculture-industrie en Algérie, notamment la Sonacome) [Société nationale de construction mécanique – qui produisait des machines agricoles – tracteurs, moissonneuses-batteuses, camions…]. Durant tout le processus d'industrialisation, la Corée du Sud a donné la priorité à l'innovation technologique basée sur l'apprentissage (le même processus commençait à se développer en Algérie à la fin des années 1970 !).

Bien évidemment, la Corée du Sud, disposant d'une main-d'œuvre abondante, a commencé par une croissance extensive (capital importé et main-d'œuvre locale bon marché et nombreuse), puis a intensifié son processus de croissance par les améliorations de productivité (Bouzidi 2008).

Les conditions qui ont permis au modèle d'être efficace peuvent, selon A. Bouzidi, se résumer, sur le plan interne, à l'existence d'un État fort, possédant un projet :

Un « État développementiste ». « En Corée du Sud on surnomme le régime dictatorial militaire par les termes de dictature de développement », écrit J. Seo, qui ajoute : « un État fort signifie un État capable de soumettre le capital à sa volonté et sa planification. L'État doit aussi être capable d'oppresser la résistance du peuple qui souffre de l'absence des droits de l'homme, et du droit au travail, d'accepter les bas salaires, la non-existence de la Sécurité sociale ».

Le régime militaire de Park a institué la planification centrale, la non-autonomie de la Banque centrale qui est soumise au ministre des Finances. Le ministre du Plan (Economic Planning Bord, EPB) est vice-Premier ministre. Les banques commerciales sont nationalisées. Ce sont des agences qui distribuent les fonds selon les orientations du Plan. Les devises sont gérées centralement par l'État. Il faut rappeler qu'après la guerre civile (1950-1953), une armée nationale surdéveloppée organise un coup d'État en 1960 et assoit sa légitimité sur la défense nationale (défendre le pays) et le développement économique (Bouzidi 2008).

Cela permet de relativiser l'affirmation souvent reprise, que les expériences d'industrialisation des années 1970 ont échoué en Algérie comme un peu partout en Afrique, parce qu'elle a été l'affaire de l'État. En fait, ces expériences ont échoué là où l'expérience d'industrialisation des pays asiatiques a réussi « malgré » la présence massive à tout instant des pouvoirs publics. La différence réside dans le fait que l'État n'a jamais été vraiment intéressé en Afrique d'une manière générale par sa mise en œuvre, la logique de contrôle et de distribution de la rente l'ayant toujours emporté sur la logique de développement. La recherche de l'efficience aurait poussé les pouvoirs publics à imposer avec vigueur les règles et les contraintes indispensables aux agents, aux institutions et aux différents groupes sociaux, porteurs d'intérêts souvent divergents.

La Corée du Sud est devenue aujourd'hui un grand pays industriel qui ne craint aucunement la comparaison avec les pays les plus développés de ce monde. Quant à l'Algérie, pour nous tenir à cet exemple, les résultats furent immédiats :

> Après un plan triennal, deux plans quadriennaux et deux plans quinquennaux, l'Algérie, qui a rééchelonné, subi l'ajustement structurel, voit son système productif s'effilocher et pratiquement disparaître et mange aujourd'hui grâce à son pétrole [...] Un grand secteur dit de « l'import-import » émerge, constitué de plus de 7 000 entreprises dont 80 pour cent sont privées ; il s'adonne à l'importation. Beaucoup de sociétés écrans voient le jour, le temps d'une ou de quelques affaires, et s'évanouissent dans la nature sans paiement d'impôts (Brahim 2009).

La productivité du travail est d'une faiblesse inquiétante d'autant que cette faiblesse est croissante. Cela veut dire, sur le plan du réel, qu'à partir des recettes pétrolières nous vivons quasiment de l'échange (du commerce, des services), que notre valeur ajoutée par habitant est l'une des plus basses, comparativement à des pays de même niveau. Enfin, s'installe le développement d'activités parasitaires qu'on appelle l'informel, le marché parallèle, l'économie souterraine :

> La question de l'informel n'est pas simple. Il est loin d'être une marge, ou un à côté d'un ensemble économique. Il est cet ensemble lui-même [on estime qu'il représente plus de 30 pour cent du PIB de la nation] Notre informel est phagocytaire, contrairement à ce que pensent certains experts qui ont étudié l'économie informelle italienne pour comprendre ce qui se passe chez nous, encore un « NAQL ». Ici l'informel a annihilé des secteurs entiers de l'économie productive, le textile, la chaussure, l'agroalimentaire, le bois, l'électroménager, la mécanique, la sidérurgie, l'électronique, pour transformer le pays en un vaste souk, 96 marchés informels dans la seule capitale, 732 au niveau national, avec plus de 100 000 intervenants, des quartiers « Dubaï » qui poussent partout… Avec des prix 30 pour cent plus chers que les produits contrefaits se vendant librement, comment pouvait-il tenir la route ?

> Quant à l'impact réel mesuré par les revenus : en 1975, 25 pour cent de la population vivait avec 32 pour cent du Revenu National et 75 pour cent se partageaient les 68 pour cent restants.

> En 2005, 40 pour cent de la population salariée vit avec moins de 29 000 DA par mois (alors que le SNMG devait être au minimum égal à 35 000 DA) ; si l'on

ajoute les chômeurs, ce sont 54 pour cent de la population qui vit la pauvreté (17 millions de personnes, dont 7 millions extrêmement pauvres), alors que 20 pour cent se partagent 45 pour cent du revenu national.

La pauvreté salariale a installé pour très longtemps les salariés dans la paupérisation absolue, alors que 20 pour cent de nantis vivent de la grâce des marchés publics et de l'informel. Comment s'étonner que l'Algérie soit classée par le PNUD (2007-2008) à la 104e place en matière de développement humain ? (Brahim 2009)

Peut-on aujourd'hui adopter en Algérie et ailleurs une démarche industrielle du type Corée du Sud ?

Les économistes sud-coréens eux-mêmes nous rappellent, écrit A. Bouzidi, que :

Les conditions ont changé. Deux conditions au moins ne peuvent plus être réunies :

La dictature de développement est aujourd'hui inadmissible tant au plan interne qu'au plan externe et les processus de démocratisation qui touchent aujourd'hui l'ensemble des pays, même à des échelles différentes, empêchent l'instauration d'un État autoritariste, sinon totalitaire.

La mondialisation de l'économie, l'internationalisation des firmes, la compétitivité à l'échelle mondiale dans un contexte marqué par l'ouverture, la déprotection, le libre-échange ne permettent plus de revenir aux modèles d'industrialisation du type de ceux qu'ont connus la Corée du Sud ou la Malaisie. (Bouzidi 2008)

Ceci étant, Bouzidi s'interrogeait dans un article antérieur :

N'y aurait-il pas donc une « clé », un « modèle » asiatique de développement économique ? Quelles en seraient les caractéristiques ? On a cru en dénombrer sept qu'on retrouve dans toutes ces expériences.

1. Des politiques économiques tournées vers les exportations et non vers le marché intérieur, celui-ci se développant au rythme du développement des revenus tirés des exportations.
2. Un interventionnisme étatique important, y compris dans l'investissement, et non pas le libéralisme et l'appui sur le seul secteur privé.
3. Un contrôle des importations et un appui aux exportations et non pas le libre-échange.
4. Un contrôle des investissements étrangers (qu'on autorisait) et des marchés financiers et non pas une totale ouverture et la liberté des mouvements de capitaux.
5. Des secteurs de l'éducation, de la formation et de la santé placés comme des priorités dans les programmes des gouvernements.
6. Une utilisation judicieuse de l'aide publique internationale au développement accordée par le Japon, les USA (Corée du Sud) la Banque asiatique du développement. Cette aide a été utilisée prioritairement dans la réalisation d'infrastructures de base.

7. Une coopération régionale renforcée. D'autre part, le succès économique asiatique a reposé sur la réalisation de deux conditions importantes.
   - Des régimes politiques forts et stables.
   - Une administration compétente et une technostructure.

Ce succès économique asiatique, sans constituer un mobile transférable à tous les pays du Sud, relance, le débat sur le développement économique sous un nouveau jour (Bouzidi 2007).

Conclusion

Pour conclure cette contribution, nous pouvons affirmer comme nous l'avons souligné dans un travail antérieur (Boutaleb 2010), que les conditions de fonctionnement des États et les conditions de transformations des États, en Afrique, sans doute plus qu'ailleurs, sont au cœur du renouveau espéré. Si l'expérience des NPI n'est plus à présenter, elle demeure une source d'inspiration intarissable, notamment au vu de la leçon historique, magistrale, qu'elle a administrée sur le rôle de l'État dans la conduite du développement économique que la philosophie néolibérale a voulu occulter.

Le développement socio-économique relèverait, plus que toute autre considération, de la refondation d'États forts (au sens de Myrdal), dont le pouvoir s'exerce par l'intermédiaire d'institutions réellement représentatives. Autrement dit, un État de droit, légitime. Le développement a « impérativement besoin de gouvernements responsables, intègres, légitimes, et il n'y a pas de fonctionnement de l'économie sans un État fort avec des lois et des règles qu'il est capable de faire appliquer » (Berthelot cité dans Bartoli 1999:79).

Par conséquent, les pays africains ont besoin prioritairement de réformer leurs institutions. De telles réformes s'inscrivent toutes dans les efforts de construction de l'État de droit, condition sine qua non pour créer la richesse et, dans le même temps, permettre l'émancipation économique et politique des citoyens.

L'État de droit est l'antithèse de l'anarchie, de la domination des hommes, du pouvoir discriminatoire, de l'abus de pouvoir, de la corruption de haut niveau, du châtiment arbitraire.

Ainsi, la croissance économique a besoin de capital, de travail et de productivité de ces deux facteurs. Mais dans nos pays, elle a surtout besoin de la construction de l'État de droit et donc de réformes des institutions, c'est-à-dire de réformes des « règles du jeu » (Boutaleb 2010).

Le développement socio-économique a besoin, par conséquent, de bonne gouvernance et la bonne gouvernance, c'est celle qui fonctionne sur la base des principes de transparence, de responsabilisation, de responsabilité et d'équité.

Ce que reconnaît le NEPAD en soulignant qu'il est maintenant « généralement accepté que le développement ne peut se réaliser en l'absence d'une démocratie

véritable, du respect des droits de l'homme, de la paix et de la bonne gouvernance »
(NEPAD 2001:12).

Pour le NEPAD, les dirigeants africains devront assumer en commun un
certain nombre de responsabilités :

- consolider les mécanismes de prévention, de gestion et de résolution
  des conflits aux niveaux régional et continental et faire en sorte que ces
  mécanismes soient utilisés pour restaurer et maintenir la paix ;
- promouvoir et protéger la démocratie et les droits de l'homme dans leur
  pays et leur région en établissant des normes claires de responsabilité, de
  transparence et de démocratie directe aux niveaux local et national ;
- restaurer et maintenir la stabilité macroéconomique, en particulier en
  mettant au point des normes et cibles appropriées en matière de politiques
  monétaires et budgétaires et en instaurant des cadres institutionnels
  adéquats pour en assurer la réalisation ;
- instaurer des cadres juridiques et réglementaires transparents à l'intention
  des marchés financiers, pour assurer l'audit des compagnies privées comme
  du secteur public ;
- revitaliser et élargir la prestation des services d'enseignement, de formation
  technique et de santé ;
- promouvoir le rôle des femmes dans le développement socio-économique
  en renforçant leurs capacités dans les domaines de l'éducation et de la
  formation, en développant des activités lucratives grâce à un accès plus facile
  au crédit et en assurant leur participation à la vie politique et économique
  des pays d'Afrique ;
- renforcer la capacité des États d'Afrique d'instituer et de faire respecter la
  législation, et de maintenir l'ordre ;
- promouvoir le développement des infrastructures, de l'agriculture et de sa
  diversification vers les agro-industries et les manufactures au service des
  marchés locaux comme de l'exportation. (NEPAD 2001:11, 12).

Certes, des changements ont déjà été accomplis partout dans les pays africains,
mais beaucoup reste à faire pour asseoir les principes d'une bonne gouvernance.

Un mot pour terminer… Brecht disait : « Malheureux est le pays qui n'a
pas un bon chef », et A. Sen précise : « Je dirais pour ma part « malheureux
le pays qui a besoin d'un chef. » Cet éminent économiste, qui a mis au point
l'indice synthétique du développement humain, définit le développement, faut-il
le rappeler ? comme le processus par lequel on arrive à accroître le bonheur ainsi
que la liberté des hommes, qu'elle soit politique, sociale ou économique.

Bibliographie

Addi, L., L'Algérie et la démocratie, La Découverte, 1994. Amin S, 2002, Au-delà du capitalisme sénile, Paris, PUF.

Balcerek J., 1988, « L'issue, programme de reconstruction nationale », texte manuscrit, SGPIS, Varsovie, mai.

Bartoli H., 1999, Repenser le Développement. En finir avec la pauvreté, Économica (UNESCO), Paris.

Benachenhou, A., 1999, « La corruption : un système de gouvernement », le quotidien d'Oran du 5 novembre.

Benachenhou, A., 1982, L'expérience algérienne de planification : 1962-1980, Alger, OPU.

Bend, P., 2007, « Repenser le concept de développement, des impasses d'un processus de standardisation des sociétés à la nécessaire émergence d'un sens historique », Afrique et développement, Vol. XXXII, N°. 3, p. 72-107, Dakar, CODESRIA.

Benissad, H., 1991, La Réforme économique en Algérie ou l'indicible ajustement structurel, Alger, OPU.

Boukhobza, M., 1992, « L'Algérie errante », El Watan du 8 mars, Alger.

Boutaleb, K., 2010, « La problématique du développement socio-économique et les objectifs d'une authentique réforme de l'État en Afrique », in Repenser les économies africaines pour le développement, ouvrage collectif sous la direction de J. C. Boungou Bazika & Abdellali Benseghir Naciri, Dakar, Codesria.

Boutaleb, K. 2008, « Les politiques commerciales et industrielles dans le contexte de la mondialisation : quelles perspectives pour les pays africains », présenté à la Conférence Guy Mhone sur le développement « Repenser la politique commerciale et industrielle pour un développement de l'Afrique », CODESRIA, Lusaka, 25 au 27 juillet.

Boutaleb, K., 2008, « La corruption ; son ampleur et ses causes : le cas de l'Algérie », CEA-CODESRIA, Conférence Internationale sur « Institutions, Culture et Corruption en Afrique » du 13 au 16 octobre, Addis Abeba.

Boutaleb, K., 2000, « Transition démocratique et développement socio-économique au Maghreb », Revue IDARA, vol. 10, n° 1, Alger.

Boutaleb, K. 1996, « Conditions préalables et modalités concrètes d'une politique économique de transition à l'économie de marché : référence à Maurice ALLAIS », Revue algérienne des sciences juridiques économiques et politiques, Alger, n° 3.

Bouzidi, A., 2011, « L'Inde montre le chemin », Le Soir d'Algérie du 10 août.

Bouzidi, A., 2010a, « Cet État de droit dont on a si besoin » Le Soir d'Algérie du 5 mai.

Bouzidi, A., 2010b, « Industrialisation : L'Asie, un modèle ? », Le Soir d'Algérie du 24 mars.

Bouzidi, A., 2009, « Un État fort, des investissements privés, une ouverture préparée », Le Soir d'Algérie du 30 sept.

Bouzidi, A., 2008, « La Corée du sud un modèle pour l'Algérie ? », Le Soir d'Algérie du 9 janvier.

Bouzidi, A., 2007, « L'Asie montre le chemin », Le Soir d'Algérie du 10 janvier.

R. M. Brahim, « L'Algérie peut-elle faire le saut du « prendre » à « l'entreprendre » ? », Le quotidien d'Oran du 1er juin 2010.

CNUCED, 2004, Le développement économique en Afrique. Endettement viable : oasis ou mirage ?

Dahmani, A., 1997, L'Algérie à l'épreuve : économie politique des Réformes 1980-1997, Alger, Casbah.

De Bandt, J. & Hugon, Ph., 1984, « Rapports Nord-Sud et crises », Cahiers du CERNEA, n° 03, Paris.

Déclaration sur les défis de développement de l'Afrique, 2002, « Les Défis de Développement de l'Afrique du Nouveau Millénaire », TWN – Africa et CODESRIA, Accra 23 au 26 avril.

De La Taille, E., 2001, « Les stratégies de développement industriel des pays du sud : les leçons de l'expérience mexicaine », Université de Toulouse 1, Laboratoire d'études et de recherches sur l'économie, les politiques et les systèmes sociaux, Rapport 2001, INIST-CNRS Toulouse.

Destanne de Bernis, G., 1962, « Le rôle du secteur public dans l'industrialisation (cas des pays sous-développés) », Économie Appliquée, n° 1-2., Le IVe Plan français et la planification, Paris.

Humbert, M., 1984, « Segmentation territoriale de branche et relation Nord-Sud dans l'industrie », Communication au congrès international des économistes de langue française, Clermont Ferrand, 24 et 26 mai.

Ikonicoff, M., 1985, « Projet de développement : acteurs et modèle de référence », Tiers-Monde, n° 104, vol. 26, p. 781-793.

Khelfaoui, H., 2010, « Entretien avec le Pr Hocine Khelfaoui, auteur d'un rapport (2006) sur la diaspora algérienne », publié dans Algérie Focus du 18 mars. Entretien réalisé par Fayçal Anseur.

Khelif, A., 2007, « Industrialisation durable ou simple ajustement de la spécialisation internationale ? (2e partie) », El Watan du 7 mars.

Kohler, H., 2001, « Un partenariat mondial pour le développement de l'Afrique », Allocution, Conseil économique et social des Nations Unies, 16 juillet 2001, le Bulletin du FMI, août.

Mghari, M., 2007, « Exode des compétences : ampleur, déterminants et impacts sur le développement » in M. Khachani (Ed.), L'impact de la migration sur la société marocaine, Paris, Armand Collin, p. 109-133.

Millet, D., 2005, « La dette de l'Afrique aujourd'hui », Comité pour l'annulation de la dette du Tiers-Monde, mars .

Morazé, Ch., 1956, « Les bourgeois conquérants », Rabat, Goethe-Institut. NEPAD, 2001, www.nepad.org/framework/lang/fr.

North, D., 1990, Institutions, Institutional Change and Economic Performance, Cambridge University Press.

ONUDI, « Restructuration, mise à niveau et compétitivité industrielle », Vienne, 2002. PNUD, Rapport mondial sur le développement humain, 2004.

Séo Ick-Jin, 2000, La Corée du Sud, une analyse historique du processus de développement, L'Harmattan.

SONELGAZ, « 1962, le défi de la relève », site web, www.sonelgaz.dz

Vallée, O., 2005, « La dette africaine : à l'aune du risque politique », Comité pour l'annulation de la dette du Tiers-Monde, mars.

Vernieres, M.,1995, « États, politiques publiques et développement en Asie », Cahier du GEMDEV, n° 23, États, politiques publiques et développement en Asie, novembre.

2

L'intégration africaine face à la mondialisation

Adolphe Dansou Alidjinou

Introduction

L'euphorie des indépendances avait détourné les nouveaux dirigeants post-coloniaux de toute vision prospective d'une Afrique unie, solidaire et plus forte, pouvant s'affirmer dans les relations internationales. Dans le contexte de la guerre froide, marqué par des enjeux de puissance et de domination, les chefs d'États ont préféré majoritairement œuvrer pour le développement de la coopération entre leurs pays, laissant ainsi intacte leur souveraineté. En effet, la question se posait à une époque où la plupart des États africains venaient d'accéder à l'indépendance, et la force du nationalisme naissant constituait un obstacle insurmontable pour tout projet à vocation supranationale.

Chaque État s'engageait donc dans l'entreprise de construction nationale en suivant le modèle de l'État-nation hérité de la période coloniale. L'expérience a prouvé que ce choix n'était ni judicieux ni réfléchi, car la construction de l'État-nation sur un espace flou et exigu, au détriment d'un minimum d'unité à l'intérieur d'aires géographiques et culturelles semblables, s'était avérée lourde de conséquences, non seulement pour cet État lui-même, mais pour l'ensemble du continent (Ghadi 2009:23). L'État-nation africain est aujourd'hui, à tout le moins, un échec face à lui-même et face à la communauté internationale.

Au fil des années, il était devenu une simple construction fictive sans attributs réels, au mieux, une excroissance de l'économie mondiale « satellisée » de l'extérieur et privatisée de l'intérieur par des pouvoirs locaux (Ghadi 2009:23).

Aujourd'hui, malgré l'aide de la communauté internationale et quoi qu'on ait pu penser de sa nature et de sa philosophie, son impact sur le décollage des économies africaines a été très limité. Les Africains portent en fait, pour une grande part, la responsabilité de cet échec. En effet, au fil des ans, la mauvaise gestion, la corruption, la gabegie des administrations et l'incurie des dirigeants finirent par entraîner un endettement colossal du continent pour un résultat nul.

À la fin des années quatre-vingt-dix, face à la dégradation de la situation économique des pays africains, les institutions financières internationales changeaient de stratégie à l'égard de l'Afrique en mettant fin à une rente de plus de trente ans, avec l'instauration de nouvelles conditionnalités : une plus grande ouverture démocratique, plus de liberté pour les peuples et de respect des droits de l'homme. Face à la nouvelle donne, les Africains s'engagèrent dans une série de réflexions sur les différents projets en cours depuis les grands bouleversements que connaît le monde avec la chute du communisme et le triomphe du libéralisme. Il fallait trouver de nouvelles voies afin de sortir de l'impasse et accompagner le processus de libération rapide de l'économie mondiale, conduit par l'Organisation mondiale du commerce (OMC), qui a mis fin aux préférences généralisées dont bénéficiaient jusqu'ici les pays africains, notamment les pays les moins avancés (PMA), majoritairement africains (Ghadi 2009:23).

Le réchauffement des relations internationales et le renouvellement des idéologies politiques et économiques mondiales favorisèrent la naissance de nouvelles théories et propositions panafricanistes. La plupart des pères fondateurs de l'organisation panafricaine ont laissé la place à de nouvelles élites sensibilisées à des questions différentes de celles présidant la création de l'OUA. Les problèmes et défis auxquels l'Afrique se doit de faire face font l'objet de débats au sein de l'Organisation panafricaine. L'on assiste à un renouveau doctrinal sur la question panafricaine. Les propositions et projets de construction des États Unis d'Afrique ont à nouveau émergé. La question de l'unité africaine et du renforcement de la solidarité entre les États africains est revenue à l'ordre du jour dans les tribunes de l'OUA.

Près de 5 ans après la naissance de l'OMC, au mois de juillet 1999, les chefs d'États africains réunis à Alger lors du 35e sommet de l'Organisation africaine échangeront, pour la première fois, sur les grands enjeux de la mondialisation. La prise de conscience de l'incapacité de chacun des États à faire face à des défis majeurs marqués par la concurrence des grands ensembles économiques s'imposait comme une évidence aux chefs d'États et de gouvernements africains. Elle leur dictait l'impérieuse nécessité de reprendre l'initiative et surtout d'innover pour sortir le continent de sa marginalisation.

Au mois de septembre suivant, réunis à Syrte (Libye) à l'initiative de Khadaffi, la « *Déclaration de Syrte* » portant création de l'Union africaine, adoptée à l'unanimité, posa des objectifs et des décisions tels que : la création de l'Union africaine, conformément aux buts prévus dans le préambule de la Charte de l'OUA et aux dispositions du traité d'Abuja instituant la CEA ; l'accélération du processus de mise en œuvre du traité d'Abuja ; le mandat du Conseil des ministres afin de prendre les mesures nécessaires pour « élaborer les actes constitutifs de l'Union » ; la ratification des actes par les États membres avant décembre 2000.

Cet ancien projet, qui refait surface trente-six ans après le premier sommet consacrant la naissance de l'OUA, renoua ainsi avec le vœu pieux de Kwame Nkrumah, un des défenseurs acharnés du panafricanisme. Si Syrte peut être considérée comme un tournant historique, celui du couronnement de la longue quête de l'unité des peuples africains tout au long du XXe siècle, en quoi représente-t-elle une rupture par rapport à l'OUA qui était une simple organisation de coordination sans objectifs d'unité, ni d'intégration ?

En quoi permet-elle de penser à la fois notre modernité politique, c'est-à-dire la démocratie, les droits de l'Homme, l'État de droit, le développement socio-économique, sans oublier l'unité du continent, dans le contexte de la mondialisation où la concurrence entre les grands ensembles ne laisse aucune place à l'action individuelle ?

Un an avant le lancement de l'Union africaine, les dirigeants africains adoptent le NEPAD/NOPADA (Nouveau partenariat pour le développement de l'Afrique), dont l'objectif est le développement de l'Afrique par le biais de l'intégration et de la réalisation de grands projets économiques communs à l'échelle continentale. Un objectif qui permettra à l'Afrique de combler son retard et de favoriser son intégration à l'économie mondiale.

L'Union africaine devra intégrer l'ensemble des structures existantes sur le continent et aboutir au marché commun à l'horizon 2025-2030 et aux « États-Unis d'Afrique ». Pour ce faire, elle s'est dotée de structures sur le modèle européen considéré comme le plus réussi dans le monde aujourd'hui.

Dans tout processus social, le mouvement de la production sociale importe plus que les produits.

Comme on le sait :

> La formation historique des nations européennes a été un processus lent, pluriséculaire, inséparable du procès de civilisation, au sens où l'entend Norbert Elias. Leur construction politique relève, quant à elle, d'une action volontariste, engagée par les États modernes pour relever le défi de la révolution industrielle, mais elle est toujours intervenue sur la base de ce que l'histoire pluriséculaire avait préalablement mis en place (Ferry 2004:81).

La persistance de la question de la forme de l'intégration africaine, près de quarante-huit années après la naissance de la première organisation panafricaine, recouvre des présupposés idéologiques qui ont structuré l'espace politique depuis la période coloniale et méritent d'être débattus. Dans les années cinquante, et notamment avec les indépendances dans les années soixante, la question territoriale pèse d'un poids particulièrement lourd dans les débats officiels ou clandestins, pour un ensemble de raisons qui tiennent aux configurations que doivent prendre les futurs États africains.

Elle informe de la manière dont elle structure les différentes prises de positions, ne serait-ce qu'indirectement, des formes que pourraient prendre, tôt ou tard, les différentes tentatives de regroupements africains. Le détour par le débat sur cette question, objet de la première partie de cet article, apparaît donc comme un préalable nécessaire à l'étude de l'intégration africaine. Il l'est d'autant plus que la problématique territoriale a eu un impact considérable sur la politique de l'organisation panafricaine et a modelé les rapports entre les États africains en totale contradiction avec les objectifs d'unité tant proclamée. Cependant, la question du territoire n'est pas un donné, un état, mais une construction historique, en interaction permanente avec les dynamiques sociales, politiques et économiques globales dont la production est indissociable. Elle est toujours plurielle, évolutive et investie de significations complexes et multiples. Que dire aujourd'hui du principe de l'intangibilité des frontières, un des principes cardinaux de l'organisation panafricaine depuis sa naissance ? Quoi penser de la décomposition de l'espace national de certains pays et de l'impuissance des États à assurer la maîtrise de celui-ci face aux contraintes de la mondialisation ? Quand on sait que la résolution de l'OUA de 1964 n'entérinait et ne fixait qu'un des scénarios envisagés, au terme du temps d'incertitudes et de possibles qui a caractérisé la période du processus d'autonomisation (Dalberto 2010). Parler de l'intégration politique et de la souveraineté des États suppose que des questions qui devraient être préalablement réglées ont déjà trouvé leurs solutions, alors même que ce sont ces questions qui constituent comme des barrières à la possibilité de penser ce que représente l'intégration politique en Afrique. Que dire par exemple de la souveraineté des États aujourd'hui quand l'espace national est soumis à de rudes épreuves avec les mouvements séparatistes ?

Dans ces différentes situations, quel est le sens de la souveraineté à transmettre à un organe supranational ? Ainsi, les trois conditions d'existence de l'État sont autant de questions à résoudre avant de donner un sens « réel » à l'idée de l'intégration politique en Afrique, ce qui renvoie à une dimension incontournable de notre objet d'étude : la question du territoire comme enjeu dans le processus de décolonisation.

Si la territorialité constitue un blocage pour l'intégration africaine, il faut alors opérer un saut qualitatif. Mais comment l'Afrique peut-elle opérer ce saut à partir de sa propre histoire ? C'est à partir de la déconstruction de l'acte constitutif de l'Union africaine, de la mise à jour de ses angles morts dans le contexte de la mondialisation ou plutôt de la « triadisation » qu'on pourrait retrouver une autre idée de l'intégration africaine.

Enjeux territoriaux et processus de décolonisation

Comme chacun le sait, au moment des indépendances les jeunes États africains ont dû endosser le modèle d'organisations spatiales héritées des compétitions coloniales ; elles enveloppent des entités étatiques qui ont été inventées, créées de toutes pièces par les puissances européennes, il y a de cela un siècle, lorsque le continent fut partagé par des traités promptement signés sur la base de cartes incertaines (Bennafla 1999:27).

L'introduction de frontières coloniales à la fin du XIXe siècle en Afrique a eu pour corollaire l'instauration brutale d'un modèle d'État africain et l'importation d'un ordre territorial et d'un aménagement de l'espace, tout droit sorti d'un « modèle westphalien abusivement universalisé » (Badie 1995:254 cité dans Bennafla *ibid.*).

Le territoire a une histoire

Selon les définitions classiques, le groupement humain qui est à la base de l'État, la nation, a besoin d'être fixé sur un territoire déterminé, le territoire de l'État.

L'existence d'un espace propre est considérée comme indispensable à l'État. Le rapport de l'État au sol apparaît comme le principal support de la naturalisation de l'État. Les frontières, l'aménagement du territoire seraient autant une donnée géographique que l'expression de la volonté de l'État (Allies 1980).

Les juristes se divisent sur le statut à donner au territoire dans l'État. Ils sont en désaccord sur la nature du droit que l'État aurait sur son territoire. Ainsi, on distingue trois écoles qui donnent une explication différente du territoire. L'école objectiviste considère le territoire comme un objet de la souveraineté étatique. Le droit que l'État aurait sur le territoire serait assimilable au droit d'une personne privée sur les biens de son patrimoine. Cette école essaie de fonder sa thèse sur l'histoire : la puissance publique dériverait de la confusion des droits monarchiques et seigneuriaux. Le territoire se serait formé sous la monarchie par élargissement des vieux droits patrimoniaux féodaux.

L'école subjectiviste s'est employée à pallier les inconvénients de cette première école en définissant le territoire comme un élément de la personnalité étatique. Le territoire ne fait pas partie de l'avoir (comme le disent les objectivistes), mais de l'être étatique. Le territoire étant un mode d'existence de l'État, il est son espace vital. Cette conception sera aménagée par des juristes comme Carré de Malberg ou Kelsen. Ils expliquèrent que, une fois le territoire délimité, l'important c'est l'organisation que lui donne l'État. Cette organisation est fondée sur la puissance publique, sur la souveraineté, tout à fait distincte des droits des propriétaires. Le territoire devient ainsi le domaine de validité des normes juridiques, ce qui va permettre de juridiciser la notion physique de territoire. Par exemple, peu importe que le territoire soit homogène ou discontinu : les territoires coloniaux les plus lointains seront incorporés au territoire national par la grâce de la notion de « compétences juridiques » que l'État exercerait sur l'espace qu'il contrôle.

L'école fonctionnaliste, quant à elle, s'efforce de limiter le territoire au cadre d'exercice de la puissance étatique. Le territoire n'est plus que le support technique, fonctionnel du pouvoir institutionnel de coordination et de contrôle.

Ainsi, la souveraineté ne devrait pas s'entendre comme l'expression directe du pouvoir étatique sur l'espace : elle serait l'expression des droits que la collectivité (la nation) a sur le territoire. Mais pour que ces droits soient effectifs, pour qu'ils fassent sentir leurs effets, il faut la médiation de l'État. Ainsi, l'État va fonctionnaliser l'espace : le territoire est un moyen d'action de l'État. Cette école reconnaît que c'est l'administration qui produit le territoire et l'organise sous des formes faussement neutres. C'est l'administration qui donne une crédibilité à la souveraineté de la collectivité sur l'espace. Cette crédibilité se concentre sur l'État, légitime ses fonctions, lui permet de consommer l'espace construit par l'administration.

L'administration produit un corps unidimensionnel (Allies 1980) qui donne corps au territoire. Alors que le territoire métropolitain trouve, dans sa formation politico-juridique, son point d'aboutissement à la frontière, le territoire colonial la prend pour point de départ (De La Pradelle cité dans Allies 1980).

La question du territoire devait être le point de départ de toute tentative de réflexion sur le fédéralisme. Si le principe d'une unification politique semble acquis et constitue l'un des vœux les plus chers de tout un chacun, les différentes oppositions qui voient le jour quant aux voies pour y parvenir véhiculent implicitement deux conceptions du territoire qui montrent l'importance de la question. La constitution d'un État fédéral renvoie techniquement à la question de la fusion d'États. Dans le contexte qui est le nôtre, de quel État parle-t-on ? Autrement dit, quel État fusionner avant de pouvoir constituer un gouvernement africain ?

Autant de préalables, nous semble-t-il, qu'il faut régler avant toute tentative de réflexion sur la possibilité de mettre en place un gouvernement africain. D'où la récurrente question des tendances qui naissent chaque fois qu'il est question de l'unité africaine. Comment oublier dans toute réflexion ce rappel historique fait par A. Mbembé en ces termes :

> Au cours des deux derniers siècles (XIXe et XXe siècle), les frontières visibles, matérielles ou symboliques, historiques ou naturelles de l'Afrique n'ont cessé de s'étirer et de se contracter. Le caractère structurel de cette instabilité a largement contribué à modifier le corps territorial du continent. Des formes inédites de territorialités et des figures inattendues de la localité sont apparues. Leurs bornes ne recoupent pas nécessairement, ni les limites officielles, ni les normes, ni le langage des États. De nouveaux acteurs internes et externes, organisés en réseaux et en noyaux, font valoir, souvent par la force, des droits sur ces territoires. D'autres pensées de l'espace et du territoire sont en cours de formation. Le discours supposé rendre compte des transformations a paradoxalement occulté ces dernières (Mbembé 1999:8).

Le territoire comme lieu d'exercice du pouvoir et de légitimation de la nouvelle souveraineté politique

Dans les années cinquante, et notamment avec les indépendances dans les années soixante, la question territoriale pèse d'un poids particulièrement lourd dans les débats officiels ou clandestins, pour un ensemble de raisons qui tiennent aux configurations que doivent prendre les futurs États africains. Elle informe de la manière dont elle structure les différentes prises de positions, ne serait-ce qu'indirectement, des formes que pourraient prendre, tôt ou tard, les différentes tentatives de regroupements africains.

Les élites africaines au pouvoir, écrit K. Bennafla, ont dû chacune « composer avec un territoire national qui était linéairement circonscrit, un territoire-fossile correspondant de fait à une construction géopolitique datée » (Bennafla 1999:27). Toutefois, s'il est vrai que ces cadres territoriaux ont été importés, leur adoption par les jeunes États africains ne saurait être comprise sous le seul angle du mode d'imposition des puissances ; elle est l'œuvre tant des acteurs politiques africains que des acteurs exogènes dont les intérêts coïncident à un moment particulier de l'histoire politique africaine.

Aussi faut-il interroger ce lieu d'exercice du pouvoir et de légitimation de la nouvelle souveraineté politique :

> À la veille de l'accession à l'indépendance, rien en fait n'empêchait la constitution d'États ou d'organisations économiques de grande taille [ou même le maintien des grands ensembles régionaux mis en place par les puissances coloniales, par exemple l'Afrique-Occidentale française (AOF) en Afrique de l'Ouest et l'Afrique-Équatoriale française (AEF) en Afrique centrale]. Le choix de la division fut celui de certains Africains, surtout des leaders des territoires les plus prospères, plus que celui des colonisateurs (Raison 1994:30 cité par Bennafla 1999:34).

Comme l'exprime S. A. Dalberto – résumant les positions exposées par F. Cooper (2010) sur la terrritorialisation de l'AOF et se référant à Touval (1967) :

> Dans l'Union française, la mise en place des assemblées territoriales avait fait de la colonie une unité de représentation politique fondamentale, un espace d'accessibilité du pouvoir pour les élites politiques : l'Assemblée territoriale et le Conseil du gouvernement étaient à présent élus par un électorat territorial. Poussée par la métropole qui y a perçu une meilleure formule pour garantir ses intérêts, la territorialisation a eu un effet décisif dans la création des États-nations hérités du dispositif colonial. En effet, remettre en cause les territoires, c'était risquer de mettre en cause le lieu matériel de l'exercice du pouvoir, la légitimité des nouveaux leaders et leur position politique de premier plan. La perspective de l'acquisition de la souveraineté formelle a donc crispé le débat, incitant les leaders à garder le monopole et, pour la majeure partie d'entre eux, à s'engager du côté de la préservation des cadres territoriaux coloniaux, même si certains n'excluaient pas encore des échelles supérieures de structuration (fédération africaine, communauté franco-française).

Au moment des indépendances et de l'adoption de la résolution de l'OUA sur l'intangibilité des frontières, on peut donc considérer que la carte politique de l'Afrique qui s'est dessinée et s'est confirmée est en large partie le produit de la réussite d'un segment des élites politiques dont les intérêts coïncident partiellement avec ceux de l'extérieur dans leur conquête du pouvoir, et dans leur lutte, non pas seulement contre une certaine conception du colonialisme, mais aussi contre leurs opposants et rivaux politiques (Dalberto 2010).

Les indépendances africaines ont ainsi inauguré les processus d'institutionnalisation du territoire et de la nation qui s'observent notamment à travers la production des documents identificatoires et des réglementations sur les migrations. Ces procédures marquaient clairement la distance prise par la plupart des États, avec le projet panafricain et/ou avec l'idéal progressiste de refonder les rapports de pouvoir et les sociétés africaines, qui avaient alimenté une partie des débats des années 1950-1960.

C'est tout naturellement que la charte de l'OUA va insister sur le principe de souveraineté des États. L'OUA n'est pas, comme l'avaient souhaité les intégrationnistes, une organisation supranationale pouvant conduire les États à céder leur souveraineté ou une partie de cette dernière au profit d'un organe supranational. De ce principe découle celui de l'égalité souveraine de tous les États, le principe de non-ingérence dans les affaires intérieures des États ainsi que le principe du respect de l'intégrité territoriale de chaque État.

De nos jours, l'heure est à la constitution de grands ensembles, comme on le voit dans tous les continents. L'Afrique est condamnée à suivre ce mouvement pour avoir son mot à dire dans le concert des nations. D'où la mise en place de l'Union africaine. L'Union africaine a été créée à l'issue d'un processus qui aura duré trois ans, entre 1999 et 2002. Elle est le résultat de la rencontre entre une initiative lancée par le dirigeant libyen, Mouammar Kadhafi, le combat pour une renaissance africaine mené par le dirigeant sud-africain Thabo Mbeki, ainsi que la volonté partagée par tous les Africains de s'inspirer des succès de l'intégration ailleurs dans le monde, notamment l'Union européenne, mais aussi l'accord de libre-échange nord-américain (ALENA).

En quoi le projet de l'Union africaine tel qu'il se donne à voir constitue-t-il une réponse à la mondialisation, donnant ainsi une chance à l'Afrique d'engager une domestication politique de l'économique, d'équilibrer les trois pôles de la Triade au sein des organisations internationales ?

L'Union africaine face à la mondialisation

Le passage de l'OUA à l'Union africaine, si l'on en croit les promoteurs, est le signe de la prise de conscience par les dirigeants africains des problèmes et défis auxquels le continent doit faire face à l'heure de la mondialisation. Toutefois, une lecture attentive des principes et objectifs de l'Union africaine montre bien que le traité est encore sous-tendu par un certain nombre de présupposés idéologiques hostiles à la pensée même d'un processus d'intégration. Aussi la prise en compte des normes « universellement » admises aurait-elle dû permettre aux dirigeants africains de repenser l'État.

Les présupposés idéologico-politiques de l'Union africaine

Tout se passe comme si l'Afrique, à chaque tournant historique de sa trajectoire, refusait d'assumer celui-ci en se rabattant sur son passé. Autrement dit, tout semble avoir été dit sur le passé et le futur de ce continent. Il va falloir tout simplement aux responsables actuels de se remémorer ce passé afin de retrouver le sens de l'histoire africaine. C'est ainsi que comme par le passé en 1963 à Addis Abéba, la naissance de l'Union africaine en 2000 à Lomé donna lieu à une répétition de l'histoire par procuration. En Afrique, dit-on, les morts ne sont pas morts. On dirait que les pères fondateurs de l'Organisation de l'unité africaine (OUA) étaient présents et veillaient sur l'héritage laissé à leurs descendants.

Ainsi, la naissance de l'Union africaine voit s'affronter trois thèses sur ce que devrait être l'Union africaine. La première incarnée par M. Khadaffi défendait l'idée d'une union immédiate des États africains, à l'image des États-Unis d'Amérique ; la seconde partageait l'idée d'une unité africaine fondée sur la coopération ; la troisième soutenait l'idée d'une intégration progressive tant sur le plan politique qu'économique.

Comme à Addis Abéba en 1960 au temps de Kwame N'Krumah, la première idée fut écartée tandis que les deux dernières seront prises en compte à divers degrés. Sous l'influence des défenseurs de l'intégration par étapes, le principe d'unification politique et économique par étapes fut inscrit dans l'acte constitutif. Malgré cette orientation unioniste de l'acte constitutif, on peut dire que les dirigeants africains ont ainsi renoué avec les principes fondamentaux de la défunte OUA qui constituent comme des blocages à la possibilité d'opérer la rupture intellectuelle ouvrant la voie à une pensée audacieuse de l'intégration politique africaine.

Ce non-renouvellement de la pensée se laisse aisément lire par la consécration d'objectifs et de principes souverainistes dans l'acte constitutif de l'UA (Ahadzi 2006:92). L'article 3 de l'acte constitutif fixe en son alinéa b comme objectif à l'Union de défendre la souveraineté, l'intégrité territoriale et l'indépendance des États membres. L'article 4 fixe, quant à lui, les bases de l'organisation comme suit : l'égalité souveraine et l'indépendance de tous les États membres de l'Union ; le respect des frontières héritées de la colonisation ; la non-ingérence d'un État membre dans les affaires intérieures d'un État membre. Ces principes tirés de la plus pure tradition de l'inter-étatisme fondé sur le triomphe de l'État-nation constituent la négation tout simplement du principe d'union puisque, fondamentalement, celle-ci repose sur des abandons de souveraineté et la disparition progressive ou immédiate des frontières étatiques internationales au profit d'une entité à vocation supranationale (Ahadzi 2006:93).

En cela, le passage de l'OUA à l'Union africaine ne constitue pas une avancée du fait du triomphe des souverainistes qui aboutit, à tout le moins, à une impasse tant pratique que théorique pour le renouveau du panafricanisme africain. L'expérience de l'Organisation de l'unité africaine a pourtant montré les limites de la souveraineté étatique dans l'exécution de ses différentes résolutions.

Dans l'acte constitutif, la mobilisation des termes interdépendance de tous les États membres de l'Union, auto-dépendance collective semble paradoxale, interdépendance et union supposant deux stratégies opposées sur le plan opérationnel. L'union appelant plutôt à une stratégie de fusion.

Aussi n'est-il pas étonnant que l'Union africaine ait accordé une large part aux organes intergouvernementaux, telles les structures interétatiques et les structures intégrées, afin de répondre à sa manière à la nouvelle donne que constitue la mondialisation. Toutefois, l'intégration de cette nouvelle donne aurait dû conduire l'organisation panafricaine à un renouvellement de sa pensée.

Le problème de l'intégration politique africaine dans le contexte de la « triadisation »

Le passage de l'OUA à l'Union africaine est, selon ses promoteurs, le signe de la prise de conscience des dirigeants africains afin de faire face aux mutations de l'environnement économique international : la mondialisation. Celle-ci peut être définie comme l'émergence des ensembles supranationaux, comme figure des rapports de forces mondiaux qui en sont les enjeux. Elle renvoie aussi bien à la libéralisation des marchés et à l'ouverture des économies, aux stratégies « globales » des entreprises multinationales qu'à la globalisation financière issue du processus de déréglementation entamé dans les années quatre-vingt (Samson 2004:129).

Mais après une observation des faits contemporains marquants de la mondialisation, on peut dire que le phénomène est asymétrique et renvoie plutôt à une « triadisation » du monde : États-Unis, Europe et Japon, rejoints par les pays émergents d'Asie, la Chine en tête, qui ont pu s'associer au concert de la mondialisation. Autrement dit, l'émergence des ensembles supranationaux est essentielle et marque une restructuration du monde entre les grandes puissances organisant autour d'elles des blocs ou des zones d'influences. C'est à ce niveau qu'apparaît la question de savoir si l'UA répond véritablement aux défis de l'heure.

La réponse ne peut être que négative, car ici apparaît le paradoxe de la logique animant l'Union africaine. L'Union africaine, en inscrivant le principe de l'« Uti possidetis » dans son acte constitutif, accentue ses traits souverainistes puisque, du temps de l'OUA, un tel principe était certes en vigueur, mais ne se trouvait consigné que dans une simple résolution adoptée par la conférence des chefs d'État et de gouvernement, en 1964, au moment du premier sommet ordinaire tenu au Caire, en Égypte (Ahadzi 2006:94).

La genèse des organisations panafricaines, hier comme aujourd'hui, est marquée par l'existence d'idéaux contradictoires qui forment des obstacles à la mise en place de l'idéal panafrican. D'où le triomphe des organes intergouvernementaux : la conférence de l'Union, le Conseil exécutif, le Conseil de paix et de sécurité, le Comité des représentants permanents, les Comités techniques spécialisés et la faiblesse des organes intégrés, par exemple, la Commission, le Parlement, le Conseil économique social et culturel et la Cour de Justice.

En ce sens, l'Organisation panafricaine ne nous semble pas véritablement en mesure de relever le défi qui est le sien.

Le repli sur le national est, à tout le moins, une impasse tant pratique que théorique et nous regrettons que la persistance d'idéaux contradictoires au sein du mouvement panafricain prenne la consistance d'un mouvement politique dans le contexte de la « triadisation » du monde.

Dans ce contexte, l'idée de nation doit opérer une réflexion sur elle-même, non pour se désavouer, mais pour trouver enfin un statut théorique (Ferry 2004) qui soit compatible avec le fait que la « triadisation » nous contraint à l'ouverture et à un dépassement de l'échelle nationale, deux choses devenues incontournables avec les exigences de la mondialisation et l'indispensable partage des souverainetés étatiques, qui en est corrélatif.

Dès lors, on peut se demander comment le peuple africain peut exister au-delà de ses nations, car réfléchir sur l'Afrique (pour paraphraser Ferry) :

> C'est repenser l'État en évitant d'épuiser la notion même dans la réalité historique du cadre national. En effet, on accéderait mieux à l'idée de l'État si l'on parvenait à concevoir sa réalité sans l'indexer au principe nationaliste qui « exige la congruence de l'unité politique et de l'unité nationale » (Gellner 1989), c'est-à-dire une nation pour un État et, partant, un État pour une nation (Ferry 2004).

Cela dit, qu'est-ce qui rend possible une communauté politique et sur quels principes assurer son identité politique ?

À ce sujet, est instructif le contenu de l'acte constitutif de l'Union africaine. Parmi les objectifs, on peut lire l'adhésion des dirigeants africains aux principes universels reconnus par la communauté internationale : le respect des principes démocratiques, des droits de l'homme, de l'État de droit et de la bonne gouvernance, la promotion de la justice sociale pour assurer le développement économique équilibré, le principe de l'égalité entre les hommes et les femmes…

Ces principes peuvent servir de creuset à la constitution d'une communauté politique africaine si tous les États et leurs peuples y adhèrent authentiquement.

De même, l'instauration dans l'Union africaine, d'un Conseil économique et social, d'un parlement africain, de mécanismes de représentation et de participation politique destinés à introduire une certaine légitimité démocratique peut favoriser l'éclosion d'une culture publique démocratique propre à créer un sentiment d'appartenance à une même communauté politique – et, partant, les conditions d'une intégration réussie en posant les ressortissants comme citoyens. Toutefois, ces mécanismes trouvent leurs limites dans la résistance du souverainisme à toute avancée véritable de l'intégration politique africaine.

Si la réussite de l'intégration politique se révèle une tâche difficile :

> Elle n'est pourtant pas impossible, dès lors qu'elle rencontre, outre des dispositions politiques à la coopération entre États membres, des dispositions symboliques à la reconnaissance réciproque des peuples, un effort qui se doit d'être accompli tant au niveau national qu'à l'échelle continentale, ainsi qu'à la reconnaissance commune des principes voués à les fédérer (Ferry 2006).

L'Union africaine ayant opté pour la construction graduelle trouvant le projet d'une union continentale immédiate précipité, il aurait été beaucoup plus intéressant, dès à présent, l'objectif étant l'union politique, de jeter les bases de celle-ci en adoptant comme principe fondamental de l'Union le modèle lui servant de référence. L'Union européenne, dont les principes fondateurs depuis le traité d'Amsterdam sont : la liberté, la démocratie, le respect des droits de l'homme et des libertés fondamentales, ainsi que de l'État de droit. Ces principes « universalistes » dont se réclament de nos jours les États africains doivent être ceux de l'ensemble des communautés économiques africaines et la condition *sine qua non* de l'appartenance à l'Union africaine.

Selon le traité, les auteurs sont résolus à « consolider les institutions et la culture démocratique, à promouvoir la bonne gouvernance ». L'accomplissement de ces objectifs est corrélatif au bon fonctionnement des institutions comme le Conseil économique et social, le Parlement africain, et à la mise en place d'un partenariat véritable avec la société civile. Seules ces pratiques sont « susceptibles de fournir une substance éthique au cadre juridiquement défini en activant une culture de la citoyenneté »[1] (Ferry 2004). La dynamique qui naîtra de cette culture politique partagée tant au niveau national, régional que continental peut faciliter la mise en place d'une structure intégrée au niveau continental. Toutefois, force est de reconnaître qu'il est difficile que tous les pays avancent au même pas. Aussi du fait des obstacles se dressant sur la voie de la constitution immédiate d'une union politique, la solution serait que ceux qui sont prêts s'engagent dans cette voie sans attendre les autres. Mais est-ce la solution appropriée à la « triadisation » ? Nous ne croyons pas.

Toutefois, la persistance du souverainisme et la position des gradualistes méritent d'être prises au sérieux dans toute tentative de construction des États-Unis d'Afrique. Un projet dont l'idée mérite d'être investie avec toutes les ressources critiques – mais de critique constructive – que plus de cinquante ans d'expériences associatives ont su former en nous.

L'accomplissement d'une politique d'intégration réussie résultera d'une action volontariste des États africains tant au niveau national, régional que continental, pour relever le défi de la « triadisation ».

Ainsi, dirons-nous, à l'endroit des dirigeants africains, encore un effort. Le choix est entre vos mains.

Note

1. Comme le souligne Ferry à propos de l'Union européenne : « Ainsi la communauté légale peut-elle se voir exhaustivement recoupée par une communauté morale, sans qu'il soit nécessaire d'exiger une grande homogénéité culturelle de départ entre les ressortissants. L'unité souhaitable d'une communauté politique doit plutôt être envisagée comme le résultat de pratiques qui, elles-mêmes, déposent les « sédiments » indispensables à la formation d'une culture publique commune, sans qu'il soit besoin, au préalable, d'unifier, d'homogénéiser les ressources de sens fournissant les schèmes d'interprétation et d'argumentation qui peuvent différer en fonction des appartenances nationales, et seraient justement, pour cette raison, appelés à se conforter dans un espace public, afin que puisse advenir quelque chose comme un esprit commun » (Ferry 2004).

Bibliographie

Ahadzi, K., 2006, « Réflexions critiques sur l'Union africaine », Revue béninoise des sciences juridiques et administratives 16.

Allies, P., 1980, *L'invention du territoire*, Grenoble, PUG, 1980, Collection Droit critique.

Badie, B., 1995, *La fin des territoires. Essai sur le désordre international et l'utilité sociale du respect*, Paris, Fayard.

Bennafla, K., 1999, « La fin des territoires nationaux ? État et commerce frontalier en Afrique centrale », Politique africaine, n° 73, mars, p. 25-49.

Cooper, F., 2010, « Territorialisationou Balkanisation » ? La création des gouvernements territoriaux en AOF », cité par S. A. Dalberto in « Frontières et indépendances en Afrique subsaharienne ».

Dalberto, A. S., 2010, « Frontières et indépendances en Afrique subsaharienne », *Afrique contemporaine*, 2010/3, n° 235, p. 73-83.

Ferry, J.-M., 2004, « Face à la question européenne, quelle intégration post-nationale ? », *Critique internationale* 2/2004, no 23, p. 81-96 www.cairn.info/revue-critique-internationale-2004-2-page-81.htm.

Ferry Jean-Marc, 2006, « Du politique au-delà des nations », *Politique européenne* 2/2006 (n° 19), p. 5-20. www.cairn.info/revue-politique-europeenne-2006-2-page-5.htm

Gellner, E., 1989, *Nations et nationalisme*, Paris, Payot et Rivages.

Ghadi, A., 2009, *La longue marche de l'Afrique vers l'intégration, le développement et la modernité politique*, Paris, L'Harmattan.

Mbembé, A., 1999, « À la lisière du Monde, Frontières, territorialité et souveraineté en Afrique », in *Bulletin du CODESRIA*, Dakar-Sénégal, n°s 3 & 4, p. 4-18.

Raison, J.-P., 1994, in Dubresson, A., Marchal, J.-Y. & Raison, J.-P., *Les Afriques au sud du Sahara, Géographie universelle*, vol. VI, Paris, Hachette-Reclus, 1994.

Samson, I., 2004, (dir.), « La mondialisation économique », in *L'économie contemporaine en 10 leçons*, Paris, Dalloz.

Touval, S., 1967, « The Organisation of African Unity and African Borders », International Organisation, vol. XXI, n° 1 p. 102-127.

3

Économie culturelle globalisée et anthropologie de l'exil : une analyse critique des enjeux de la mondialisation à partir de la lecture de *Après le colonialisme : Les conséquences culturelles de la globalisation* d'Arjun Appadurai

Serge Bernard Emmanuel Aliana

Introduction

La transnationalité caractérise la mondialisation actuelle. Elle reconfigure les référents subjectifs et culturels induisant l'émergence d'un mode de socialisation et d'individualisation inédit, en rupture avec celui institué depuis l'époque de la Renaissance et des Lumières. L'État-nation, qui constituait un référent stable, conférant aux membres de la société leur ancrage privilégié, irrémédiablement, s'atrophie et périclite. Cela amène Michael Hardt et Antonio Negri à faire observer que :

> Avec les progrès du processus de la mondialisation, la souveraineté des États-nations, tout en restant largement effective, a progressivement décliné. Les facteurs primaires de la production et des échanges – argent, technologie, personnel et marchandises – traversent les frontières avec une facilité croissante ; il s'ensuit que l'État-nation a de moins en moins de pouvoir de réguler ces flux et imposer son autorité sur l'économie » (Hardt et Negri 2000:15-16).

Dans cette profonde mutation historique, les identités et les identifications subissent une véritable effraction. Elles s'élaborent désormais dans un réseau de relations nomadiques, apatrides, exiliques. Le local est continuellement (ré) inventé. Les groupes aux identités hybrides, « créolisées », « acentriques », flexibles ou mobiles produisent leur propre local dans un monde déterritorialisé. Il s'observe que les modes d'actions, devenues plus labiles, imposent un patriotisme mobile, pluriel, contextuel : nous vivons l'ère postmoderne/post-coloniale avec, comme matrice théorique, le concept deleuzo-guattarien de « déterritorialisation » (Deleuze et Guattari 1991:90).

L'envergure massive[1] prise par ce phénomène n'a pas laissé indifférent, bon nombre de théoriciens contemporains. Aussi le socio-anthropologue américain d'origine indienne, Arjun Appadurai, apparaît-il comme une figure essentielle dans la compréhension du phénomène. Dans sa publication *Après le colonialisme. Les conséquences culturelles de la globalisation,* Appadurai postule que la catégorie conceptuelle qui donne à la mondialisation son caractère post-colonial ou transnational est celle de « culture ». Il soutient dès lors qu'au centre de la mondialisation se trouve le concept de « culture ». Mais ce concept n'a de densité sémantique et de valeur opératoire que dans sa mise en relation avec un autre concept : celui de « circulation », trait caractéristique de l'économie globale (Appadurai 2001:8). C'est le concept de circulation qui permet d'appréhender la notion de culture, non plus dans une typologie « substantiviste »[2], mais dans « l'historicité propre » des groupes déterritorialisés (Appadurai 2001:12). Dans une logique de « migrations conceptuelles » (Fedi 2002:6), le concept de circulation offre un cadre d'analyse permettant de mettre en évidence la manière dont les différences culturelles aboutissent à produire des identités et des citoyennetés non pas figées, mais en constante (ré)invention. En centrant son analyse sur la notion d'ethnicité dans ses rapports avec la circulation et leur production des « communautés imaginées » Appadurai 2001:10), Appadurai affirme qu'il s'inscrit dans le bloc théorique dit de « la postmodernité culturelle ». Ce bloc théorique est lui-même adossé au post-structuralisme avec, comme lieu de préfiguration philosophique, la French theory[3]. Appadurai fait ici explicitement référence, dans ses analyses, à Michel Foucault, Jacques Derrida, Gilles Deleuze, Félix Guattari, et bien d'autres noms partageant le même centre d'intérêt que ce courant philosophique.

Fondée sur le constat de la « crise des récits » et des « métadiscours » qui ont structuré fondamentalement l'ensemble de la pensée moderne – la raison, la vérité, l'histoire, le progrès, l'État, la liberté, le sujet –, la postmodernité culturelle marque le début d'une ère et d'une société nouvelles prenant fortement pied dans les secteurs accompagnant l'innovation scientifique, le développement prodigieux des médias et de nouvelles technologies, la circulation croissante de l'information, le renforcement de la publicité et du marketing et l'euphorie liée au développement électronique. Les transformations induites par la postmodernité marquent de manière saillante et décisive l'ensemble de la vie contemporaine au point où Jean-François Lyotard soutient que « la postmodernité caractérise l'état global de la culture contemporaine » (Sciences humaines 1997, No. 73:23).

Dans le domaine économique, particulièrement, nous assistons à la formation et à l'émergence de nouveaux types d'organisations économiques sous la forme de multinationales et de transnationales. Cette nouvelle phase du capitalisme lui donne une puissance inégalée et le distingue radicalement de ses formes antérieures, notamment de la période colonialiste et impérialiste. Associées à des facteurs comme la haute technologie, la communication, la consommation de masse, la libéralisation totale des transactions commerciales à l'échelle du monde et de la nouvelle division internationale du travail, la constitution et la domination des multinationales ouvrent et inaugurent l'ère du capitalisme post-industriel.

La caractéristique principale de ce néocapitalisme est qu'il exerce son hégémonie hors des monopoles étatiques. Dérégulé, diffus, désorganisé, asymétrique et protéiforme, il a sa périphérie partout et son centre nulle part. Le décentrement du capital et du travail, la « décomposition » des classes sociales, le « découplage » des conflits sociaux, la « décentralisation » de l'autorité étatique, la « dérégulation » des institutions, la « désaffiliation » du sujet, la « dédifférenciation » entre culture savante et culture populaire (Appadurai 2001:10) donnent au capitalisme postmoderne une toute autre portée. Ce changement de perspective affecte considérablement toutes les sphères de l'existence et transforme radicalement la subjectivité humaine[4] (Appadurai 2001:28). Comme l'a prédit Gilles Deleuze, la réalité humaine, dans la trajectoire historique du capitalisme, ne se saisit plus qu'en termes de mouvement, d'agencement, de flux (Aliana 2010:35). Perpétuellement, tout floue, tout s'écoule, tout circule : aucun code ne peut plus fixer ou territorialiser l'être. Cette « ontologie du nomadisme » (Appadurai 2001:24), qui informe la phase actuelle du capitalisme déterritorialisé, laisse voir que le mouvement des populations ne se réduit plus uniquement à la seule migration de travail : « Il revêt d'autres formes de mobilité temporaire, pendulaire ou ponctuelle (Adelkrah et Bayart 2007:7). Cela a comme incidence une reconfiguration de l'objet d'analyse dans les sciences sociales. Ainsi, l'objet privilégié de l'anthropologie ou de la sociologie est devenu le « réseau », le « circuit », la « circulation migratoire » ou le « territoire circulatoire »[5] (ibid.).

C'est cet itinéraire épistémologique et logique qui intéresse Appadurai. La prise en compte de l'instabilité, de la mouvance qui caractérise le monde contemporain, guide son anthropologie (Appadurai 2001:12). Appadurai place ainsi au cœur de ses analyses la notion de « flux ». La question cruciale qui le préoccupe est la suivante : quelle est la nature du local en tant qu'expérience vécue dans un monde globalisé et de plus en plus déterritorialisé[6] ? Comment, par des pratiques quotidiennes, les « modes populaires d'actions » organisent-ils la mise en ordre/ désordre sociopolitique et culturelle en situation d'exil ? Concrètement, il s'agit d'exhumer les formes dissidentes, indociles et insidieuses que prend « la créativité dispersée » (de Certeau 1990:XXXIX), tactiques bricoleuses des groupes et individus apatrides qui veulent se projeter, souvent à l'intérieur des « communautés imaginées », dans une utopie échappant à tout dispositif institutionnel territorialisant (Foucault 1975) ou à tout bloc historique dominant (Bayart 1989:272). Appadurai recourt ici aux travaux de Gramsci sur la relation entre « hégémonie » et « subalternité ». La pensée gramscienne qui a fortement inspiré l'école des cultural studies aux États-Unis s'assigne explicitement comme objectif de rendre leur place aux cultures dominées en focalisant la réflexion sur la question des « cultures populaires » (Appadurai 2001:10). Cela permet à Appadurai, dans une perspective postmoderniste, de mettre en avant la liquéfaction des repères en minant les sens uniques et les valeurs supérieures de la modernité, d'une part, et d'agencer « une culture sur mesure » permettant à l'atome social de s'émanciper des cadres disciplinaires rigides, d'autre part.

Si les travaux d'Appadurai mettent en musique la thématique de la « diaspora » posée comme paysage social de la globalisation et de l'hybridisme culturel contemporains, sa méthode d'approche, qui se veut « constructiviste », se rapproche de « l'analytique interprétative » de M. Foucault dans laquelle le chercheur, toujours « situé », doit comprendre la signification des pratiques culturelles dans un contexte déterminé de l'intérieur même de ces pratiques. La question qu'il nous semble toutefois légitime de poser est la suivante : que cachent concrètement ces nouvelles « communautés imaginées » ou « communautés diasporiques » que tente d'étudier et de cerner l'anthropologie de l'exil ? Une autre question : le nomadisme, l'exil, l'apatridie, l'hybridisme, bref, la déterritorialisation que postule cette anthropologie n'entrent-ils pas en résonance avec les grands schèmes du capitalisme globalisé, en particulier la circulation des capitaux et des marchandises ? Notre double hypothèse est que, d'une part, les « communautés imaginées » que chérit l'anthropologie de l'exil constituent des « principautés consuméristes » que capture le capital pour prospérer, d'autre part, cette anthropologie ratifie théoriquement les grands principes de la mondialisation néolibérale, à défaut de les critiquer.

Pour tester ces hypothèses, intéressons-nous d'abord aux ressorts épistémologiques de l'anthropologie de l'exil telle qu'exposée par Appadurai dans son ouvrage *Après le colonialisme. Les conséquences culturelles de la globalisation.*

Anthropologie de l'exil : une ethnographie des multitudes

Dans sa publication, Appadurai met en avant les processus de la globalisation en revisitant et (re)questionnant les dimensions locales et nationales qui caractérisent le fonctionnement des sociétés actuelles (Appadurai 2001:7). Il étudie les distorsions chez les populations déplacées ou immigrées entre les représentations de leur espace d'origine et celles de leur nouvelle appartenance. Sa préoccupation majeure est le phénomène de la globalisation dans une dialectique des rapports de résistance et de pouvoir dans la culture exilique. L'entreprise théorique d'Appadurai entend se distinguer de l'approche classique de l'immigration en ce sens qu'elle implique un double rapport aux sociétés dites de « départ » et d'« accueil ». Elle pose la thématique de la « diaspora » comme paysage social de la mondialisation ou du multiculturalisme contemporains. L'un des apports décisifs d'Appadurai est que

> L'État-nation qui repose sur l'isomorphisme entre peuple, territoire et souveraineté légitime est profondément remis en cause par la globalisation. La prolifération de groupes déterritorialisés, « diversité diasporique » qu'on observe un peu partout ont pour effet de créer de nouvelles solidarités translocales (Appadurai 2001:19).

Appadurai postule que, de par le rôle aujourd'hui imparti à l'imagination, la dimension culturelle est au centre du processus de la mondialisation. Toutefois, se détournant de la vision « culturaliste » qui essentialise la culture, Appadurai privilégie l'adjectif « culturel ». Notamment, il s'intéresse à la manière dont les différences culturelles sont mobiles dans un processus qui aboutit à produire l'identité d'un groupe. Mais par définition, cette identité n'est pas figée, « elle fait flèche de tout bois, usant parfois d'éléments qui pourraient apparaître comme relevant d'autres cultures » (Appadurai 2001:13). La dialectique des rapports culturels établit un rapport disjonctif entre l'homogénéisation et l'hétérogénéisation culturelles. C'est à l'intérieur de ce rapport antagoniste que se jouent aujourd'hui les interactions globales. Appadurai pense à cet effet qu'« au fur et à mesure que les forces issues des diverses métropoles débarquent dans de nouvelles sociétés, elles tendent rapidement à s'« indigéniser » d'une façon ou d'une autre » (Appadurai 2001:6). C'est ce processus d'indigénisation propre au monde postmoderne/post-colonial qui produit les « néo-tribus » qu'Appadurai nomme « ethnoscape ». Le suffixe « Scape », précise-t-il, est tiré de landscape qui signifie dans sa traduction française : « paysage ».

Le concept d'ethnoscape lui permet de mettre en lumière les formes fluides, irrégulières des paysages sociaux, « formes qui caractérisent le capital international aussi profondément que les styles d'habillement internationaux » (Appadurai 2001:68). Ces paysages sont des « briques » de construction des « mondes imaginés », c'est-à-dire les multiples mondes constitués par les imaginaires historiquement situés de personnes et de groupes dispersés sur toute la planète. Les individus qui constituent les ethnoscapes sont : touristes, immigrants, réfugiés, exilés, travailleurs, etc. ; cette reconfiguration paradigmatique de l'ethnie dans la phase actuelle de la globalisation du capital permet à Appadurai de se prononcer sur la manière dont les différences culturelles aboutissent à produire des identités, non pas figées, mais en constante (re)élaboration.

Cependant, ce qui intéresse le plus Appadurai, c'est la manière dont cette situation non seulement modifie la vie matérielle des populations, mais tend également à confier un rôle inédit à l'imagination. Désormais, l'imagination investit des pratiques quotidiennes, notamment dans les situations migratoires où les sujets sont obligés de s'inventer, dans les conditions d'exil, un monde à eux (Appadurai 2001:9).

Hybridation ethnique et culturelle dans la globalisation : le rôle de l'imagination

L'imagination joue un rôle moteur dans la construction des nouveaux territoires ethniques et culturels. Dans ces nouvelles localités, émergent des identités mixtes, complexes, flexibles, hybrides. Pour Appadurai, ceci n'est que la conséquence directe de nouvelles dynamiques initiées par les forces à la fois centrifuges et centripètes de la mondialisation.

Appadurai substitue la notion de « l'imagination » à celle de « représentation collective ». Avec l'imagination, pense-t-il, « c'est l'idée d'invention qui prévaut, dans un contexte où les médias occupent le devant scène, qui non seulement diffusent, mais modèlent et infléchissent les processus culturels » (Appadurai 2001:15). Le socio-anthropologue américano-indien voit dans l'imagination une force positive et émancipatrice. Désormais, l'imagination n'est plus cantonnée à certains domaines d'expression spécifiques comme dans le passé.

En recourant à cette faculté fondamentale des êtres humains, Appadurai affirme qu'il se réfère à Benedict Anderson qui a souligné l'importance de la « communauté imaginée » comme éléments essentiels dans la construction des États-nations. Mais il veut donner à l'imagination une connotation plus large. Aussi convoque-t-il Gramsci pour montrer le rôle de l'imaginaire dans la relation entre « hégémonie » et « subalternité ». En effet, cette relation a pris une toute autre portée ces dernières décennies avec l'innovation technologique. C'est cette nouvelle trajectoire qui fait dire à Appadurai que « l'imagination est devenue un fait collectif et social. Sur cette évolution se fonde, à son tour, la pluralité de nos mondes imaginaires » (Appadurai 2001:31). Pour étayer la thèse selon laquelle le rôle de l'imagination prend des formes nouvelles dans le processus de la globalisation, Appadurai s'appuie sur trois distinctions :

> D'abord, pense-t-il, l'imagination a abandonné l'espace d'expression spécifique de l'art, du mythe et des rites pour faire désormais partie, dans de nombreuses sociétés, du travail mental quotidien des gens ordinaires. Ces gens ont entrepris de déployer la force de leur imagination dans les pratiques quotidiennes. Appadurai en veut pour preuve la manière dont les déplacements de populations et les moyens de communication contextualisent et structurent, de concert, nos représentations actuelles (Appadurai 2001:31). Grâce à l'imagination, les populations immigrantes peuvent s'inventer de nouveaux modes de vie adaptés à leur exil. L'exil renforce ainsi les pouvoirs de l'imagination dans la double capacité de se souvenir du passé et de désirer le futur, ce qui donne lieu à un bricolage existentiel, une vie souvent de l'improvisation dont la stratégie consiste à s'adapter ou à s'ajuster dans les nouveaux contextes diasporiques.

> Ensuite, Appadurai s'appuie sur une distinction entre l'imaginaire et le fantasme. Contrairement au fantasme qui implique nécessairement que l'on établisse une séparation entre le domaine de la pensée, le domaine du projet et celui des actes,

domaines qui renvoient au monde privé des individus, l'imagination nous projette dans l'avenir. Elle nous prépare à nous exprimer dans le domaine esthétique ou dans d'autres domaines. Nous nous aidons de l'imagination pour agir, et non pas seulement pour nous évader (Appadurai 2001:34). L'imagination nous projette ainsi dans des utopies programmatrices et même transformatrices, susceptibles de redéfinir des projets existentiels.

Enfin, Appadurai s'appuie sur une distinction entre les significations individuelles et collectives de l'imagination. Il considère l'imagination comme une propriété appartenant à des groupes d'individus. Le concept d'imagination peut parfois revêtir le nom de « communauté affective », c'est-à-dire un groupe d'individus qui partagent ses rêves et ses sentiments (Appadurai 2001:35). Appadurai fait référence à des types de confréries s'apparentant à ce que Diana Crane a nommé les « académies invisibles », par analogie au monde de la science. Ces confréries sont souvent transnationales voire post-nationales. Leur expression la plus concrète est ce qu'on appelle aujourd'hui « les néo-mouvements sociaux ».

Décrivant et décryptant les formes de narcissisme dans la société postmoderne, Gilles Lipovetsky en donne une idée édifiante quand il écrit que :

De même que le narcissisme ne peut être assimilé à une stricte dépolitisation, de même est-il inséparable d'un engouement relationnel particulier, ainsi que l'atteste la prolifération des associations, groupes d'assistance et d'entraides. L'ultime figure de l'individualisme ne réside pas dans une indépendance souveraine a-sociale mais dans les branchements et connexions sur des collectifs aux intérêts miniaturisés, hyperspécialisés : regroupement des veufs, des parents d'enfants homosexuels, des alcooliques, des bègues, des mères lesbiennes, des boulimiques. Il faut replacer Narcisse dans l'ordre des circuits et réseaux intégrés : solidarité de microgroupe, participation et animation bénévole, « réseaux situationnels », cela n'est pas contradictoire avec l'hypothèse du narcissisme mais en confirme la tendance. Car le remarquable dans le phénomène, c'est d'une part la rétroaction des visées universelles si on la compare au militantisme idéologique et politique de jadis, d'autre part le désir de se retrouver entre soi, avec des êtres partageant les mêmes préoccupations immédiates et circonscrites. Narcissisme collectif : on se rassemble parce qu'on est semblable, parce qu'on est sensibilisé directement par les mêmes objectifs existentiels (Lipovetsky 1983:20).

Exactement, ce sont ces espèces de confréries, d'associations ou de « microgroupes», encore appelées néo-tribus, *ethnoscapes* « communautés imaginées » ou « communautés diasporiques » par Appadurai, qui imposent une nouvelle temporalité à la mondialisation. La mondialisation actuelle s'offre effectivement à nous sous une double temporalité. D'une part, elle véhicule une uniformisation accélérée du monde grâce à une technologie croissante, devenue messianique, d'autre part, elle autorise une fragmentation accentuée du monde avec, notamment, des replis identitaires, sectaires, communautaires. Mais ces replis, devenus transnationaux, ont perdu leurs repères nationaux. Ils fonctionnent en réseaux d'interconnexions post-nationales.

Dès lors, nous tergiversons entre une société moderne, conquérante et croyante dans l'avenir, dans la science et la technique qui s'était « instituée en rupture avec les hiérarchies de sang et la souveraineté sacrée, avec les traditions et les particularismes au nom de l'universel, de la raison, de la révolution » (Lipovetsky 1983:16) et une société postmoderne ; néo-société qui cultive le « mode rétro », la « réhabilitation du local » du « régional », de « certaines croyances et pratiques traditionnelles (Appadurai 2001:17). Il existe ainsi un rapport constant entre les forces dites de progrès et les forces dites de régression. Cette dialectique des forces appariées, Régis Debray l'appelle : le principe de constance. Précisément à ce sujet, Debray affirme :

> Chaque dispositif de déracinement et d'ouverture libère un mécanisme de contre-enracinement ou de clôture (…). Les territoires culturels que le progrès technique efface se recomposent dans l'imagination. Nous aboutissons à des patries apatrides (…). La demande de résidence secondaire dans l'idée compense l'évanescence des frontières primaires, dans le réel (Debray 1996:156).

On se rend à l'évidence que l'ethnie, dans la mondialisation actuelle, est rentrée dans la phase de la déterritorialisation et de l'hybridation. Le dépassement des frontières naturelles, la contamination des langages, le métissage des genres et des races, l'hybridation générale de l'être sont autant d'éléments constitutifs des nouvelles communautés délocalisées, diasporiques.

Pour Appadurai, nous sortons de la colonie pour la post-colonie. Le voyage qui nous conduit de l'espace de l'ancienne colonie à l'espace du post-colonial nous situe au cœur de la « blanchitude », espace vierge où tout destin peut être réécrit, notamment le destin du patriotisme. La question suivante taraude dès lors son esprit : « le patriotisme a-t-il un avenir ? Et à quelles races, à quel sexe cet avenir appartient ? » (Appadurai 2001:222). Selon Appadurai, le concept de « blanchitude » fait exploser la relation établie entre l'État et la nation et redéfinit le patriotisme. Il est à l'origine de « l'évanescence de l'État-nation ». Cela amène Appadurai à soutenir que :

> Un fait majeur qui rend compte des tensions dans l'union de la nation et de l'État est que le génie nationaliste, jamais totalement contenu dans la bouteille de l'État territorial, est désormais lui-même diasporique. Alors que le sol et le lieu autrefois étaient la clé des liens entre l'affiliation territoriale et le monopole d'État des moyens de violence, les identités et les identifications clés ne tournent plus que partiellement autour des réalités et des images des lieux (Appadurai 2001:224).

La « blanchitude » nous introduit dans l'univers post-national avec plusieurs implications. La première est temporelle et historique. Elle suggère que nous sommes engagés dans un processus menant à un ordre mondial où l'État-nation est devenu obsolète et où d'autres formations d'allégeance et d'identité ont pris place. La seconde implication est que les formes qui émergent sont de puissantes alternatives pour l'organisation du trafic international de ressources, d'images et d'idées. La troisième est la possibilité que les nations continuent d'exister, tandis que l'érosion permanente des capacités de l'État-nation à monopoliser la loyauté encourage la diffusion de formes nationales ayant largement divorcé des États territoriaux. Appadurai estime que « l'État-nation, sous sa forme territoriale classique est en faillite, mais il est certainement en crise et une part de cette crise est la violence croissante de la relation qu'entretien l'État-nation avec ses Autres post-nationaux. » (Appadurai 2001:235). Le symbole mondial de la « blachitude », ce sont les États-Unis d'Amérique.

Selon Appadurai, la politique d'identité ethnique aux Etats-Unis est indissociablement liée à la dissémination mondiale d'identités originellement locales/nationales. Ainsi, dans le monde actuel, post-national et diasporique, l'Amérique est invitée à fondre ces deux doctrines ensemble, à faire face aux besoins du pluralisme et de l'immigration pour construire une société autour de la diversité diasporique. Il fait observer dans ce sens que :

> Il peut y avoir une race particulière pour l'Amérique dans le nouvel ordre post-national, une place qui ne s'appuie ni sur l'isolationnisme, ni sur la domination globale. Les États-Unis se prêtent remarquablement au rôle de laboratoire culturel et de zone de libre-échange pour la génération, la circulation, l'importation et l'essai de matériaux pour un monde organisé autour de la diversité diasporique (Appadurai 2001 : 241).

Un peu plus loin, il renchérit :

> Les États-Unis sont déjà un immense et fascinant « vide-grenier » pour le reste du monde. Ils offrent des stages de golf et de l'immobilier aux Japonais ; des idéologies et des techniques de gestion des affaires à l'Europe et à l'Inde ; des idées de séries télé au Brésil et au Moyen-Orient ; des Premiers ministres à la Yougoslavie ; une économie de marché à la Pologne, à la Russie et à quiconque voudra bien l'essayer ; un fondamentalisme chrétien à la Corée ; et une architecture postmoderne à Hong-kong. En fournissant également une série d'images – Rambo en Afghanistan, « we are the world », George Bernard Shaw à Bagdad, Coke à Barcelone, Perot à Washington – qui mêlent les droits de l'homme, le style consommateur, l'anti-étatique et les paillettes de médias, on pourrait dire que les États-Unis rendent compte en partie des idiosyncrasies qui accompagnent les combats pour l'auto-détermination dans les parties du monde par ailleurs très différentes (ibid).

En substance, pour Appadurai, l'Amérique est capable de construire une autre histoire ayant une signification à long terme. Une histoire sur les usages de la loyauté après la fin de l'État-nation. Dans cette histoire, soutient-il, les territoires limités pourraient laisser la place à des réseaux diasporiques, les nations aux transnations et le patriotisme lui-même pourrait devenir pluriel, sériel, contextuel et mobile (Appadurai 2001:244).

Dans la mesure où l'État-nation entre dans sa phase déclinante, nous pouvons déjà nous attendre à découvrir autour de nous de nouveaux matériaux pour reconstruire un imaginaire post-national. Chez Appadurai, il existe bien une relation analogue entre le travail de l'imagination et l'apparition d'un univers post-national. C'est à ce niveau que se dessine toute la politique mondiale future. Toutefois, il se pourrait que l'émergence d'un ordre politique post-national donne lieu non pas à un système formé d'unités homogènes – comme c'est le cas du système des États-nations –, mais à un système fondé sur des relations entre hétérogènes : « les diasporas de publics enfermés dans leurs bulles, différentes les unes les autres, constituent les creusets d'un ordre politique post-national » (Appadurai 2001:56). Appadurai pense que ce qui peut être une inquiétude et en même temps une opportunité est que cet ordre va être confronté à un défi ; défi qu'il formule par cette interrogation : « une telle hétérogénéité est-elle compatible avec un accord minimal sur les normes et les valeurs, sans pour autant adhérer strictement au contrat social libéral de l'Occident moderne ? » (ibid.). Selon notre auteur, ce problème sera résolu en recourant aussi bien à la négociation qu'à la violence. Aussi, pense-t-il, « la liberté culturelle et la justice se passent très bien de l'existence.

Résistances dans la culture exilique : des micro-récits subversifs

Si le monde est devenu un système interactif tout à fait nouveau, Appadurai pense que c'est une masse hétéroclite à grande échelle qui caractérise cette interactivité. Il balaie d'un revers de la main les thèses de Marshall Mc Luhan qui posent que le monde est un grand village planétaire. Pour Appadurai, chaque fois que nous sommes tentés de parler de village global, nous devons nous souvenir que les médias créent des communautés « sans notion de lieu ». S'inscrivant dans le canal conceptuel de Gilles Deleuze et de Félix Guattari, il soutient que nous vivons dans un monde « rhizomatique », voire « schizophrène »[7], qui fait appel, d'une part, à des théories sur le déracinement, l'aliénation et l'écart psychologique entre les individus et les groupes, et, d'autre part, à des rêves – ou à des cauchemars – de proximité électroniques (Appadurai 2001:63). Si un système culturel global est en train de se mettre en place, il y a lieu de noter que ce système est « truffé d'ironies[8] et de résistances » parfois camouflées. L'exemple le plus parlant est le comportement du monde arabo-mulsuman qui, tout en brandissant des textes sacrés pour l'authenticité culturelle, éprouve un appétit sans bornes pour les objets de la culture occidentale. Benjamin Barber, dans son ouvrage Djihad vs Mc World. Mondialisation et intégrisme contre la démocratie, en fait un exposé fort analytique.

En réalité, aux profondes avancées technologiques couplées aux flux migratoires toujours croissants répond une évolution des imaginaires sociaux, un nouvel ordre d'instabilité dans la création des subjectivités modernes constitutives de l'existence de nouvelles diasporas. Ces diasporas forment des publics enfermés dans leurs petites bulles ethnicisées. Les constructions identitaires ne se font plus dans un « jeu permanent d'opposition entre soi et l'autre, entre l'intérieur et l'extérieur, mais plutôt dans la multiplication de sphères d'exilés » (Appadurai

2001:11), où des gens se réapproprient collectivement des récits et des images. Qu'en font-ils ? Avec ces récits et ces images, le « consommateur culturel » peut s'inventer son quotidien et sa localité.

À une production rationalisée, expansionniste autant que centralisée, bruyante et spectaculaire, correspond une autre production : celle-ci est rusée, elle est dispersée, mais elle s'insinue partout, silencieuse et quasi invisible, puisqu'elle ne se signale pas avec des produits propres, mais avec la manière d'employer les produits imposés par un ordre économique dominant (de Certeau 1980:XXXIX). Appadurai pense à cet effet que si les grands thèmes rhétoriques de la modernisation des pays en voie de développement (la croissance économique, la haute technologie, l'agro-industrie, l'instruction, la militarisation) imprègnent encore de nombreux pays, ils sont souvent traversés, remis en cause, apprivoisés par les « micro-récits » du cinéma, de la télévision, de la musique et d'autres formes d'expression. À travers eux, la modernité est davantage redéfinie comme une « globalisation vernaculaire » que comme « une concession aux macropolitiques nationales et internationales » (Appadurai 2001:38).

Les groupes migrent, se rassemblent dans des lieux nouveaux où ils peuvent reconstruire leur histoire et reconfigurer leur projet ethnique. Plus que jamais, les groupes ne sont plus étroitement territorialisés ni liés spatialement, ni dépourvus d'une conscience historique d'eux-mêmes, ni culturellement homogènes. Pour Appadurai, il existe un lien tangible entre le travail de l'imagination comme forme de résistance à la domination et l'émergence de solidarités globales susceptibles de donner naissance à un nouvel espace politique post-national. Dans ce lien, les médias jouent un rôle capital. Ils permettent de voir sous un autre jour l'environnement dans lequel la modernité et le monde global apparaissent comme deux réalités d'un même continuum. Ils nous contraignent à modifier nos habitudes dans la mesure où, dans un premier temps, ils offrent d'autres moyens de s'affirmer à des gens de toutes sortes dans toutes les sociétés et, dans un deuxième temps, permettent « d'imaginer des vies qui pourraient se frotter au glamour des stars de cinéma et autres intrigues des films fantastiques ». Appadurai a ainsi beau jeu de dire :

> L'absolue multiplicité des formes sous laquelle apparaissent les médias électroniques et la rapidité avec laquelle ils s'insinuent dans les activités routinières de la vie quotidienne expliquent pourquoi ils fournissent chaque jour les moyens de nous imaginer nous-mêmes en tant que projet social (Appadurai 2001:28).

Pour Appadurai, si on juxtapose les déplacements des populations aux flux rapides d'images que projettent les médias, on obtient un nouvel ordre d'instabilité dans la création des subjectivités modernes. Pour mieux comprendre comment fonctionnent ces subjectivités, on peut recourir à la catégorie foucaldienne du « bio-pouvoir », c'est-à-dire le processus par lequel les subjectivités façonnent leurs besoins, leurs relations sociales, produisent leurs modes de vie. Chez Michel Foucault, le bio-pouvoir est une forme de pouvoir qui régit et réglemente la vie sociale de l'intérieur, en la suivant, en l'interprétant, en l'assimilant et en la reformulant. Sa fonction heuristique est de faire comprendre que le pouvoir ne peut obtenir une maîtrise effective sur la vie entière de la population qu'en devenant une fonction intégrante et vitale que tout individu embrasse et réactive de son plein gré. Foucault pense que la vie est maintenant un objet de pouvoir. Le bio-pouvoir a pour tâche d'administrer la vie. Concrètement, ce qui est en jeu dans un bio-pouvoir, c'est la production et la reproduction de la vie elle-même. Ainsi, dans le passage de la société disciplinaire à la société de contrôle que Foucault expose dans *Surveillé et punir*, un nouveau paradigme de pouvoir se réalise, qui est défini par les technologies reconnaissant la société comme domaine du bio-pouvoir.

Tout compte fait, ce que postule Foucault et que recycle Appadurai, c'est la prolifération rhizomatique des micro-pouvoirs qui fonctionnent en réseaux échappant à toute emprise institutionnelle territoriale, arrachant l'individu à tout ordre disciplinaire conventionnel. Cela a comme conséquence la liquéfaction des liens sociaux et la molécularisation des espaces de pouvoir. Ces espaces de pouvoir sont considérés comme des « Zones autonomes temporaires », véritables îlots de liberté. Ces « Zones autonomes temporaires » doivent être conçues comme des parcelles d'espace-temps réelles ou virtuelles libérées temporairement de l'emprise des pouvoirs économiques et politiques. C'est dans ces espaces que la multitude[9] déterritorialisée résiste au pouvoir et peut reformuler ses projets ethniques. La résistance se donne comme la diffusion de comportements résistants et singuliers. Précisément à cet effet, Antonio Negri pense que « si la résistance s'accumule, elle le fait de manière extensive, c'est-à-dire par la circulation, la mobilité, la fugue, l'exode, la désertion. » Et il ajoute bien : « il s'agit de multitudes qui résistent de manière diffuse et s'échappent des cages toujours plus étroits de la misère et du pouvoir » (Negri 2001:104). En fait dans l'ère postmoderne et post-coloniale, la forme la plus éminente de la rébellion est l'exode. Cette multitude s'exile en se constituant, en se relocalisant et en se nourrissant de tout genre de mélange, de « créolisation », de métissage.

En substance, la localité dans une situation où l'État-nation affronte des types particuliers de déstabilisations transnationales est avant tout une question de relation et de contexte plutôt que d'échelle et d'espace. Les formations culturelles globales formant des « post-cultures », devenues plus que jamais fractales, sont dépourvues de « frontières, de structures ou de régularités euclidiennes » (Appadurai 2001:85). Que penser donc de la réalité du monde post-national et diasporique ?

Mondialisation post-coloniale/postmoderne : le retour de l'archaïque ?

Le grand problème auquel fait face le monde actuel est la confrontation violente entre l'universalisme des Lumières et ses absolus référentiels et le pluralisme diasporique. Philosophiquement, cela se résume au débat qui oppose modernité et postmodernité. Alors que le projet moderne, par le biais de la raison, a voulu un monde rationnel, « cosmisé » et régi par des lois consensuelles posées comme principes normatifs et universels, en postmodernité culturelle, sont célébrés le relativisme, la différence, le dissonant, le désarticulé, le bris, le fragment, le dissensus, la dissémination, le discordant[10]. Cela implique que sur un plan pratique, l'unification et la fragmentation de l'humanité sociale constituent l'envers et l'endroit du processus de la mondialisation. Au moment où l'économie qui s'appuie encore sur les principes de la science moderne devient planétaire, la planète politique et culturelle se lézarde, se scissipare. À la fluidité accrue des flux de marchandises et d'informations répond une névrose territoriale obsessionnelle : la fièvre migratoire a pour pendant la crise obsidionale (Debray 1996:162). Mais que signifie cette double complicité de « Mc World » et de « Djihad » dont parle Barber ?

Le particularisme est à la mondialisation ce que l'ombre est à l'homme. Cette double complexité, peut-être surprenante, est la spécificité du monde postmoderne. La caractéristique de la postmodernité est le déclin du grand sujet, ou l'absence de grand sujet comme référence. Le capitalisme postmoderne qui accompagne le processus de la mondialisation n'a pas besoin de ce grand sujet. Tous les grands récits ont été détruits les uns après les autres : les récits autour des États-nations, les récits progressistes visant l'émancipation du sujet humain. La postmodernité vit le flottement généralisé des valeurs. Des mini-récits locaux, communautaires fonctionnent ou se recréent, au gré des intérêts économiques, politiques, culturels, religieux ou symboliques. Le plus souvent, ils sont teintés d'archaïsme : c'est le retour du refoulé.

Le retour du refoulé

Aujourd'hui, nos circonscriptions flottent, l'appétence à l'inscription grandit. Selon Debray qui étudie le phénomène, il y a un rapport nécessaire entre l'effacement des méridiens et la multiplication des appellations d'origine. Aussi, si l'industrialisation, par exemple, est laïque et antireligieuse, dans la mesure où elle délocalise : exode rural, déplacement des emplois, immigrations et émigrations de la main d'œuvre allogène, mobilité sociale accélérée etc., elle provoque aussi dans les pays industrialisés d'abord une fervente relocalisation (régionalisation, défense écologique, radios locales, associations etc.). Et ensuite, dans les pays sous-développés à viol industriel convulsif, un non moins convulsif retour de bâton aux sources identitaires. La modernisation des structures économiques, loin de la diminuer, exalte l'archaïsme des mentalités. Le sol américain, par exemple, est la terre promise du primitivisme sous toutes ses formes. Chacun sait, affirme Debray, que c'est à la pointe du progrès, dans les pays les plus développés, les plus standardisés, post-industrialisés, que les sectes religieuses et syncrétiques sont les plus mortifères, les conflits raciaux les plus féroces, les compétitions politiques les plus sauvages. Mais aussi, les minorités culturelles les plus vivantes et les radios locales les plus nombreuses (Debray 1996:161).

Dans la mesure où la modernisation politique et culturelle a été un processus de sécularisation, les fondamentalismes – islamiques et chrétiens – s'y opposent en brandissant des textes sacrés. Au dynamisme du modernisme et la sécularisation de la société, les fondamentalismes et autres formes d'intégrisme, semblent opposer une société statique et religieuse. Sous cet aspect d'anti-modernisme les fondamentalismes semblent être engagés dans un effort pour inverser le processus de la modernisation sociale : séparer les flux mondiaux de la modernité et recréer un monde pré-moderne. Selon Antonio Negri, cette caractéristique commune aux fondamentalismes – sous la forme d'un retour à un monde pré-moderne ou traditionnel, et à ses valeurs sociales – voile en fait le phénomène plus qu'elle ne l'éclaire. En réalité, les visions fondamentalistes d'un retour au passé sont généralement fondées sur des illusions historiques. « La famille traditionnelle » qui sert de fondement idéologique à ces fondamentalismes est simplement un pastiche des valeurs et des pratiques qui dérivent davantage des feuilletons télévisés que d'une expérience historique réelle dans le contexte de l'institution familiale (Hardt et Negri 2000:193). La poussée anti-moderne qui définit les fondamentalismes serait donc peut-être mieux interprétée comme un projet non pas « pré-moderne » mais « postmoderne », indique Negri. Le postmodernisme actuel signifie simplement un retour aux valeurs traditionnelles et un rejet du modernisme : « le fondamentalisme postmoderne actuel, d'une façon importante, est nouveau parce que son impulsion basique est anti-occidentale » (ibid.). Ce qu'il faut faire tout de suite observer est que ce postmodernisme qui recrée des « communautés affectives » ou des « communautés imaginées » donne une nouvelle portée à la société civile.

La néo-société civile transnationalisée

En effet, la conception postmoderne de la société civile remet en cause l'héritage des Lumières. Par l'entreprise des spéculations philosophiques comme celles de Hegel, la société civile – sphère économique des besoins t avait été pensée comme une alternative crédible à la modernité et aux Lumières par sa fonction critique. On a qu'à se référer au concept d'espace public propre à Habermas, lui-même tributaire du « Sapere Aude ! » d'Emmanuel Kant. « Sapere Aude ! » qui exige la sortie de l'homme de sa minorité. L'homme est alors appelé à faire un usage public de sa raison. La société civile est ainsi conçue comme le lieu de la « civilité » au sens de la citoyenneté et de la civilisation. L'homme, à l'occasion, devient un homme rationnel à la mentalité affranchie des pesanteurs du passé, des particularismes étroits et d'une vision enchantée du monde.

Contemporaine à la mondialisation, la néo-société civile est au service d'un capitalisme affranchi des entraves de la raison, de la loi, de l'État et de la nation. Attentifs aux forces obscures de la nature et de l'histoire, le néocapitalisme déterritorialisé fait de la critique de ces vs son crédocredo. Ainsi, débarrassée des cadres « rigides » d'une « raison violente » et d'un « État oppressif », la société civile porte désormais les espoirs d'une humanité prête à accueillir le riche héritage de la tradition, avec ses sagesses, ses croyances et ses symboles. La néo-société civile entend ainsi cultiver des valeurs d'humanisme en reproduisant la chaleur des relations de famille, la solidarité des lignages, la fidélité des obligés et la bienveillance des protecteurs au-delà des territoires nationaux. D'où son intérêt marqué pour la tradition, avec ses valeurs d'harmonie, de solidarité et de bienveillance. Sur cette question précise, apprécions ce commentaire du philosophe camerounais Nkolo Foé qui nous fait part des vues de l'Américain McLean, défenseur de l'éthique postmoderne :

> G.-F. McLean voit dans la tradition un « corps de sagesse » susceptible de permettre non seulement de découvrir des vérités permanentes et universelles communes aux sages de l'Antiquité, mais aussi de saisir l'importance des valeurs reçues en héritage de la tradition et de les mobiliser en faveur de l'avenir. La tradition est le lieu ultime où, librement, les hommes élaborent leur identité, leur personnalité et leur authenticité, grâce aux riches ressources que leur offrent les mœurs, les symboles, les arts, les croyances et les lois. La société civile ne s'adresse donc pas au citoyen éclairé et libre et ne vise pas non plus à reproduire le gentleman anglais ou l'honnête homme français. Son objectif est de conserver à l'homme la richesse de sa subjectivité, de son héritage et de sa culture. La caractéristique principale du sujet postmoderne réside donc dans le fait qu'il émergera à la « citoyenneté », lourdement chargé des atouts que lui offre le monde des valeurs, aussi irrationnelles soient-elles. Il s'agit de la tradition, de la religion, de la culture, de l'ethnie, bref, de toutes ces choses qui frustraient tant les modernes. Donc ni gentleman ni honnête homme, le citoyen de l'époque post-historique a la nostalgie de la tradition en tant que corps de sagesse, à l'image de celle toujours vivante dans les communautés pré-modernes ou villageoises (Nkolo Foé 2008:136-137).

En effet, selon Nkolo Foé, ces vues de McLean chérissent le mode de vie féodale. Comme l'illustre foien le Moyen-âge Âge européen, la solidarité, la bienveillance, l'harmonie sociale sont avant tout des concepts propres au féodalisme. La forme d'organisation sociale proposée aujourd'hui par la néo-société civile renvoie à cette époque. Aux sociétés de classe de l'époque moderne, l'ère postmoderne tente de substituer une forme d'organisation fondée sur les réseaux, la parentèle, les tribus, les assemblées charismatiques, paroissiales, etc.

Un auteur comme William Schambra enseigne qu'il « n'est de communauté que locale » (Dionne 1999:49). La déconstruction de la nation étant une obsession postmoderne, Schambra accuse le « libéralisme progressiste » américain de sacrifier la communauté locale à la communauté nationale et à la « Grande société », en poussant le peuple américain « à sortir de son individualisme et de son particularisme pour se fondre dans un dessein national » (Appadurai 2001:50). Schambra s'en prend aux élites modernes qui prétendent que les institutions locales et la campagne « sont passéistes, bornées, réactionnaires, et encombrées de mythes et de préjugés irrationnels » (Appadurai 2001:51). Pour lui, c'est dans le discrédit de ces institutions qu'on trouvera la raison du déclin de la vie civique et politique dans les États-ations modernes (Appadurai 2001:115-120). Il s'agit donc de réhabiliter les « associations sociales, communales, ethniques ou de quartier », mieux adaptées à l'époque postmoderne.

Une question devient pressante : la néo-société civile qu'Appadurai décline sous le vocable conceptuel de « communauté imaginée » ou « ethnoscape » n'est-elle pas le lieu de la prolifération des « principautés consuméristes » que capture le capital globalisé pour élargir son marché de consommation ?

Ethnoscape et société de consommation dans la culture exilique

La produon d'un local, futfût-il apatride ne nie pas la globalisation du capital en postmodernité. La standardisation des normes de production et de consommation accélère la différenciation des formes de conit sentir. , Chaque chaque nouveau dispositif de déracinement libérant un mécanisme de contre-enracinement territorial (réel ou symbolique).

Appadurai reconnaît explicitement que la déterritorialisation, par exemple, crée des nouveaux marchés pour les compagnies cinématographiques, les imprésarios et les agences de voyages, qui vivent sur le besoin des populations déterritorialisées d'avoir un contact avec leur pays. Naturellement, précise-t-il, ces pays inventés, qui constituent les « médiascapes » des groupes déterritorialisés, peuvent souvent devenir si fantastiques et partiaux qu'ils fournissent les matériaux de nouveaux « idéoscapes » dans lesquels les conflits ethniques peuvent surgir.

C'est effectivement sur le terrain fertile de la déterritorialisation, où l'argent, les marchandises et les personnes ne cessent de se poursuivre autour de la planète, que les médiascapes et leurs idéoscapes du monde moderne trouvent leur contrepartie fracturée et fragmentée (Appadurai 2001:75). Le grand paradoxe que doit affronter la politique culturelle aujourd'hui est que les primordias (de langage, de couleur de peau, de quartier ou de parenté) sont désormais globalisés. Pour Appadurai, il ne s'agit justement pas de nier que ces primordias sont fréquemment le produit de traditions inventées ou d'affiliation rétrospectives, mais de souligner que, du fait d'une interaction disjonctive et instable du commerce, des médias des politiques nationales, et des phantasmes de consommation, l'ethnicité, qui était autrefois un génie contenu dans la bouteille d'une sorte de localisme, est désormais une force globale qui se glisse sans arrêt dans et à travers les fissures entre États et frontières (Appadurai 2001:78).

Le facteur qui permet de saisir cette complexité où cette réintroduction de l'archaïque dans la globalisation de l'économie est ce qu'Appadurai appelle « le fétichisme de la production et le fétichisme de la consommation » (Appadurai 2001:79). Avec cet aréopage conceptuel propre à Karl Marx, Appadurai montre comment production et consommation s'épaulent pour donner une dimension nouvelle au monde post-national.

La production eétiche, obscurcie obscurcit en fait les relations de production, qui sont de plus en plus transnationales. Le fétichisme de la production devient dès lors l'illusion créée par les lieux contemporains de la production transnationale et qui, par l'idiome et le spectacle du contrôle du local, de la productivité nationale et de la souveraineté territoriale, masque le capital translocal, les flux de gains transnationaux, la gestion globale et, souvent, les travailleurs à l'étranger. Le localisme (au sens des sites locaux de production commns d'États-Nationsnations) devient un fétiche déguisant les forces globalement disséminées qui dirigent en fait le processus de production (ibid.).

Le fétichisme du consommateur, lui, transforme le consommateur, à travers les flux de marchandises (et les médiascapes, notamment de publicité et marketing les accompagnent), en un signe. « Signe » est ici à comprendre, dit Appadurai, non seulement au sens que lui donne Baudrillard – un simulacre qui n'approche que de façon asymptotique la forme d'un agent social réel[11] –, mais encore au sens d'un masque pour le siège réel d'opération, lequel n'est pas le consommateur, mais le producteur et les nombreuses forces qui constituent la production (Appadurai 2001:80).

Avec la fin des monopoles étatiques, le capitalisme post-national érige le marché comme grand sujet post-national. Son présupposé est : il faut que des marchandises soient produites en quantité croissante et à des coûts réduits. Pour réaliser le capital à travers les marchandises, il faut capter le désir de la multitude, le rabattre sur le besoin et produire des sujets consommateurs. La consommation apparaît comme le moteur de la société post-nationale. Sur la question, Gilles Lipovetsky est très analytique quand il fait entendre que :

> Quelle erreur d'avoir annoncé précipitamment la fin de la société de consommation quand il est clair que le processus de personnalisation ne cesse d'en élargir les frontières. La récession présente, la crise énergétique, la conscience écologique ne sonnent pas le glas de l'âge de la consommation : nous sommes voués à consommer, fût-ce autrement, toujours plus d'objets et d'informations, de sports et de voyages, de formation et de relationnel, de musique et de soins médicaux. C'est cela la société postmoderne : non l'au-delà de la consommation, mais son apothéose, son extension jusque dans la sphère privée, jusque dans l'image et le devenir de l'ego appelé à connaître le destin de l'obsolescence accélérée, de la mobilité, de la déstabilisation (Lipovetsky 1983:16).

Selon David Harvey, qui mène une investigation sur les origines du changement culturel contemporain, le facteur du changement reste l'évolution économique. Un maître mot caractérise bien la logique du marché universel postmoderne :

l'accumulation flexible (Sciences humaines 1999, n° 73:25). Depuis, en effet, le premier choc pétrolier, le marché, aux dires de Harvey, s'est diversifié au détriment des emplois stables. Les industriesettant de mieux à en mieux à profit les ressources naturelles et humaines qu'offre chaquesite géographique, délocalisent leur production : les disparités régionales s'accentuent, les périodes de crises et booms locaux alternent, et enfin l'innovation accélère la rotation des produits marchands (*ibid.*). Dans cette gestion de la mode et de l'éphémère[12] (Lipovetsky 1987), les usages et les conduites de la vie sociale éclatent. Ce mouvement est surdéterminé par « les politiques d'identités ». Le multiculturalisme fait désormais partie du apitalisme. Aussi, les identités individuelles et collectives sont-elles des enjeux du capitalisme postmoderne. Cela est très frappant aujourd'hui dans les déclamations post-colonialistes en Afrique qui adoubent philosophiquement les thèses postmodernistes.

Post-coloniasme et afro-mondialisme : l'identité africaine entre effraction, gommage et réécriture de soi

Se situant dans la même trajectoire conceptuelle qu'Appadurai, la théori post-coloniale, qui entend arrimer l'Africain à llisation, recours recourt explicitement à la catégorideon. Développant développant ainsi les thèses afro-mondialistes, Achille Mbembe pense qu'être africain aujourd'hui, c'est sortir du statut de victimaire pour s'établir comme libre et capable de « s'auto-inventer » (Mbembe 2010:110). Selon Mbembe, la véritable politique de l'identité consiste à nourrir, actualiser et réactualiser ses capacités d'auto-invention. Cette attitude, estime-t-il, est cruciale compte tenu des enjeux de la mondialisation. Avec le processus de la mondialisation, de nouvelles sphères ont émergé. D'une part, les frontières réelles n'épousent ni les configurations officielles, ni la cartographie héritée lsation. , D'autre d'autre part, la disjonction entre territorialités économiques, territorialités politiques, culturelles et symbiques s'accélèrent. Du coup, admet-il, c'est aux interstices que se déroule, à présent, le gros de l'acton historique. Or, l'occupation de ces interstices ne s'effectue pas sans violence. Dans ces conditions, fait-il valoir, les vielles querelles sur l'identité retrouvent leur actualité jamais égalée dans le passé. Le monde, dans cette perspective, ne constitue plus une menace, mais une opportunité. Il apparaît comme un vaste réseau d'affinités. Il n'existe donc pas une identité africaine finale ; il y a plutôt une identité en devenir, à construire au gré des enjeux liés à la mondialisation.

Un tel point de vue est renchéri par Fabien Eboussi Boulaga. Dans un article intitulé « Anarchie et topologie », le philosophe camerounais pense que la vie déjoue les fixations, les fictions et les pièges identitaires, notamment ceux liés à l'appartenance continentale, à la nationalité, à la citoyenneté. Cette défondation se ferait par l'exil et par la dispersion. Il n'est plus question, dans un monde globalisé, d'un projet d'englobement ou d'universalisation d'une identité unique.

Le souci majeur d'Eboussi Boulaga est de répondre à la quon suivante : Que que faire avec l'ordre mondial actue ?

Sa réponse est sans ambigüité ambiguïté : d'abord, pense-t-il, l'« identité unique » et les « fictions identitaires » sont illusoires aujourd'hui. Ensuite, établit-il, « les espaces de liberté » à créer n'ont rien à attendre du « pathos vide du culte de la déesse Raison ». À l'ère de la mondialisation, Eboussi Boulaga pense qu'il s'agit désormais de « distordre » et de « subvertir » les institutions établies – celles qui portent « la relation dedans/dehors, si obsédante, si obnubilante », dans le débat africain – par les « tactiques qui recourent à la ruse (…) avec ses occasions favorables ». Pour lutter contre « l'ordre imposé de dehors », il faut recourir à la théorie des « pratiques africaines ». Car, pense Eboussi Boulaga, « les tactiques pour se créer des espaces de liberté sont une approche promise à plus de perspicacité » parce que ces pratiques appelées « tactiques », veulent surmonter l'obstacle de la dépendance et de la domination. Pour lutter aujourd'hui, la tactique « consiste à avoir pour lieu et langue ceux de l'autre », car « il y a désormais à compter avec les identités multiples, tactiques ou stratégiques ».

Dans le processus de la mondialisation, les identités tactiques et stratégiques ont un but précis : saisir la bonne occasion pour en tirer le meilleur parti. Si des penseurs comme Souleymane Bachir Diagne, Mamadou Diouf, Jean-Godefroy Bidima, Karl A. Appiah ou Bassidiki Coulibaly, tout comme Mbeme et Eboussi Boulaga exposés plus haut, en font un thème central dans leur travaux, c'est bien parce qu'ils ont pris la mesure des enjeux de la mondialisation. On peut bien comprendre cette posture pragmatiste. Mais ce qui suscite une acrimonie dans leurs travaux, tout comme chez Appadurai d'ailleurs, c'est la critique cauteleuse qu'ils font de la mondialisation. En réalité, la question identitaire est liée à celle de la localité et de l'émasculation du sujet. La localité n'est pas acquise, elle est éphémère tout comme le sujet est labile et fluctuant, sans véritables attaches. Un tel sujet s'insère dans la logique de ce que Gilles Lipovetsky appelle le « procès de personnalisation ». En effet, après la grande révolution individualiste amorcée par la pensée moderne, l'humanité, dans le processus de la mondialisation postmoderne, connaît une seconde révolution individualiste : le « procès de personnalisation ». Lipovetsky clarifie l'expression en soutenant que :

> Le procès de personnalisation renvoie à la fracture de la socialisation disciplinaire ; positivement, il correspond à l'agencement d'une société flexible fondée sur l'information et la stimulation des besoins, le sexe et la prise en compte des « facteurs humains », le culte du naturel, de la cordialité et de l'humour. Ainsi opère le procès de personnalisation, nouvelle façon pour la société de s'organiser et de s'orienter, nouvelle façon de gérer les comportements, non plus par la tyrannie des détails mais avec le moins de contraintes et le plus de choix privés possibles, avec le moins de coercition et le plus de compréhension possible. (…) Nouvelles procédures inséparables de nouvelles finalités et légitimités sociales : valeurs hédonistes, respect des différences, culte de la libération personnelle, de la décontraction, de l'humour

et de la sincérité, psychologisme, expression libre, qu'est-ce à dire sinon qu'une nouvelle signification de l'autonomie s'est mise en place laissant loin derrière elle l'idéal que se fixait l'âge démocratique autoritaire (Lipovetsky 1983:11-12).

Déterritorialisé, déshistoricisé, désontologisé, défondé, irrationnel et esthétisant, le sujet post colonial/postmoderne se saisit dans l'éphémère, le fortuit, le contingent, le circonstanciel, l'instant. Dans cette trajectoire, son identité est mise à rude épreuve, car elle subit à tout moment une torsion. Mbembe se veut bien l'apôtre d'une telle logique quand il défend la thèse selon laquelle : « le colonisé est un individu vivant, parlant, conscient, agissant, dont l'identité est le résultat d'un triple mouvement d'effraction, de gommage et de réécriture de soi. » (Mbembe, 2010:9). Le fait que Mbembe semble occulter est que, dans cette trajectoire, un tel sujet n'est rien d'autre qu'une proie facile que capture la société de consommation dressée par le capitalisme planétarisé. Lipovetsky a beau jeu de le reconnaître qand il argue que : « c'est la transformation des styles de vie liée à la révolution de la consommation qui a permis ce développement des droits et désirs de l'individu, cette mutation dans l'ordre des valeurs individualistes » (Lipovetsky 1983:13).

Toute la vision du monde, qui se caractérise essentiellement par « l'érosion identitaire », le refus d'une identité stable et d'une totalité organique, tente tout simplement de déconstruire l'Afrique des grands projets, des grands programmes d'émancipation et d'auto-détermination pour créeer une Afrique fantasmagorique livrée, sans armes, au néolibéralisme planétarisé. Les grands axes modernes, la révolution, la discipline, la laïcité, l'avant-garde qui ont étés par les Pères pères fondateurs d'une Afrique nouvelle et moderne (Garvey, Dubois, Césaire, Nkrumah, Cheikh Anta Diop, Machel, Sankara, Towa, etc.), sont désaffectés à force de « personnalisation hédoniste ». La société promue par la vague post-colonialiste est celle où n'existent ni idoles ni tabou, plus d'image glorieuse d'elle-même, plus de projet historique mobilisateur, plus d'idéologie politique : c'est désormais le vide qui nous régit. Mais un vide exploité par le néo-capitalisme déterritorialisé qui peut démultiplier, à sa guise, ses paysages ou principautés consuméristes.

La pensée du « métissage », de « l'hybridation », de la « créolisation », de la « multiplicité », de la « mobilité » de l' « *exit option* », de l'opportunisme et finalement du pragmatisme que chérit la théorie post-coloniale est peut-être séduisante, mais elle peut avoir pour revers de cultiver une philosophie de la démission, de la désertion, voire de la résignation, donnant lieu au dénigrement de soi, à l'auto-flagellation, à la dénégation. Nous ne sommes pas loin ici des vues afro-pessimistes. Au contraire, l'exaltation de la différence, du « souci de soi », de la « gouvernementalité de soi » qui conduisent nécessairement à ce que Lipovetsky nomme « le procès de personnalisation » ou ce que Luc Boltanski et Ève Chiapello appellent « la marchandisation de la différence » (Boltanski et Chiapello 1999:533) comme éthique de vie ou de « survie stratégique » peut développer un type particulier d'impérialisme : l'impérialisme différentialiste.

Différentialisme et racisme : le nouvel esprit du capitalisme globalisé

Le différentialisme[13] est dans l'ère du temps. Mais ce qu'il faut craindre, c'est qu'il ne devienne une théorie raciste impériale. C'est la mise en garde que nous donne Etienne Balibar. Balibar qualifie le nouveau racisme de racisme « différentialiste » : un racisme sans race ou un racisme qui ne repose pas sur un concept de race biologique. Si le biologisme est abandonné comme fondement et support du racisme, c'est la culture aujourd'hui qui est appelée à reprendre le rôle que jouait la biologie, comme le suggère Appadurai. Le socio-anthropologue américain laisse observer que la nature et la biologie sont fixes et immuables, mais que la culture est un mélange pour former des hybrides à l'infini. Mais la question qui reste sans réponse de la part de l'anthropologue de l'exil se formule de la manière suivante : quelle fonction spécifique joue cet hybridisme culturel qui, loin d'apparaître comme un pluralisme, reste un essentialisme ?

L'hybridation culturelle favorise un décentrement du monde dans une logique de prolifération des réseaux. Cela est essentiel dans la globalisation du capital, car le découplage des communautés déterritorialisées prouve que le monde est bien gouverné quand il légitime l'ethnicité, le particulier, le particularisme comme base de la différence entre les hommes. Si ceci est flatteur dans la mesure où on croit valoriser les droits humains[14], ce qu'il faut cependant faire remarquer, c'est que l'idée de différence joue un rôle spécifique dans la mondialisation du capitalisme. En fait, elle sert un concept pivot : la flexibilité. La flexibilité est la catégorie essentielle du marché néolibéral autorégulé ou dérégulé. Mais ce qu'il faut noter ici est que si le nomadisme, l'hybridisme et le métissage que véhicule la flexibilité du marché correspondent au niveau des pratiques capitalistes qui est celui du marché, le stade des grands intérêts des blocs hégémoniques produit un discours différent. Ce discours, ouvertement essentialiste et même raciste, est porté à sa systématisation la plus haute par un penseur comme Samuel P. Huntington dans son très célèbre *Choc des civilisations*. Dans cet ouvrage, Huntington développe une forme particulière de racisme qui diffère du racisme ancien, mais qui épouse la logique postmoderne. Tournant le dos au racisme ancien fondé sur des considérations biologiques, Huntington défend un racisme qui s'appuie sur les différences culturelles, fondamentalement irréductibles. C'est donc l'idée d'incommensurabilité des cultures qui est vantée par l'idéologue américain. On peut ainsi voir que le racisme de l'époque de la mondialisation néolibérale est une conséquence de la rigidité sociale, de l'ossification des rapports socioéconomiques, toutes choses qui constituent une prescription intangible du capitalisme mondialisé. Par la passé, la psychologie ethnique était née pour traduire le même type de rapports. Or Michael Hardt et Antonio Negri nous apprennent que la flexibilité est le propre de l'Empire[15]. L'Empire capitaliste mondial est caractérisé, dans sa phase actuelle, par une mobilité inaltérable. C'est, comme le suggèrent Michaël Hardt et Antonio Negri.

> Un appareil décentralisé et déterritorialisé de gouvernement, qui intègre progressivement l'espace du monde entier à l'intérieur de ses frontières ouvertes et en perpétuelle expansion. L'Empire gère des identités hybrides, des hiérarchies flexibles et des échanges pluriels modulant ses réseaux de commandement (Hardt et Negri 2000:17).

L'Empire capitaliste postmoderne serait un pouvoir absolu, mais sous la forme d'un équilibre instable, qui a réussi à intégrer à la machinerie capitaliste de demandes antérieures des mouvements sociaux (droit à la différence, autonomie individuelle, etc.). Selon Hardt et Negri, ce serait le système le plus systématique de l'histoire de l'humanité, car il n'aurait plus d'extérieur. Avalant tout, il serait le point d'aboutissement ultime de la logique dominatrice du capital, le système des systèmes, la totalité suprême. L'Empire capitaliste postmoderne impose donc un néo-impérialisme qui, en supprimant les oppositions traditionnelles centre/périphérie, salarié/patronat, intérieur/extérieur, Nord/Sud, liquéfie et fluidifie les frontières pour asseoir sa domination. En substance, le but suprême de l'Empire du néo-capitalisme connexionniste est de localiser/délocaliser/relocaliser le sujet au gré du mouvement du capital et de la circulation des marchandises. La fragmentation, l'hybridation ethnique et culturelle sont des nécessités impérieuses dans la mesure où chaque ère culturelle post-nationale est un espace commercial à conquérir.

Conclusion

Sur un plan théorique ou épistémologique, l'anthropologie de l'exil telle qu'exposée par Arjun Appadurai fournit un outillage conceptuel et méthodologique pour intelliger le processus de la mondialisation en cours. Cette anthropologie donne à comprendre que la transnationalité, qui est au cœur de la mondialisation actuelle, est le fait de la culture. Mais une culture qui, travaillée par la circulation des hommes, des capitaux, des marchandises, des informations, des images et des idéaux, se saisit dans une dynamique de différences culturelles. Ce sont ces différences culturelles qui, érodant les identités, la citoyenneté, le patriotisme, le nationalisme, font décliner l'État-nation tel que l'avait conçu le projet moderne. L'État-nation n'est plus qu'une coquille vide qui, progressivement, est appelée à péricliter pour laisser la place à une nouvelle citoyenneté fondée sur les réseaux transnationaux où émergent des « communautés imaginées ». Celles-ci ont pour avantage de retracer les trajectoires et les itinéraires existentiels en émancipant l'individu des « dispositifs institutionnels rigides » (Foucault), des « grands signifiants despotiques » (Deleuze et Guattari) ou de la « violence symbolique » (Bourdieu) qu'incarnent aussi bien l'État-nation que les grands principes du rationalisme moderne. Si cela est pertinent, on peut avancer que l'anthropologie de l'exil n'est rien d'autre que le reflet ou l'expression théorique de la dernière phase du capitalisme que des penseurs comme Samir Amin ont qualifié de « capitalisme sénile », ou Frederic Jameson de « capitalisme tardif ». Ne prenant pas une distance critique vis-à-vis des principes qui orientent le néolibéralisme en cours de planétarisation, l'anthropologie de l'exil se pose comme « une épistémologie de la performativité libérale » avec, comme point d'ancrage philosophique, le pragmatisme. Ce qu'il faut cependant noter, parlant de « l'évanouissement de l'État-nation », c'est que la crise multiforme que traverse « la globalisation du capital » aujourd'hui remet effectivement l'État au centre des processus de régulation des flux économiques, culturels, politiques ou symboliques. La triple crise : financière, écologique et institutionnelle[16] que connaît notre monde actuel prouve que l'État a encore un rôle prépondérant. Ces propos de Jacques Sapir sont instructifs à plus d'un titre :

> En ce début du XXIe siècle, nous vivons l'amorce d'un reflux de cette globalisation économique, que l'on appelle en France « mondialisation », même si ce terme a une signification plus large. L'histoire et la politique reprennent leurs droits. C'est le retour des États, que l'on disait naguère impuissants, et le recul des marchés, que l'on prétendait omniscients (Sapir 2011:9).

Le fameux « mythe du doux » commerce mondial qui apporterait la paix et la prospérité et instituerait une hospitalité universelle entre les hommes dans la logique du cosmopolitisme tel que l'avait postulé le *Projet de paix perpétuelle* de Kant n'est en réalité qu'un songe creux. Même dans la régulation des flux migratoires, l'État reste un acteur majeur. Nous sommes ainsi d'accord avec Luc Sindjoun qui, apportant des réserves à la pensée d'Appadurai, pose que :

> La présentation des communautés immigrées sous l'angle de la déterritorialisation, de la dissolution du lien avec l'État d'origine pèche par excès. Le défaut majeur de l'analyse d'Arjun Appadurai semble résider dans la sous-estimation de l'État comme forme symbolique, comme institution subjective vivant dans l'esprit des individus, y compris ceux qui sont en situation de migration (Sindjoun 2004:13).

Quoi qu'on dise, la notion de « capital étatique » reste opératoire dans l'inconscient de l'immigré : « l'État d'origine en tant que catégorie virtuelle préside à la perception des immigrés ». C'est dans ce cadre qu'il faut comprendre les migrations aujourd'hui. En effet, les projets individuels de migration subissent, d'une part, l'influence directe ou indirecte des réseaux ethniques ; d'autre part, ils sont bricolés et mis en œuvre en tenant compte de l'État comme illusion ou réalité de contrôle des « entrées » et « sorties » dans son territoire, comme fabriquant des identités ou des statuts et pôle d'identification. Sindjoun a ainsi beau jeu de dire que « l'une des plus grandes réussites symboliques et pratiques de l'État est constituée par l'imposition et l'accélération de la sédentarité ou de l'identification rigide ou flexible à un point d'ancrage comme normes d'appréciation du groupe et des individus. » (Appadurai 2001:5). Il est donc fort difficile d'envisager une anthropologie de l'exil sans prendre en considération l'État comme cadre effectif ou virtuel de l'organisation de l'espace.

Notes

1. Dans un ouvrage collectif qu'ils codirigent et intitulent *Voyage du développement. Émigration, commerce, exil,* Fariba Adelkrah et Jean-François Bayart font du fait migratoire un phénomène social majeur de la globalisation. Il l'est par les mouvements de population qu'il implique, à l'échelle internationale, même si ceux-ci doivent être relativisés. Ainsi, ils font observer que de 1900 à 2000, le stock des migrants internationaux est passé de 154 à 175 millions, soit une hausse de 14 pour cent qu'il faut mettre en regard avec l'augmentation de 15 pour cent de la population mondiale dans la même période. Le fait migratoire est également devenu crucial sur le plan des représentations et des discours, dans la mesure où il occupe une place centrale dans les débats publics des pays concernés, et singulièrement dans les débats électoraux, ou encore dans certaines crises internationales les plus aiguës (Adelkrah et Bayart 2007:5).

2. Appadurai, penseur héraclitéen, récuse le substantivisme du concept de culture. Il s'en prend au « primordialisme », cette tendance à indexer les représentations sur ce qui constituerait un fondement primitif et intangible : les liens du sang, l'ancrage au territoire, la langue. Selon Appadurai, le danger de cette vision culturaliste des sociétés et leur rapport entre elles sont de légitimer dans certains contextes la stigmatisation de populations considérées comme vouées à la violence, au terrorisme ethnique, car « culturellement » incapables d'accéder à la modernité. Il dit explicitement que « l'emploi du substantif « culture » me met souvent mal à l'aise, tandis que sa forme adjectivale « culturel » me convient mieux » (Appadurai 2001:40).

3. Une dizaine de philosophes français qui avaient pour seul dénominateur commun d'appartenir à la génération post-structuraliste, se trouvent soudain réunis dans une même école de pensée et portés au pinacle : Gilles Deleuze et Félix Guattari, Michel Foucault, Jacques Derrida, Jean-François Lyotard, Jean Baudrillard, Jacques Lacan, Julia Kristeva, etc. La *French Theory* est d'abord un mode (on sait que la déconstruction derridienne, sans nul doute le concept le plus prisé, va jusqu'à souffler un titre de film à Woody Allen, *Deconstructing Harry*). Mais par-delà maintes dérives et fantaisies, elle constitue une pratique étonnamment féconde. Elle donne à découvrir les auteurs que les français boudent volontiers en leur pays. Et, jouant le décalage et la recomposition, au risque souvent de trahir la pensée de leurs auteurs, elle met au jour des paradigmes et des concepts nouveaux. *Cultural studies*, théories post-coloniales, *gender studies*, études multiculturelles, *new historism* : autant de chantiers intellectuels qui n'auraient pu s'ouvrir sans la présence tutélaire des penseurs de la *French Theory*.

4. Appadurai pense que l'impact massif du capitalisme triomphant qui impose au monde sa domination sans partage ne met pas qu'en relief l'interdépendance généralisée entre les différentes économies du globe, il a aussi un impact direct sur les structures politiques et la vie culturelle des groupes humains. Tout se passe comme si ce changement d'échelle du capitalisme était porteur d'une transformation en profondeur de nos modes de vivre et de penser et l'organisation traditionnelle de nos sociétés.

5. La catégorie philosophique à laquelle on peut avoir recours pour conceptualiser ces mouvements est ce que Gilles Deleuze et Félix Guattari appellent le rhizome. Sorte de racine bulbeuse, le rhizome prolifère dans tous les sens sans jamais se ramener à point fixe. Le rhizome a comme fonction heuristique de défier tout système unifié, toute identité-

racine. La notion de rhizome permet, par son aspect visuel et l'étalement spatial qu'elle déploie, d'évincer la référence à un sujet unifié, et, par la multiplicité infinie et mouvante de ses racines, de respecter un centre de signifiance.

6. En décrivant la mondialisation comme processus de brouillage des frontières et de subversion de repères traditionnels, Appadurai nous informe que nous plongeons dans la question du global et du local. Il pense que le local, en tant que tel, n'existe pas. Il est une invention permanente. Ce sont les groupes qui produisent leur local dans un contexte historique déterminé, et non la pesanteur d'un territoire qui façonne le groupe comme tel. Il est tout à fait pensable, soutient Appadurai, qu'on continue à produire du local dans un monde déterritorialisé. La localité n'est plus une fixation dans l'espace (Appadurai 2001:17).

7. Concept central dans la pensée deleuzo-guattarienne, la schizophrénie se saisit dans son rapport au capitalisme. Chez Deleuze et Guattari, si le capitalisme se caractérise historiquement par le décodage des flux, la schizophrénie, elle, se tient à la limite du capitalisme. Elle brouille tous les codes et porte tous les flux au désir : « la schizophrénie, c'est la production désirante comme limite de la production sociale. » La schizophrénie est la réalité même de la production désirante dans toute son authenticité, prise dans son absoluité. Elle consiste à « faire passer des flux à l'état libre sur un corps sans organe désocialisé ». Avec la production du désir, c'est-à-dire la schizophrénie, la déterritorialisation est absue Ce ce qui marque la différence avec la déterritorialisation relative représentée par la production sociale capitaliste. La schizophrénie, c'est le libre écoulement des flux sans aucune régulation.

8. Il faut faire remarquer que ce terme joue un rôle moteur dans le néo-pragmatisme de Richard Rorty. Dans son ouvrage, *contingence, ironie et solidarité*, Rorty utilise ce terme pour se détourner des principes de base du rationalisme classique et postuler la contingence comme éthique de vie. Il dit très explicitement : « j'emploie ironiste pour désigner le genre de personne qui regarde en face la contingence de ses croyances et désirs centraux : quelqu'un qui est suffisamment historiciste et nominaliste pour avoir abandonné l'idée que ces croyances et désirs centraux renvoient à quelque chose qui échapperait au temps et au hasard (…). Un ironiste est donc le citoyen de la société postmétaphysique » (Rorty 1989:16).

9. Le concept de « multitude » est puisé dans l'histoire de la philosophie politique occidentale. Antonio Negri, philosophe et anthropologue de la mondialisation, l'utilise pour désigner le nouveau sujet – nécessairement pluriel – d'émancipation, qui vient prendre la place, dans le monde postmoderne, du « peuple », de la « nation », ou même du « prolétariat » Ce concept de multitude a au moins trois sens : ontologique, économique et politique :
Ontologique : l'être de la multitude est par nature hétérogène et pluriel et il ne s'exprime et ne prend sens qu'à travers le travail en commun, la coopération et le réseautage. La multitude est un principe d'auto-organisation de la diversité qui n'a jamais comme conséquence une unification totale du pluriel qui s'exprimerait d'une seule voix. La voix de la multitude est nécessairement polysémique et dialogique parce que la multitude est composée de singularités qui fonctionnent par nature en réseaux.
Économique : la multitude désigne l'ensemble de la force créative, plus spécifiquement des producteurs du *General Intellect*. Il s'agit d'un concept économique et de classe sociale. Au sein de la multitude, tout individu participe de la production économique en tant que producteur d'information et de discours.

Politique : le système économique d'aujourd'hui est injuste, parce que l'Empire capitaliste – qui ne produit rien – exploite la production de la multitude. En tant que force productive de travail immatériel qui fonctionne spontanément en réseau, la multitude n'aurait pas besoin de structure autoritaire et hiérarchique pour réguler et maximiser sa productivité, tout au contraire. La production économique de la multitude s'exprime sous forme de « bio-politique », qui évoque chez Negri une production induite par la totalié de la vie. Or, cette production – créativité – de la multitude qui puise dans la vie elle-même serait maximalisée dans la mesure où le déploiement en réseaux serait anarchique, c'est-à-dire libre et égalitaire.

10. Pour plus d'informations sur la pensée postmoderne, on peut se référer à Jean-François Lyotard qui, en publiant en 1979 *La Condition postmoderne. Rapport sur le savoir*, a contribué à populariser ce concept dont les prémisses sont réparables dans l'architecture. On pourrait également se référer aux travaux de Nietzsche et des néo-nietzschéens français comme Foucault, Derrida, Deleuze, tout comme des néo-nietzschéens anglo-saxons comme Richard Rorty et Paul Feyerabend qui ont contribué à délégitimer la raison comme faculté centrale du sujet et à remettre en causes les principes universalistes de la pensée moderne.

11. Jean Baudrillard, s'inscrivant dans la même trajectoire logique que Deleuze, analyse la complexité du monde contemporain. Pour lui, ce monde est largement gouverné par les simulacres. Les logiques d'objets, la consommation, – la « consumation », pour reprendre l'expression de Georges Bataille – administrent le monde. Notre monde étant celui de a simulation, des simulacres, est régi par une hyperproduction qui tourne sur elle-même, sans que l'on puisse assigner un sens à nos « besoins ». Au sein des simulacres contemporains, l'usage est lui-même neutralisé. Plus rien n'est indexé. En fait, c'est l'indice monétaire qui devient lui-même un pur signe abstrait, simulacre d'une valeur sans référence. Notre époque, pense Baudrillard, réalise l'explosion d'un code où tout s'échange contre tout, mais où plus rien n'est vraiment désignable puisque les prix eux-mêmes ne reposent – en dernière instance – que sur la pure abstraction de rapports de forces financiers inassignables. Il s'agit en réalité d'une sorte de « jubilation nihiliste ». Ce nihilisme s'amuse à faire flotter les théories, affirmant qu'elles ont un « taux de change variables ». Baudrillard essaye de nous situer dans une zone ni vraie ni fusse zone d'indiscernabilité), au cœur de « l'obésité des signes ».

12. Selon Lipovetsky, la société postmoderne apparaît comme une institution essentiellement structurée par l'éphémère et le phantasme esthétique. Dans cette néo-société, la « mobilité frivole » est érigée en système permanent : la mode devient une institution exceptionnelle. Sur la question, voici ce que dit concrètement Lipovetsky : « la mode est moins signe des ambitions de classes que de sortie du monde de la tradition, elle est un de ces miroirs où se donne à voir ce qui fait notre destin historique le plus singulier : la négation du pouvoir immémorial du passé traditionnel, la fièvre moderne des nouveautés, la célébration du présent social » (G. Lipovetsky 1987:13).

13. Il faut recourir ici à la philosophie de la déconstruction qui a nourri la pensée postmoderne, et notamment à Jacques Derrida, pour comprendre quelle est la portée épistémologique du concept de différence et sa charge idéologique. Chez Derrida, par le mécanisme de

la différence, l'individu sort de tout cadre originaire, notamment des grands ensembles. Seule s'active en lui la « trace » comme impensé qui défie toute origine, toute idée de « centre ». L'individu enfoui dans la trace se désolidarise de tout centre, de tout système, de toute structure mono-centrée. La trace, comme élément perturbateur de tout système ou de toute structure, se pose comme différance. Le graphème « a » ici indique que c'est une différence qui ruine toute identité. Avec la différence, le monde n'apparaît autrement que sous la forme de l'émiettement, de la dislocation, de la fragmentation ou de la dissection. Ce nouveau monde ignore tout de l'histoire passée de l'humanité, qu'il s'agisse de l'ancrage territorial, des traditions nationales, des identités stables et de la division du travail. L' « a-centrique » dans cette logique s'efforce de produire des formes culturelles inédites et spécifiques. Et l'individu apparaît dans ce sens comme défondé, désubstatialisé, déshistorisé, délocalisé, abritant une identité multiple, plurielle, contextuelle, situationnelle (Aliana 2011:119).

14. La question des droits de l'homme est très ambiguë dans l'approche postmoderne. Le néo-pragmatiste postmoderne Richard Rorty estime que ceux qui veulent procurer des fondements rationnels, philosophiques, à une culture qui repose sur des droits de l'homme disent que ce que les êtres humains ont en commun pèse plus lourd que ces éléments fortuits que sont la race ou la religion. Il pense plutôt que les pragmatistes suggèrent que nous renoncions tout simplement à la quête philosophique de cette propriété commune. Pour les pragmatistes, le progrès moral pourrait s'accélérer si nous dirigions plutôt notre attention sur les aptitudes qui nous séparent. En fait, pour Rorty, nous ne pouvons donner de meilleure indication de nos progrès vers une culture qui respecterait pleinement les droits de l'homme qu'en cessant de nous opposer aux projets de mariage de nos enfants, sous prétexte que le partenaire de leur choix est d'origine nationale, de religion, de race ou de fortune différente, ou sous prétexte qu'ils préfèrent une union homosexuelle à une union hétérosexuelle (Rorty 1995:124-127).

15. Le concept d'Empire désigne un transfert de souveraineté des États-nations vers une entité supérieure. Le postulat fondamental de la réflexion de Hardt et Negri défend l'idée selon laquelle « la souveraineté a pris une forme nouvelle, composée d'une série d'organismes nationaux et supranationaux unis sous une logique unique de gouvernement » (Hardt et Negri 2000:16). C'est cette forme mondiale de souveraineté qu'ils appellent l'« Empire ». L'Avènement de l'Empire serait lié à la souveraineté déclinante des États-nations et leur incapacité croissante à réguler les échanges économiques et culturels.

16. Ses trois crises prouvent l'effondrement d'un système mondial rattrapé par ses propres turpitudes : la grande panique financière, qui s'est propagée depuis fin 2008, l'accident nucléaire de Fukushima qui s'est déclenché le 11 mars 2011, et la crise de régime dans nombre d'États arabes, où les peuples se soulèvent depuis la fin de l'année 2010.

Bibliographie

Adelkrah, F., Bayart J-F., (dir.), 2007, *Voyage du développement. Émigration, commerce, exil*, Paris, Karthala.

Aliana, S. B. E,swsAppadurai, A., 2000, *Après le colonialisme. Les conséquences culturelles de la globalisation*, traduit de l'anglais (États-Unis) par Françoise Bouillot, Paris, Editions Payot.

Barber, B., 1996, Djihad vs MC World. Mondialisation et intégrisme contre la démocratie, Paris, Desclée Brouwer.

Bayart, J.-F., 1989, L'État en Afrique. La politique du ventre, Paris, Presses de la fondation nationale des Sciences.

Bidima, J-G., 2002, « De la traversée : raconter les expériences, partager le sens », in Philosophie africaine : traverser des expériences, Rue Descartes, n° 36.

Boltanski, L.et Chiapello E., 1999, Le nouvel esprit du capitalisme, Paris, Gallimard. Bouraoui, Hédi, 2005, Transpoétique. Éloge du nomadisme, Québec, Mémoire d'encrier. Certeau (de), M ., 1990, L'invention du quotidien 1. Arts de faire, Paris, Editions Gallimard. Coulibaly, Bassidiki, 2006, Du crime d'être « Noir ». Un million de « Noirs » dans une prison identitaire, Paris, Editions Homnisphère.

Debray, R., 1996, « L'archaïsme postmoderne », in Les Temps modernes, 51e année, n° 586, janvier-février, pp. 155-163.

Deleuze, G., 1968, Différence et répétition, Paris, Les Éditions de Minuit.

Deleuze, G. et Guattari F., 1975, L'Anti-Œdipe. Capitalisme et schizophrénie, Paris, Les Editions de Minuit.

Deleuze, G. et Guattari F., 1980, Mille Plateaux. Capitalisme et schizophrénie 2, Paris, Les Editions de Minuit.

Deleuze, G. et Guattari F., 1991, Qu'est-ce que la philosophie ?, Paris, Les Éditions de Minuit.

Derrida, J., 1967a, De la grammatologie, Paris, Éditions de Minuit. Derrida, J., 1967b, L'Écriture et la Différence, Paris, Le Seuil.

Dioune, E.J., 1999, *La vie associative, ça marche. Le renouveau de la société civile aux Etats-Unis*, Paris, Nouveaux Horizons/Brookins Institutions.

Eboussi Boulaga, F., 2008, « Anarchie et topologie », in Ndiga G. et Ndumba G., *Relecture critique des origines philosophiques et enjeux en Afrique*, Manaibuc.

Fedi, L., (dir), 2002, *Les cigognes de la philosophie. Études sur les migrations conceptuelles*, Paris, L'Harmattan.

Foucault, M., 1975, *Surveiller et punir. Naissance de la prison*, Paris, Gallimard.

Foucault, M., 2004, *Naissance de la biopolitique*, Paris, Seuil/Gallimard.

Hardt, M. et Negri A., 2000, *Empire*, Paris, Exils Editeur.

Jameson, F., 1991, *Postmodernism, or, the cultural logic of late capitalism*, Duke University Press, Durham.

Lipovetsky, G., 1983, *L'ère du vide. Essai sur l'individualisme contemporain*, Paris, Gallimard.

Lipovetsky, G., 1987, *L'empire de l'éphémère*, Paris, Gallimard.

Lyotard, J-F., *La Condition postmoderne : rapport sur le savoir*, Paris, Editions de Minuit.

Mbembe, A, 2000, De *la postcolonie. Essai sur l'imagination politique dans l'Afrique contemporaine*, Paris, Karthala.

Mbembe, A., 2002, « À propos des écritures africaines de soi », in *Politique africaine*, n° 77.

Mbembe, A., 2009, « Il faut sortir du victimaire », in Le Point, Hors-série, n° 22.

Mbembe, A., 2010, « Entretien », in Camune, *Le journal de l'Étudiant*, n° 32, septembre 2010.

Nkolo Foé, 2008, *Le postmodernisme et le nouvel esprit du capitalisme. Sur une philosophie globale d'Empire*, Dakar, Codesria.

Negri, A., 2001, *Kairos, Alma Venus, Multitude. Neuf leçons en formes d'exercices*, Rome, Calman-Levy.

Rorty, R., 1989, *Contingence, ironie et solidarité*, Paris, Armand Collin.

Rorty, R., 1991, *Objectivisme, relativisme et vérité*, Paris, P.U.F.

Rorty, R., 1993, *Conséquence du pragmatisme*, Paris, Seuil.

Sapir, J., 2011, *La démondialisation*, Paris, Seuil.

Sindjoun, Luc, (dir), 2004, *État, individu et réseaux dans les migrations africaines*, Paris, Karthala.

Vakakoulis, M., 2001, *Le capitalisme postmoderne*, Paris, coll. Marx confrontation, P.U.F.

II

Quels modèles de reconnexion des pays africains ?

4

Quelle nouvelle reconnexion des pays africains au commerce mondial dans un contexte de mondialisation : l'expérience marocaine ?

Abdelali Naciri Bensaghir

Introduction

La libéralisation du commerce mondial s'est accélérée au cours des années quatre-vingt-dix et des années 2000 par la prolifération des accords régionaux (régionalisation) et la révision du cadre institutionnel des accords multilatéraux dans le cadre de l'OMC (globalisation). L'élément fondamental de ce processus de libéralisation est l'évolution du cadre institutionnel et juridique des relations commerciales internationales, accentuant l'opposition de deux entités aux niveaux de développement différents et aux intérêts souvent divergents (pays du Nord et pays du Sud) et redéfinissant ainsi de nouvelles conditions de reconnexion du Sud au Nord.

Les pays du Sud se trouvent dès lors confrontés à un environnement commercial mondial où la concurrence est rétablie sur la base du potentiel concurrentiel de chaque pays et non plus sur les traitements préférentiels concédés par les pays du Nord à leurs partenaires commerciaux respectifs. Certes, l'intensification des échanges commerciaux autorisée par la libéralisation a profité à quelques pays émergents, mais, dans la plus grande partie des pays du Sud, la libéralisation a représenté un choc pour leurs structures socio-économiques qui ont longtemps évolué dans un environnement protégé. L'assurance des débouchés qu'offrait ce cadre protecteur à leurs exportations n'a pas permis d'améliorer la compétitivité de leurs systèmes productifs.

À ce niveau, l'expérience marocaine est riche d'enseignements. L'insertion du Maroc dans le commerce mondial est restée pour des décennies fondée sur la base de quelques secteurs exportateurs, notamment l'agroalimentaire et le textile. Les accords de coopération et d'association avec l'UE garantissaient aux exportations marocaines un accès préférentiel qui les avantageait par rapport aux exportations des concurrents. S'agissant des produits manufacturiers, essentiellement les produits de confection, la stratégie concurrentielle fut construite autour du différentiel des coûts de production entre le Maroc et les pays européens, différentiel expliqué par le coût de la main-d'œuvre. Un modeste apprentissage industriel et organisationnel fut encouragé, n'autorisant pas l'amélioration de la compétitivité des exportations de ces secteurs ni le développement d'autres industries exportatrices, qui auraient fait suite, comme ce fut le cas pour plusieurs pays émergents, à la diffusion de ce savoir-faire dans l'ensemble du tissu productif marocain. Les difficultés des secteurs exportateurs marocains sont d'ordre structurel dans le sens où la compétitivité de ses produits est seulement le reflet de l'amélioration des performances de son système productif en matière de capacités de production, de progrès technologique et d'accumulation du capital.

Dans ce papier, on présentera la situation du Maroc dans un nouveau contexte commercial mondial caractérisé par la forte libéralisation des échanges. Nous étudierons ainsi dans une première section les deux tendances de la libéralisation : la globalisation et la régionalisation, la place des pays en développement de la région méditerranéenne et la place du Maroc, pour présenter dans une deuxième section le modèle d'insertion de l'économie marocaine au commerce mondial et l'apport limité de ce modèle à l'amélioration du potentiel industriel et compétitif marocain. Nous terminerons par une troisième section où seront présentés des modèles d'insertion dynamique d'autres pays dans le commerce mondial et le type d'activités génératrices de croissance économique, notamment à travers l'exemple de l'industrie automobile dans le monde et au Maroc.

Mondialisation des échanges commerciaux

Libéralisation du commerce mondial : fin du Système généralisé de préférences

Les échanges commerciaux, encadrés depuis la Deuxième Guerre mondiale par les dispositions du GATT, ont été imprégnés par un certain protectionnisme des pays du Nord n'autorisant aucun traitement spécial en faveur des pays du Sud sur la base des principes de non-discrimination (Clause NPF[1]) et de réciprocité des concessions commerciales. Ce n'est qu'au début des années soixante-dix que les discussions entamées au sein de la CNUCED depuis 1964 et qui liaient le commerce aux questions de développement aboutirent à instituer un Système généralisé de préférences (SGP). Ce dernier permettait aux pays développés d'établir des relations commerciales non réciproques avec les pays du Sud, autorisant ces derniers à exporter leurs produits industriels et certains produits agricoles (sous quotas et pendant quelque temps), sans payer de droits de douane à l'entrée aux marchés des pays du Nord. Ce traitement préférentiel a été ainsi accepté, avec la clause de « l'habilitation », comme une dérogation permanente à la clause de NPF.

Ce cadre multilatéral du commerce mondial a connu depuis la fin des négociations de l'Uruguay Round et l'institution de l'OMC l'établissement d'un nouveau régime à plusieurs niveaux d'obligations et de droits en fonction des niveaux de développement des pays. Il s'agit d'un système de Traitement spécial et différencié (TSD) qui représente une dérogation limitée dans le temps aux principes de l'OMC. Ce système permet d'accompagner les pays moins développés dans le processus de libéralisation de leurs échanges commerciaux en leur octroyant des délais d'application plus longs.

Ce mouvement de libéralisation dans un cadre multilatéral paraît imposer un type de reconnexion aux pays du Sud. D'une part, c'est une libéralisation synonyme de normalisation et d'harmonisation des règles commerciales de concurrence, des droits de propriété et d'investissement, des mesures sanitaires… etc., avec les règles de l'OMC qui sont celles des pays du Nord. En effet, ces normes[2] sont des goulots d'étranglement structurels exigeant que les produits exportés se conforment à toute une série de critères et de règles techniques fixées par les marchés importateurs, barrant souvent la route aux exportateurs des pays en développement (Stiglitz 2007). Ces derniers se voient ainsi obligés d'internaliser ces règles.

D'autre part, ce mouvement a toujours exclu les secteurs économiques vitaux pour les pays du Sud tels l'agriculture et le textile. Si, en effet, le textile a été totalement libéralisé depuis la fin des accords multifibres (AMF) en 2005, cela n'a abouti qu'à une concurrence Sud-Sud. Au niveau agricole, les revendications des pays du Sud pour la suppression des distorsions à la concurrence représentées par les subventions au secteur et aux exportations agricoles font encore face aux réticences des pays du Nord (échec des négociations du cycle de Doha). Une telle suppression pourrait permettre une hausse des prix des produits agricoles encourageant les pays du Sud exportateurs.

Régionalisation du commerce

En parallèle avec ce mouvement de libéralisation multilatérale, on assiste également à la prolifération des accords commerciaux régionaux (ACR) sous forme d'accords de libre-échange ou d'union douanière. Cette régionalisation du commerce mondial a connu pour sa part une évolution dans sa base juridique, passant d'un traitement préférentiel en faveur des pays du Sud à un traitement réciproque conforme aux dispositions de l'OMC. En effet, pour l'Europe qui s'est engagée plus tôt dans ce mouvement de régionalisation, les accords de coopération des années soixante-dix ont été remplacés par des accords d'association et de libre-échange, successivement avec la Tunisie en 1995, le Maroc en 1996, l'Afrique du Sud en 1999, le Mexique en 2000, le Chili en 2002. Les États-Unis, qui sont partis avec un certain retard, ont conclu des accords régionaux non réciproques au milieu des années quatre-vingt, avec les Caraïbes (CBERA) en 1984, avec les pays andins (ATPA) en 1992 et avec les pays de l'Afrique subsaharienne (AGOA) en 2000, puis des accords de libre-échange, l'ALENA en 1992, avec la Jordanie en 2000, le Chili et Singapour en 2003, le Maroc et le Bahreïn en 2004, le Pérou en 2005 et la Colombie en 2006. Le cas de l'Asie représente une exception régionale dans le sens où il y a une intégration économique réelle entre les groupes industriels japonais, chinois, coréens et taïwanais, dépassant les contrats commerciaux entre États (Regnault 2006). Cela n'a pas empêché le Japon de conclure des accords de libre-échange avec Singapour en 2001 et le Mexique en 2004. Ainsi, jusqu'au début des années 2000, plus de la moitié des échanges mondiaux sont effectués dans un cadre régional.

La régionalisation, qui représente une libéralisation accélérée sur un espace réduit pouvant concerner même des pays non-membres à l'OMC, pose question au regard de son intérêt dans un contexte de mondialisation des échanges. Avec les problèmes de détournement de trafic que ces accords créent, ce qui représente un obstacle aux efforts d'allocation optimale des ressources au niveau mondial. En effet, les régimes préférentiels établis dans le cadre de ces accords régionaux permettent l'accroissement des échanges commerciaux intra-régionaux selon le principe de création de commerce par la suppression ou la réduction des barrières tarifaires et non tarifaires sur les importations en provenance des seuls membres de la zone de libre-échange.

Ce processus de régionalisation se caractérise par la domination des accords conclus entre un pays du Nord et un ou plusieurs pays du Sud. C'est une relation souvent asymétrique entraînant un démantèlement des droits de douane et empêchant par conséquent toute possibilité de protection des industries naissantes dans les pays du Sud. Par ailleurs, le contenu de ces accords est souvent inspiré des orientations des pays du Nord. Deux modèles peuvent ainsi être relevés, d'une part le modèle américain, qui limite les relations régionales aux seuls aspects commerciaux sur la base d'un développement économique par la libéralisation commerciale, et d'autre part, un modèle européen associant aux aspects commerciaux des considérations économiques, financières (programme MEDA pour les pays du sud de la Méditerranée) institutionnelles, politiques... De plus, les règles commerciales négociées dans ces accords constituent un autre aspect de l'hégémonie des pays du Nord sur les relations commerciales régionales. En effet, l'institution de certaines conditions commerciales telles les règles d'origine et les règles sanitaires rendent souvent difficile l'accès aux marchés de ces pays.

Tableau 4.1: Évolution des accords régionaux

Périodes	Nombre d'accords
Avant 1990	27
1991 – 1995	33
1996 – 2000	42
2001 – 2005	84

Source : Deblock, C. & Regnault, H., 2006 : *Nord-Sud. La reconnexion périphérique*, Éditions Athéna, Québec.

Libéralisation et développement économique dans les pays du Sud

Cas des pays en développement

Le processus de globalisation des échanges, marqué par une libéralisation économique et une réduction des barrières tarifaires et non tarifaires au commerce, a exacerbé la concurrence entre les économies, notamment pour les pays en développement qui bénéficient de traitements spéciaux pour l'accès de leurs produits aux marchés des pays développés. Dans les nouvelles dispositions de l'OMC, le système généralisé des préférences établi au début des années soixante-dix a été remplacé par un système de traitement réciproque où les pays en développement doivent faire les mêmes concessions dans les réductions des tarifs douaniers.

En effet, la libéralisation a un grand impact budgétaire en réduisant les recettes budgétaires qui représentent une grande source de revenus des pays en développement. Les efforts d'accompagnement de la libéralisation doivent se faire dans le sens d'une réforme fiscale qui tend à réduire la dépendance des finances publiques vis-à-vis de la taxation du commerce extérieur.

Outre les difficultés budgétaires liées à la baisse des recettes douanières, la libéralisation a exacerbé la concurrence internationale en entraînant une baisse des prix des produits manufacturiers et une hausse des prix des matières premières. Les pays en développement, qui exportent en général des produits manufacturiers standards de faible contenu technologique, voient leurs marges bénéficiaires se réduire, les entraînant dans un cercle vicieux qui détériore davantage leur compétitivité internationale. En effet, avec les pressions qui se font sur les prix, les gains de productivité réalisés au niveau de ces produits profitent davantage au consommateur mondial qu'au producteur national, ce qui affecte la capacité d'autofinancement des entreprises (FEMISE 2007).

Toutefois, la progression du commerce mondial depuis la libéralisation (6 pour cent en moyenne de 1997 à 2007, soit deux fois plus vite que la production mondiale) a profité aux pays en développement dits émergents qui exportent plus de produits manufacturiers que de produits primaires. Leur position dans le commerce mondial s'est renforcée de 9 points par rapport à 1995, pour arriver à 24 pour cent des exportations mondiales en 2007, alors que les pays dits rentiers, n'exportant que des produits primaires, n'ont vu leur position s'améliorer que d'un point, réalisant 11 pour cent des exportations mondiales en 2007. Les premiers ont profité du processus d'intensification de la division internationale des systèmes productifs, accéléré par la libéralisation, et les deuxièmes ont également profité de l'accroissement de la demande mondiale des matières premières et de la hausse de leurs prix (Lemoine 2007).

Les pays en développement restent ainsi les plus vulnérables à la libéralisation des échanges commerciaux aux niveaux multilatéral et régional. Ils dépendent beaucoup de leurs exportations et donc des cours mondiaux des produits manufacturiers et des matières premières, ils ont les exportations les moins diversifiées au moment où les distorsions commerciales touchent le plus les activités importantes pour eux, telles que l'agriculture et le textile.

Stiglitz note que la libéralisation entraîne des coûts d'ajustement plus importants pour les pays en développement. Ce sont ces derniers qui doivent faire le plus de réformes pour se conformer aux nouvelles réglementations commerciales. Pour tirer profit de la libéralisation, ces pays doivent supporter des coûts d'investissement (infrastructures et nouvelles technologies) et faire face à des problèmes de redistribution des ressources des secteurs non rentables aux secteurs plus compétitifs dans un environnement économique où les imperfections du marché financier avec les difficultés d'accès aux crédits et le faible accompagnement des banques aux efforts de mise à niveau des organisations productives de ces pays affectent leur compétitivité (Stiglitz 2007).

Cas des pays du sud de la Méditerranée

Faibles résultats des traitements non réciproques

En ce qui concerne les pays méditerranéens, ils ont été liés depuis les années soixante par des accords de coopération avec la Communauté européenne puis des accords d'association avec l'Union européenne (Union douanière avec la Turquie). Ces accords garantissaient un accès facile au marché de l'Union dans le cadre des systèmes généralisés de préférence. La fin du traitement spécialisé qui leur permettait un accès au marché communautaire en toute franchise des droits de douane et sans quotas pour leurs produits industriels a été un résultat supplémentaire des faibles bienfaits économiques attribués à ce régime. En effet, les partenaires méditerranéens bénéficiaient d'un traitement non réciproque avec l'Europe dans l'objectif de créer une certaine dynamisation industrielle de leurs tissus productifs. L'effet n'a été ainsi ressenti que dans les industries de main-d'œuvre (textile) et pour quelques pays (Turquie, Maroc et Tunisie). Ainsi, la non-réciprocité du régime commercial a créé une forte protection des industries nationales sans aucune concurrence étrangère. Il en résultait d'une part une économie de rente, conséquence de la pratique de prix élevés sur le marché intérieur – avec une valeur ajoutée plus élevée qu'à l'exportation – et d'autre part un faible effet d'entraînement sur le tissu industriel, dans la mesure où les secteurs qui en ont le plus profité sont ceux dont le niveau technologique est très modeste, et dont le seul avantage concurrentiel est le coût de la main-d'œuvre.

> L'absence de réactivité industrielle du sud de la Méditerranée à l'ouverture commerciale européenne a donc lourdement pesé sur la définition de la nouvelle donne commerciale, sous le signe de la réciprocité du libre-échange (Catin 2006).

L'instauration d'accords d'association instituant une réciprocité des échanges commerciaux expose ainsi les pays sud-méditerranéens à un rapport asymétrique qui a tendance à aggraver le déséquilibre commercial vis-à-vis de leurs partenaires européens. Dans ces accords, ces pays ont substitué à une situation où leurs produits industriels avaient un accès libre (un accès fortement limité des produits agricoles) un système qui les conduisait à éliminer leurs propres barrières douanières sur les produits industriels, sans évolution comparable de leurs partenaires sur les produits agricoles (FEMISE 2009).

Attractivité économique

Au niveau financier, la région du sud de la Méditerranée se trouve marginalisée dans les IDE, non seulement au niveau mondial, puisqu'ils ont attiré moins d'IDE que les principales régions en développement, comme les dragons asiatiques ou les pays du Mercosur, mais également par rapport aux pays de l'Europe centrale et orientale PECO3. Alors que les IDE ont connu une croissance importante dans le monde depuis 1992, les pays est-européens ont attiré presque deux fois et demie plus d'IDE que les pays méditerranéens. L'évolution des IDE, dont la répartition était égalitaire entre les PECO et les pays sud-méditerranéens dans les années quatre-vingt-dix, a favorisé davantage les PECO dans l'objectif de leur préparation à l'adhésion à l'UE. En effet, malgré une progression en valeur absolue, les IDE méditerranées – multipliés par presque 3,5 entre 1994 et 2001 et passant de 3,99 milliards d'euros à 13,9 milliards d'écus/euro en 2001 – n'ont représenté que 0,35 pour cent en 2001 contre 0,4 pour cent en 1994, des stocks des IDE européens détenus à l'étranger, alors que pour les PECO, les IDE de l'UE ont été multipliés par 8 et sont passées de 10,8 milliards d'euros à 89,7 milliards d'euros, soit une progression de 1,2 pour cent à 2,3 pour cent (Avallone 2006). Ces flux financiers placent par conséquent les PECO dans une position concurrentielle plus avantageuse que les pays sud-méditerranéens.

Dans son rapport de 2009, le FEMISE a soulevé que pour améliorer leurs compétitivités dans un environnement commercial plus ouvert et résister au mieux aux chocs externes, les économies méditerranéennes doivent, premièrement, accroître la compétitivité commerciale de leurs marchandises – avec une montée en gamme de l'ensemble du système productif – et élargir les opérations d'ouverture aux produits agricoles ; deuxièmement, développer l'ouverture aux services, à la fois pour réduire les coûts de transaction et d'échanges – et augmenter la compétitivité générale des économies – et pour développer un secteur des services productifs moins sensible à la conjoncture que le tourisme ; enfin, maintenir une attractivité relative forte vis-à-vis de l'investissement étranger en s'attachant à ce que ce type d'investissement produise davantage d'effets induits qu'il ne le fait aujourd'hui[4].

Cas de l'économie marocaine

Accords de libre-échange contractés par le Maroc

Le processus de libéralisation de l'économie marocaine enclenché par le programme d'ajustement en 1983 a été renforcé au niveau multilatéral par les engagements du Maroc, lors de son adhésion au GATT en 1987[5] puis à l'OMC en 1994, et au niveau bilatéral par la conclusion de plusieurs accords de libre-échange. L'objectif est de favoriser l'ouverture sur l'extérieur à travers la promotion des exportations et le développement de l'investissement direct étranger.

L'intégration régionale dans le cadre des accords de libre-échange semble être une réaction de l'économie marocaine à l'exacerbation de la concurrence générée par la mondialisation. La libéralisation des échanges au niveau multilatéral a permis de rétablir la concurrence sur la base des avantages comparatifs de chaque pays. En effet, l'arrivée, sur le marché européen, de concurrents asiatiques avec des coûts salariaux plus bas, et des PECO, géographiquement plus proches, a remis en cause les avantages comparatifs marocains en matière de coûts de main-d'œuvre et de proximité géographique.

De fait, l'accord de coopération de 1976 a été remplacé par un accord d'association en 1996[6] avec l'UE autorisant l'instauration d'une zone de libre-échange. Il y est convenu du démantèlement des procédures entravant la libre circulation des marchandises et équipements. Il s'agit du démantèlement tarifaire pour les biens d'équipement, les pièces de rechange, les matières et les produits industriels, et du démantèlement des prix de référence. Un tel démantèlement institue un rapport asymétrique ne favorisant pas le Maroc, dans la mesure où les produits industriels marocains bénéficiaient d'un traitement spécial pour accéder au marché européen. L'exemple des produits textile et habillement, principale activité industrielle à l'export, est significatif. La réduction des droits de douane avantagera surtout l'entrée des produits européens sur le marché marocain caractérisé, qui était sous un niveau de protection élevé. En effet, contrairement aux activités du textile qui ont un taux de pénétration des importations de 64 pour cent, le taux de pénétration des importations sur le segment de l'habillement reste très modeste, se situant à 16 pour cent. Globalement, le taux moyen pondéré appliqué par l'EU aux produits marocains est estimé, avant l'entrée en vigueur de l'accord de libre-échange, à 1,41 pour cent, contre 33,7 pour cent pour la protection du Maroc vis-à-vis de l'EU (Achy 2003). Pour les produits textiles en particulier, les taux appliqués aux importations sont les plus élevés ; ainsi, 86 pour cent des importations sont soumises à un tarif supérieur à 40 pour cent.

L'amélioration de la position concurrentielle des produits industriels marocains, sur le marché européen principalement, a ainsi été à l'origine de la conclusion, avec des pays de la zone méditerranéenne, d'accords de libre-échange visant à bénéficier de l'avantage du cumul d'origine pan-euro-med autorisant la vente sur le marché de l'UE de produits industriels à partir de matières achetées dans des pays méditerranéens tiers. La signature en 2004 d'un accord de libre-échange avec la Turquie a été conduite dans l'objectif de faire bénéficier les industriels marocains, notamment ceux du textile et de l'habillement, d'approvisionnements auprès d'un grand fournisseur méditerranéen de produits textiles. L'accord d'Agadir de 2004 (Maroc, Tunisie, Égypte et Jordanie) visait également l'accélération du processus d'intégration régionale sur la base du principe de complémentarité et de cumul préférentiel de l'origine entre ses membres.

L'accord de libre-échange Maroc-État-Unis prévoit également un démantèlement symétrique des droits de douane sur six ans. Ainsi, les principaux produits exportés par le Maroc bénéficieront de quotas tarifaires à droit nul. L'établissement d'un niveau d'exonération tarifaire représente pour les exportateurs marocains une opportunité de diversifier leurs débouchés sur un marché non encore exploité.

Attractivité du Maroc pour les IDE

L'effort d'intégration du Maroc au commerce mondial se fait aussi au niveau de l'amélioration de l'attractivité du Maroc au sein des IDE considérés par les PED non plus comme un vecteur de dépossession d'une partie des capacités de production de leur système de production, mais au contraire comme un levier de mise à niveau de leur industrie manufacturière, de développement de la productivité du travail et de la compétitivité internationale du pays (Berthomieu 2006).

Le mouvement de libéralisation de l'économie entrepris dans les années quatre-vingt a été accompagné d'une politique d'encouragement des IDE, avec un code des investissements industriels, immobiliers, touristiques et miniers, un code d'exportations en 1988 et, en 1989, l'établissement d'un programme de privatisations autorisant l'entrée d'entreprises étrangères. L'ont complétée l'instauration de la convertibilité du dirham pour les opérations courantes en 1993[7], la création d'un marché des devises en 1996, et l'instauration en 2002 du guichet unique sous forme de centres régionaux d'investissements CRI pour simplifier les procédures administratives. Cette stratégie d'encouragement des IDE a été renforcée dans les années 2000 par le développement d'infrastructures d'accueil, avec la création de zones franches industrielles et logistiques.

Le Maroc est devenu depuis le début des années 2000 une destination privilégiée, accueillant entre 1992 et 2000 près de 16 pour cent des IDE drainés par la région méditerranéenne, avec 796 millions de dollars US – derrière l'Égypte, avec 17 pour cent, soit 859 millions de dollars. Il est arrivé en 2002 au montant de 1,99 million de dollars, devenant alors la première destination dans la région, pour ne plus recevoir ensuite, en 2003, que 10 pour cent des IDE (devancé par l'Égypte et la Tunisie).

Insertion de l'économie marocaine au commerce mondial : modèle-type de relations Nord-Sud

L'ouverture de l'économie marocaine au commerce mondial

La politique économique marocaine est marquée par deux grandes périodes. La première fut caractérisée par l'adoption d'une politique d'industrialisation par substitution aux importations. À l'instar de plusieurs pays en développement dans les années soixante et soixante-dix, le Maroc s'est lancé dans un processus de valorisation des matières premières qui ne pouvaient être exportées à l'état brut, et pour répondre aux besoins du marché local en biens qui étaient importés. Les secteurs qui ont bénéficié le plus de cette politique sont essentiellement les secteurs intensifs en main-d'œuvre, notamment les industries alimentaires et textiles. Au cours du plan triennal 1965-1967 et du plan quinquennal 1968-1972, les investissements drainés vers ces deux industries ont connu une importante croissance. Les branches alimentaire et textile et confection ont totalisé à elles seules plus de 50 pour cent des investissements réalisés dans les industries substitutives aux importations durant les deux plans.

À partir des années quatre-vingt, et dans un environnement de crise intérieure, la politique économique marocaine s'est orientée vers la demande internationale en vue de soutenir la croissance intérieure. Après l'adhésion du Maroc au GATT en 1987, le Maroc s'est engagé dans un processus de restructuration de ses politiques économiques avec la promulgation en 1992 d'une nouvelle loi du commerce extérieur, modifiée en 1997 pour l'adapter aux dispositions de l'OMC en matière de protection des produits agricoles et de clauses de sauvegarde[8], et la signature d'un accord d'association avec l'Union européenne en 1996.

La transition d'une stratégie de substitution des importations vers une stratégie fondée sur la promotion des exportations a quasiment éliminé les obstacles à l'exportation, très généralisés avant le PAS en 1980. Les tarifs douaniers ont été réduits, avec une diminution des droits d'importation et la réduction du nombre de lignes tarifaires à six. Le Maroc disposait de droits moyens et maximums parmi les plus élevés dans la région méditerranéenne avec, respectivement 64 pour cent et 140 pour cent, mais il a procédé aux baisses les plus fortes puisque les tarifs moyens ont baissé de 37 points et les droits maximums de 93 points entre 1993 et 2003, passant respectivement à 27 pour cent et 50 pour cent (Nicet-Chenaf 2007). La suppression, en 2002, des prix de référence, qui figuraient parmi les mesures de restriction[9] au commerce, a amélioré la position du Maroc de 3 points sur une échelle de dix (Caupin 2004). Le taux d'ouverture, qui rapporte les exportations et les importations au PIB, est passé de 18,6 pour cent dans les années quatre-vingt à 27 pour cent dans les années quatre-vingt-dix, pour atteindre 52 pour cent en 2002. Les exportations ont enregistré une augmentation de 11,3 pour cent entre 1997 et 2002 au-dessus des importations et du PIB.

Évolution des exportations marocaines : faible potentiel concurrentiel des avantages comparatifs traditionnels

Les déterminants de la compétitivité internationale au Maroc

L'analyse des éléments constitutifs de la stratégie concurrentielle internationale marocaine conduit à dégager une stratégie basée davantage sur une compétitivité-coût que sur une valorisation de la proximité de son marché principal.

Le coût et la productivité du travail

Le développement des activités exportatrices a été principalement lié au coût de la main-d'œuvre au Maroc. L'avantage comparatif qu'assure le niveau relativement bas des salaires constitue un élément de base d'une stratégie de compétitivité-prix. L'essoufflement d'une telle stratégie enregistré depuis quelques années est en partie dû à la hausse du coût salarial unitaire manufacturier réel. Le coût unitaire de main-d'œuvre a augmenté en moyenne annuelle de 3,3 pour cent sur la période 2000-2004, contre seulement 1,8 pour cent entre 1995 et 1999[10], en conséquence, notamment, de l'augmentation, en 2001, de 10 pour cent du salaire minimum SMIG1[1]. En ajoutant les cotisations sociales, le niveau du coût salarial rend la destination du Maroc plus chère, même par rapport à ses concurrents les plus proches.

De plus, la cherté du coût du travail au Maroc ne récompense pas un certain niveau de qualification de la main-d'œuvre. Le Maroc se trouve, au contraire, parmi les pays qui ont le plus bas niveau de formation dans les entreprises.

Proximité géographique

Selon les nouveaux schémas de développement industriel, la proximité géographique du Maroc avec son principal marché est une proximité relative d'un point de vue économique : c'est une proximité géographique plus qu'une proximité circulatoire ou organisationnelle. L'évolution technique et organisationnelle des transports et des technologies de l'information a permis de réduire aussi bien les coûts que les délais d'acheminement des produits. Dans la situation actuelle, le Maroc reste avantagé par rapport à ses concurrents sur les seuls marchés espagnol, portugais et français, alors qu'il supporte d'importants coûts et délais sur les marchés du nord de l'Europe. En effet, les coûts logistiques exprimés en termes de coût et de délai de transport ainsi que la traversée du Détroit constituent encore des handicaps à la compétitivité des entreprises marocaines. Le faible degré de modernisation du secteur transport, et la modestie des infrastructures en plates-formes logistiques rendent plus élevés les coûts d'acheminement des produits vers l'Europe. En effet, la traversée du Détroit coûte 2 à 3 fois plus cher que la norme pour les distances de traversée comparables. La Banque Mondiale, dans son rapport sur la logistique du commerce extérieure et la compétitivité du Maroc, souligne que les coûts logistiques représentent près de 20 pour cent du PIB contre 10 à 16 pour cent pour les pays de l'UE et 15 à 17 pour cent pour des pays émergents tels que le Mexique, le Brésil et la Chine (Banque Mondiale 2006).

Le taux de change

La parité du dirham par rapport aux deux monnaies internationales, le dollar et l'euro, et la politique de change de ses principaux concurrents méditerranéens et asiatiques, affectent la compétitivité des exportations marocaines. Au début des années 2000, la dépréciation du dirham par rapport à l'euro, qui est fortement pondéré dans le panier de devises au Maroc, a permis une amélioration de la compétitivité-prix de 1,6 pour cent en moyenne sur la période 2000-2005. Toutefois, l'appréciation continue du dirham par rapport au dollar, estimée en 2005 à 16 pour cent, a favorisé les pays asiatiques, dont les monnaies restent fortement rattachées au dollar.

Développement lent du système industriel marocain

Faible diversité de l'offre marocaine à l'export

La faible diversité des exportations est le résultat de données structurelles[12] de l'économie marocaine, qui peine à réaliser un taux de croissance élevé. Sur quarante ans, les indicateurs de diversité énumérés par la Banque mondiale indiquent, d'une part, que pour la diversification des recettes d'exportation[13], le Maroc a suivi une tendance largement baissière au cours de la fin des années soixante-dix et jusqu'au milieu des années quatre-vingt, et qu'elle est restée constante dans les années quatre-vingt-dix, mais a baissé légèrement au début des années 2000. D'autre part, l'indicateur portant sur « l'analyse à parts de marchés constantes » montre que la très faible croissance des exportations du Maroc a été portée par sa capacité d'augmenter sa part de marché (effet de compétitivité limitée) plutôt que par sa capacité d'expansion dans les produits d'exportation connaissant une forte croissance (effet structurel négatif). Enfin, la part des exportations de biens intégrant l'ingénierie et les produits manufacturiers à haute valeur ajoutée représente moins de 20 pour cent des exportations globales (Banque mondiale 2005). Par ailleurs, cette faible diversité des exportations est aggravée par la concentration des exportations sur des produits non dynamiques au regard de la croissance de la demande mondiale.

En effet, le Maroc ne dispose d'avantages concurrentiels que dans quatre secteurs : agroalimentaire, textile, chimique et non ferreux. Depuis le début des années quatre-vingt-dix, ces avantages perdent de leur force concurrentielle, notamment pour le secteur de la confection. Un léger avantage comparatif se développe toutefois dans d'autres secteurs, tels que l'industrie automobile, les composants électroniques et électriques.

L'apport limité du modèle d'insertion à la croissance du système industriel : cas du secteur du textile

L'intégration du Maroc aux échanges mondiaux se fait à travers quelques secteurs exportateurs de produits intensifs en travail non qualifié, dont le plus important est le secteur du textile et de l'habillement. C'est une intégration peu dynamique et non génératrice de croissance à long terme. La spécialisation sur des segments du processus de production intensifs en travail non qualifié constitue un facteur de blocage de la diffusion du progrès technologique et d'apprentissage organisationnel au sein de la filière et du tissu industriel marocain. La non-répercussion du dynamisme des activités de l'habillement sur l'amont de la filière n'a pas favorisé le développement d'une industrie textile performante au Maroc dans le cadre d'un modèle d'industrialisation tiré par les exportations, comme ce fut le cas dans plusieurs pays.

En effet, l'industrie textile a constitué une première étape d'industrialisation dans le monde. Les produits textiles ont représenté durant longtemps, pour les pays développés, plus de la moitié de leurs exportations industrielles. Les changements de la structure de ces exportations ont ainsi traduit le redéploiement des systèmes productifs de ces pays vers des industries plus technologiques. Dans la deuxième moitié du XXe siècle, l'industrialisation des nouveaux pays industrialisés (NPI) a été enclenchée par les activités de l'habillement. Le succès de cette dernière a élargi les débouchés de l'industrie textile locale, qui est devenue également exportatrice (Chaponnière 2004).

Le faible apport de l'industrie textile et de l'habillement au développement d'un tissu industriel au Maroc est le résultat du modèle de connexion imposé par les pays importateurs. Cette industrie s'est développée à la suite des mouvements de délocalisations européens qui, à partir du début des années quatre-vingt, se sont orientés vers le Maroc[14] et la Tunisie. Ces délocalisations ont surtout touché les activités intensives en main-d'œuvre, selon une option où la sous-traitance est préférée à l'investissement direct. Ont en revanche été maintenues sur les territoires nationaux, les activités de production textile plus capitalistiques, de manière à poursuivre l'exportation de tissus pour le perfectionnement chez les sous-traitants, selon les principes des règles d'origine, qui imposaient l'utilisation de leurs tissus ou des tissus nationaux pour l'octroi des traitements préférentiels (Naciri 2007).

Une forte spécialisation s'est développée au Maroc dans le secteur de la confection travaillant dans le cadre des trafics de perfectionnement sous régime douanier d'admission temporaire de produits importés. Cette spécialisation sur un segment du processus de production intensif en travail non qualifié constitue un facteur de blocage de la diffusion du progrès technologique et de l'apprentissage organisationnel, comme cela fut le cas pour les investissements étrangers textiles européens en Tunisie, dont les effets d'entraînement se sont diffusés vers des industries à plus forte valeur ajoutée, comme la mécanique et les industries électriques (Nicet-Nechaf 2007).

Cet apport limité des spécialisations sur l'économie marocaine est également expliqué dans de grandes proportions par la faible capacité d'apprentissage du tissu industriel marocain à partir du contact avec des partenaires étrangers plus développés. Les industriels marocains se servent des technologies autorisées par leurs partenaires sans pouvoir développer un savoir-faire propre autour de ces technologies, il s'agit d'une différence entre la « capacité de faire des choses » et la « capacité d'apprendre de nouvelles choses » (Abdelamlki 2007). Certes, une telle situation est le résultat de la modestie des programmes de recherche scientifique et de leur concentration sur des secteurs limités tels que l'agronomie.

Libéralisation et croissance économique au Maroc : recherche de nouvelles reconnexions

Développement de modèles d'insertion dynamique

Les analyses économiques divergent quant à l'impact de la libéralisation commerciale sur la croissance économique. Les modèles de réussite de développement économique au Sud semblent ainsi moins relier le décollage industriel au commerce extérieur avec le Nord qu'à des stratégies de développement cohérentes et suffisamment autonomes. Si l'Afrique du Sud reste le modèle le plus ouvert (les exportations y représentent 23 pour cent du PIB), principalement en raison de l'absence d'un grand marché intérieur et de la modestie des économies voisines, le Brésil (exportations : 14,9 pour cent du PIB) et l'Inde (exportations : 9,3 pour cent du PIB) ont su développer leurs bases industrielles sur le socle des marchés régionaux et du marché intérieur. Tirant profit d'une longue expérience de stratégie de substitution aux importations, le commerce extérieur du Brésil reste davantage équilibré entre les pays du Nord et du Sud ; il bénéficie de son ouverture à travers un marché d'Amérique latine plus grand, selon une stratégie commerciale qui cherche à renforcer son statut de puissance régionale par la signature d'un ensemble d'ententes et d'accords commerciaux avec les pays voisins. L'Inde demeure moins ouverte aux échanges extérieurs et fonde sa stratégie de croissance sur le marché intérieur et les recettes douanières, qui représentent encore une part importante des recettes fiscales de l'État central (le tarif douanier moyen est de 29) (Turcotte 2006).

Pour le Maroc, le modèle de croissance développé est dépendant de ses relations commerciales avec son partenaire européen, qui absorbe plus de 70 pour cent des exportations. D'une part, l'étroitesse de son marché intérieur semble avoir un effet répulsif sur les investisseurs, qui ne peuvent pas vendre localement ; d'autre part, la faible intégration régionale limite également les investissements – qui ne peuvent bénéficier de l'exportation des produits aux pays voisins sans payer des droits de douane. Car le blocage du processus de l'Union du Maghreb arabe limite les possibilités de développement des échanges commerciaux dans la région ; en effet le Maghreb représentait 1,5 pour cent en 1995 des exportations du Maroc et seulement 1 pour cent en 2003 (Nicet-Nechaf 2006). Les analyses du FEMISE soulignent que la persistance de ce faible niveau d'échanges intrarégionaux constitue une perte de potentiel de développement économique importante (FEMISE 2009).

Les échanges intra-branches générateurs de croissance

Les théories économiques du commerce international distinguent deux formes d'échanges commerciaux. D'une part, les échanges inter-branches qui correspondent aux échanges de produits différents expliqués traditionnellement par les différentiels de productivité relative et par les dotations en facteurs entre les nations. Ce sont les échanges-types des pays en développement qui exportent les matières premières et les produits de faible valeur ajoutée et importent des biens d'équipement et des produits de haute technologie. Ces échanges se révèlent statiques et n'ont qu'un effet ponctuel sur la croissance, ils ne sont favorables à la croissance que s'ils s'effectuent dans des secteurs où la demande mondiale est dynamique (Abdelmalki 2001). D'autre part, les échanges intra-branches qui portent sur des échanges croisés de produits similaires, comparables et substituables entre eux, fabriqués à partir des mêmes facteurs de production. Ces échanges s'expliquent avant tout par les processus de rattrapage économique et d'homogénéisation des structures de production autorisés par la convergence des revenus, qui permettent aux pays d'échanger des biens similaires. Ils ont ainsi un effet dynamique sur la croissance et sur la productivité. Les échanges intra-branches sont par ailleurs un indicateur d'intégration productive des espaces économiques. En effet, le processus d'intégration régionale dans le cadre des accords de libre-échange ou d'union douanière se trouve dépendant des échanges intra-branches, car « l'intégration régionale aurait d'autant plus de chances d'impulser la croissance des pays membres qu'elle ferait progresser leurs échanges de produits similaires » (Abdelmalki 2001).

Pour le Maroc, les échanges commerciaux restent encore dominés par leur caractère inter-branche. Les accords de libre-échange, notamment avec l'UE, ne sont pas associés à un développement des échanges intra-branches. Le modèle d'intégration développé dans ces accords ne s'identifie pas aux modèles d'intégration des pays industrialisés et pays semi-industrialisés pour lesquels un cercle vertueux intégration/commerce intra-branche/croissance se vérifie (Abdelmalki 2001). La structure commerciale marocaine est celle d'un pays en développement. Le développement du commerce intra-branche entre le Maroc et l'UE depuis le début des années quatre-vingt-dix reste modeste et porte principalement sur un commerce vertical de faible qualité, permettant à l'UE, dans une même branche, d'exporter des produits à prix plus bas que le prix des produits qu'elle importe dans le cadre du régime d'admission temporaire (qui permet aux industries légères d'importer des matières premières et de réexporter des produits finis). Du côté des exportations, elles restent dominées par les vêtements, la bonneterie, le cuir et l'électronique, qui bénéficient des schémas d'importation temporaire. Les exportations de produits manufacturiers représentent plus de la moitié des exportations marocaines, alors qu'elles ne participent qu'avec 16 pour cent au PIB. De fait, la structure des exportations continue de reproduire l'orientation vers les exportations primaires développée par l'ancienne métropole française (Escribiano 2003). Du côté des importations, le Maroc importe des biens de capital, des biens de consommation de grande et moyenne valeur ajoutée, des produits intermédiaires, des aliments et des produits énergétiques.

L'industrie automobile : nouveau vecteur de reconnexion

La recherche de nouveaux vecteurs de reconnexion a fait l'objet au Maroc en 2005 du plan de développement industriel « Émergence[15] ». L'industrie automobile a été retenue parmi les principales activités aptes à stimuler leur potentiel concurrentiel à l'export. L'objectif est de profiter du redéploiement international de l'industrie automobile qui tend à favoriser relativement les espaces industriels périphériques des principaux centres de production – à savoir les USA, l'UE et le Japon[16]. Mis à part le développement de l'industrie dans les pays asiatiques, qui est le produit de stratégies autonomes de grands groupes nationaux (Hyundai en Corée du Sud et Tata en Taïwan) ou des États (Chine), les deux autres grandes régions sont engagées dans des délocalisations sous forme d'investissement et de sous-traitance de leurs firmes multinationales dans les territoires qui leur sont le plus proches. Les USA s'engagèrent précocement vers le Canada en 1965 puis vers le Mexique, et les entreprises ouest-européennes se sont orientées à partir des années 1970 et 1980 vers les pays du sud de l'Europe, notamment l'Espagne, qui a connu un décollage rapide de ses exportations automobiles, et à partir de 1990 vers les PECO, qui ont pris le relais dans le cadre d'une politique de préparation à l'adhésion de l'UE (Grasland 2010).

Ces délocalisations ont eu un effet restructurant sur les systèmes industriels des pays hôtes à travers l'amélioration des tissus productifs, sous l'effet des transferts de technologie qui se font par les investissements directs et les stratégies d'outsourcing (Lemoine 2009). Ces pays ont ainsi amélioré le contenu technologique de leurs exportations, tirées par l'essor important des exportations de matériel de transport sous forme de véhicules finis, de pièces et composants. En même temps, les exportations de produits à basse technologie ont chuté suite au recul relatif des exportations de produits textiles. Un certain rattrapage économique s'est réalisé, autorisant ces pays émergents à améliorer également leurs importations en arrivant à acheter de l'étranger des produits de haute technologie dans le cadre d'un échange intra-branche.

Dans ce schéma, le Maroc appartient à une zone géographique, l'Afrique du Nord, qui demeure marginale dans le processus de production de l'industrie automobile, européenne en particulier. Toutefois, l'industrie automobile au Maroc connaît actuellement un essor, notamment dans la région du Nord, par conjonction de la volonté du gouvernement de développer cette région et de la recherche des équipementiers visant à délocaliser certaines activités automobiles auparavant réalisées en Espagne et au Portugal, en raison de la convergence des revenus dans la péninsule ibérique.

L'industrie automobile au Maroc date des premières années de l'indépendance. En 1959, la SOMACA[17], société de montage de véhicules particuliers[18], fut créée et renforcée par un réseau d'équipementiers pour ses approvisionnements. On se cantonnait toutefois à une logique de satisfaction de la demande interne. À partir de la fin des années quatre-vingt-dix, une nouvelle orientation vers l'exportation s'est développée autour d'un nouveau pôle industriel situé au nord du pays. Plusieurs équipementiers internationaux se sont installés dans la zone industrielle de Tanger, délocalisant une partie de leur production. L'impulsion de ce processus de délocalisation a été donnée par l'arrivée du projet de Renault-Nissan pour la production et l'exportation de voitures, avec une capacité annuelle de 200 000 voitures, qui a enclenché simultanément l'installation de plusieurs fournisseurs de premier et de second rang en vue de fabriquer localement la majeure partie des pièces de rechange et d'améliorer en conséquence le taux d'intégration locale.

Ce développement de l'industrie automobile dans le pôle nord bénéficie en effet de la proximité géographique de ce site industriel, notamment vis-à-vis du sud de l'Europe qui concentre une importante part de l'industrie automobile européenne. D'une part, cette proximité permet à la région du nord du Maroc d'être plus attractive, comparée aux PECO qui voient augmenter leurs coûts salariaux (10 pour cent en moyenne annuelle) sous l'effet de la convergence des revenus au sein de l'UE et de la migration de la main-d'œuvre pour les pays de l'ouest de l'UE. D'autre part, l'organisation du travail au sein de l'industrie automobile, qui se fait en flux tendus, exclut la concurrence asiatique pour laquelle le facteur distance accroît les coûts des transferts de technologie effectués à travers les délocalisations de la production (Lemoine 2009).

Toutefois, le risque pour le Maroc est de voir les investissements réalisés se concentrer principalement sur des segments du processus de production qui sont intensifs en main-d'œuvre, ce qui se constate dans la plupart des délocalisations portant sur le câblage qui est une activité particulièrement consommatrice de main-d'œuvre peu qualifiée (Layan 2008). En effet, les constructeurs automobiles délocalisent avant tout les productions de faisceaux au Maroc, notamment sous la pression des coûts et des besoins croissants en matière de confort et de sécurité, qui exigent la multiplication des liaisons électriques et électroniques dans une voiture. Cette activité peu qualifiante met ainsi le Maroc en concurrence avec la Tunisie[19], pays du même niveau de développement, mais qui dispose d'une longue expérience en matière de production et d'exportation des équipements de voitures.

Conclusion

Les difficultés d'un développement autonome fondé sur les stratégies de substitution aux importations des années soixante et soixante-dix ont obligé le Maroc à ne plus lier son économie aux seuls débouchés du marché local, mais à essayer d'exporter vers le reste du monde. Toutefois, l'insertion dans le commerce mondial n'a pas dépassé le cadre traditionnel dévolu aux pays en développement par une division internationale du travail qui leur réserve les segments à faible contenu technologique, et intensifs en travail peu qualifié. Un tel modèle d'insertion fondait la compétitivité économique quasi exclusivement sur l'exploitation de la main-d'œuvre à bas salaire, sans aucune possibilité d'évolution dans les processus d'acquisition de savoir-faire industriel et organisationnel et de qualification du tissu productif.

La libéralisation des échanges commerciaux au niveau mondial a mis en difficulté ce modèle d'insertion avec l'entrée de pays – asiatiques notamment – à bas salaires et à potentiel productif plus important, sur le marché européen qui constitue la principale destination des exportations marocaines. C'est en particulier l'industrie textile et habillement qui a été touchée. La production d'articles de longues séries, dont le prix est le seul élément de compétitivité, a été délocalisée massivement en Asie. La survie de l'industrie est due au redéploiement qu'a connu cette industrie vers des segments de valeur ajoutée plus importante, exigeant une plus grande réactivité dans le cadre d'une stratégie de circuit court.

En effet, la recherche de nouveaux modèles d'insertion compétitive doit permettre au Maroc de profiter davantage de l'intensification du commerce mondial et de la division internationale des processus de production déclenchée par la libéralisation. Les nouvelles spécialisations productives doivent ainsi se focaliser sur les industries à contenu technologique plus élevé ayant des effets d'entraînement plus structurants sur le système industriel national. Les premières orientations en sont déjà développées dans les secteurs de l'électricité, de l'électronique et de l'industrie automobile. Le succès de telles spécialisations exige toutefois non seulement de se positionner sur des segments plus créateurs de valeur ajoutée et plus intensifs en travail qualifié, mais aussi de préparer l'environnement propice au développement de ces industries en matière d'investissements en infrastructures, qu'elles soient matérielles (zones industrielles, infrastructures transport…), immatérielles (technologies et recherche et développement), ou humaines (formation et qualification des ressources humaines).

La logique même de l'insertion doit intégrer de nouveaux vecteurs tels que la place des pays du Sud dans les relations commerciales internationales. D'une part, le développement d'une plus grande intégration régionale, notamment pour le Maroc, qui nécessite l'impulsion des relations commerciales au sein de l'Union du Maghreb arabe, dont la faiblesse fait supporter aux pays membres un coût économique élevé. D'autre part, le développement de la place des pays du Sud dans la formulation des stratégies commerciales mondiales. À ce niveau, le nombre et les intérêts de ces pays au sein de l'OMC constituent un élément favorable à l'unification de leurs efforts et de leurs stratégies de négociation. Cette unité est favorisée à plus forte raison par l'émergence de certaines économies du Sud qui essayent de s'imposer dans les négociations commerciales internationales (Chine, Inde, Brésil et Afrique du Sud). La constitution en 2003 déjà d'un groupe formé de l'Inde, du Brésil et de l'Afrique du Sud (G-3) puis du G-20 atteste l'importance d'une coopération Sud-Sud pour aborder ensemble les négociations multilatérales.

Notes

1. Clause NPF : tout avantage conféré par un membre de l'OMC à un pays tiers, y compris à un non-membre, doit être immédiatement accordé à tous les membres de l'OMC.
2. Il existe aujourd'hui plus de 100 000 normes et règles techniques en usage dans le monde (ONUDI 2002).
3. Entre 1992 et 2000, les IDE se sont concentrés sur trois pays : Pologne 35,7 pour cent avec 4 558 millions de dollars USA, République Tchèque 26,9 pour cent avec 3 434 millions de dollars et la Hongrie 16,3 pour cent avec 2 081 millions. Pour les pays méditerranéens, l'Égypte 17,2 pour cent avec 859 millions et le Maroc 16 pour cent avec 796 millions.
4. Rapport du FEMISE sur le partenariat euro-méditerranéen : « Les pays partenaires méditerranéens face à la crise ». Août 2009.
5. En 1977, le Maroc a acquis le statut d'observateur à l'Accord général sur les tarifs et le commerce GATT, en 1987, il est devenu la 94e partie signataire du GATT en 1987.

6. Accord d'association signé le 16 février 1996 entre le Maroc et l'UE et ratifié en 2000, qui prévoit l'établissement d'une zone de libre-échange dix ans après sa ratification.
7. Suite à l'acceptation des obligations des sections II, III et IV de l'article VIII des statuts du FMI relatives à la convertibilité des opérations en compte courant.
8. Protection des produits agricoles de base par des équivalents tarifaires et la possibilité de recourir à des mesures de sauvegarde en cas d'importation causant ou menaçant de causer un préjudice grave à la production nationale de biens similaires ou directement concurrents.
9. L'indice de restriction au commerce du FMI, qui prend en compte les barrières tarifaires et les barrières non tarifaires, indique qu'en 2001, seuls 7 pays sur les 167 considérés avaient un régime commercial plus restrictif que le Maroc.
10. Ministère du Commerce et de l'Industrie.
11. Le SMIG vient de connaître une augmentation en 2011 de 10 pour cent échelonnée sur deux ans.
12. La Banque mondiale cite quatre défaillances des politiques économiques qui constituent des contraintes majeures à la croissance : les rigidités du travail, le haut niveau de fiscalité sur l'embauche du capital humain (impôt sur les revenus), le régime de taux de change fixe, et le biais anti-exportations du régime commercial.
13. Indice Herfindhal.
14. Au Maroc, les investissements de délocalisation ont représenté environ un tiers des investissements du secteur textile au cours de la période 1987-1991.
15. En décembre 2005, le plan « Émergence » réalisé par le bureau d'études McKensey a élaboré un diagnostic détaillé des performances et des potentialités de 12 secteurs et 77 activités. Activités retenues : offshoring, automobile, électronique, transformation des produits de mer, aéronautique, textile et cuir, agroalimentaire.
16. C'est un affaiblissement relatif du centre si on sait que les principales régions productrices de voitures n'ont représenté que 54,3 pour cent des exportations mondiales en 2005, contre 75,3 pour cent en 1975.
17. SOMACA : Société marocaine de construction automobile basée à Casablanca au centre du Maroc.
18. L'industrie automobile au Maroc procède au montage de véhicules particuliers et utilitaires légers et lourds, à la construction des carrosseries d'autobus et autocars, à des réparations et à la fabrication de certaines pièces détachées pour véhicules.
19. Une certaine complémentarité avec l'activité d'assemblage au Maroc est possible. Déjà, des unités tunisiennes sont intégrées à la supply chain de la Logan et des fournisseurs installés en Tunisie sont sollicités pour approvisionner le projet de l'alliance Renault- Nissan.

Bibliographie

Abdelmalki, L., & Trotignon, J., 2001, « Échanges commerciaux Nord-Sud et croissance économique. Leçons issues de vingt années de rapports commerciaux euroméditerranéens et interaméricains », *Région & développement*, n° 14.

Achy, L., 2005, « Une première évaluation de l'impact de la fin de l'ATV sur les industries textile et habillement au Maroc », *Centre de Recherches Juridiques, Économiques et Sociales*, Rabat.

Avallone, N. & Chédor, S., 2006, « Commerce intrafirme français avec les nouveaux États membres et les partenaires méditerranéens », in *Nord-Sud. La reconnexion périphérique*, sous la direction de Deblock C. & Regnault H. Éditions Athéna, Québec.

Banque mondiale, 2006, « La logistique du commerce et la compétitivité du Maroc », mars 2006.

Banque mondiale, 2005, « Royaume du Maroc : Promouvoir une croissance et un emploi plus élevés à travers une diversification productive », *Mémorandum économique de Pays*, Volume I, 1ᵉʳ décembre 2005.

Berhomieu, C. & El Ourdani, H., 2006, « Libéralisation des investissements directs étrangers : l'attractivité de la Tunisie pour les PME étrangères », in *Le sud de la Méditerranée face aux défis du libre-échange*, sous la direction de Catin, M. & Regnault, H., Paris, L'Harmattan.

Bouoiyour, J., 2005, « Partenariat euro-marocain et dynamiques des investissements directs étrangers ». Disponible sur internet.

Caupin, V., 2004, « Libre-échange euro-méditerranéen : premier bilan au Maroc et en Tunisie », Agence française de développement : département Méditerranée et Moyen-Orient. Disponible sur internet.

Chaponniere, E. J. R, 2003, « Les enjeux du textile et de l'après-textile pour les PSM », Conférence Femise, Marseille, 4,5 et 6 décembre.

Deblock, C. & Regnault, H. (sous la direction de), 2006, *Nord-Sud. La reconnexion périphérique*, Éditions Athéna, Québec.

Escribano, G. & Lorca, A., 2003, *« La politique commerciale du Maroc : entre libéralisation et modernisation »*. Disponible sur internet.

Galal, A. & Reiffers, J.-L., 2009, *« Les pays partenaires méditerranéens face à la crise »*, Rapport FEMISE sur le partenariat euro-méditerranéen. Disponible sur internet.

Grasland, C. & Van Hamme, G., 2010, *La relocalisation des activités industrielles : une approche centre/périphérie des dynamiques mondiale et européenne,* Université Paris Diderot et Université libre de Bruxelles. Disponible sur internet.

Layan, J.-B. & Lung, Y., 2008, « Attractivité et agglomération de l'industrie automobile au Maroc et en Tunisie : une analyse comparative », *Working paper of GRETHA*, n° 2008-20, http://ideas.repec.org/p/grt/wpegrt/2008.html.

Lemoine, F. & Unal, D., 2009, « Intégration régionale et rattrapage à la lumière du commerce entre l'UE et les économies émergentes (1995-2007) », colloque DREEM, « Inégalités et développement dans les pays méditerranéens », Istanbul, 21-22-23 mai.

Naciri, A., 2007, « L'impact de la libéralisation des échanges du textile sur les pays du sud de la Méditerranée : le cas du Maroc », au colloque du RINOS, « Globalisation, reconnexion Nord Sud et recomposition des économies, des sociétés et des territoires », 6 au 7 juillet 2007, Aix-en-Provence.

Nicet-Chenaf, D. & Rougier, É., 2007, « Attractivité comparée des territoires marocains et tunisiens au regard des IDE », *Cahiers GRETHA*, n° 2007 – 02, janvier 2007, Université Montesquieu Bordeaux IV.

Nicet-Chenaf, D., 2006, « L'UE, ses dix nouveaux membres et les pays d'Afrique du Nord : polarisation et absence d'effet moyeu-rayon dans les échanges commerciaux », *Cahier du GRES* n° 2006-28. http://www.gres-so.org

Plane, P. (sous la direction de), 2007, « Compétitivité prix et efficacité productive des secteurs manufacturiers des pays de l'Afrique du Nord et du Moyen-Orient », *FEMISE Research programme*, n° FEM31 – 19R, CNRS et CERDI, Université d'Auvergne.

Satoura-Mopondi, N., « Quels enseignements peut-on tirer de l'évolution des relations commerciales euro-marocaines ». Disponible sur internet.

Stiglitz, J. E. & Charlton, A., 2007, *Pour un commerce mondial plus juste*, Paris, Fayard.

Turcotte, S. F. & Lord, G. J., « L'Afrique du Sud, le Brésil et l'Inde dans l'espace commercial global : le G3 est-il viable ? », in *Nord-Sud. La reconnexion périphérique*. Sous la direction de Deblock, C. & Regnault H., Éditions Athéna, Québec.

5

Innovations industrielles et développement territorial durable au Maghreb : une illustration à travers une étude comparative des technopôles du secteur agroalimentaire

Sidi Mohamed Rigar & Abdelhamid Bencharif

Introduction

La notion de technopôle renvoie à la nécessité de coordination de l'ensemble des acteurs dans le cadre de la mise en place de systèmes productifs locaux (SPL). Il s'agit de promouvoir des dispositifs permettant une appropriation des savoirs et leur diffusion à travers « un partenariat entre des organisations de recherche-développement et le monde de la production, avec l'appui des pouvoirs publics, généralement locaux, pour accroître la compétitivité des territoires et des entreprises concernées ». La politique des pôles localisés et technopôles cherche, ainsi, à répondre aux nouveaux enjeux définis par la coordination des acteurs économiques et les institutions du savoir.

La démarche technopolitaine se situe à la convergence de trois principales orientations stratégiques sécantes, adoptées en réponse au processus de mondialisation :
- l'entrée dans l'économie des connaissances ;
- l'émergence des politiques territoriales ;
- la décentralisation progressive des politiques sectorielles.

Dans les pays du Maghreb, les notions de technopôles, parcs technologiques et scientifiques, ou pôles de compétitivité, sont timidement apparues au cours de la décennie 1990, et se sont progressivement imposées à partir des premières années 2000. Aujourd'hui, les trois pays du Maghreb (Algérie, Maroc et Tunisie) se sont lancés dans de vastes programmes d'installation de technopôles et de pôles de compétitivité pour promouvoir les différentes régions au sein de chaque pays.

L'objet de ce papier est de montrer l'importance et la place qu'occupent aujourd'hui les technopôles dans les stratégies industrielles des pays maghrébins en procédant à une étude comparative des expériences dans le domaine agroalimentaire. Le concept de technopôle est particulièrement adapté au secteur agroalimentaire dont la production est bien ancrée dans les territoires et qui en outre présente un contexte économique favorable à un tel projet et qui constitue un champ d'action multisectoriel et multidisciplinaire propice à un maillage des activités.

Notre objectif est double. Il s'agit d'abord de comprendre les stratégies des différents pays maghrébins en matière d'installation et de fonctionnement des technopôles et des pôles de compétitivité, et ensuite d'identifier éventuellement les possibilités de coordination entre les différents pays afin de bénéficier des expériences mutuelles.

L'analyse des trois expériences se fera à travers la méthode des cas, et nous retiendrons pour chaque pays des projets de technopôle agroalimentaire, qui feront l'objet d'un diagnostic pour faire ressortir les spécificités et les contraintes de chacune des trois expériences à travers une étude comparative des objectifs et des réalisations.

Le fondement de la méthode proposée réside dans sa démarche intégrée, à la fois participative, prospective et opérationnelle. L'étude s'appuie sur trois types d'approches : analyse sectorielle, diagnostic institutionnel, diagnostic opérationnel (acteurs économiques, y compris l'économie des savoirs). L'évaluation consiste alors à confronter les résultats de ces trois analyses, en vue de vérifier la pertinence et la cohérence, à plusieurs niveaux, de tester la viabilité du projet, et d'opérer les ajustements nécessaires.

Les technopôles : genèse et référentiel théorique

C'est au cours des années 1960 que la notion de technopôle a fait son apparition et elle s'est imposée au cours de la décennie 1980 ; mais en réalité, les premières expériences ont été entreprises bien avant, notamment aux États Unis. La fameuse Route 128 à Boston et la Silicon Valley dans la banlieue de San Francisco, créées dès l'entre-deux-guerres, représentent actuellement des références emblématiques. Le phénomène technopolitain est ainsi devenu international ; il s'est répandu dans plusieurs pays à travers tous les continents.

L'émergence et l'évolution des technopôles

Les premiers technopôles vont se développer en Europe et particulièrement en France, à partir des années 1960. Vers la fin de cette décennie, Pierre Laffitte avait pressenti « une dynamique créative nouvelle ». En effet, pour le créateur de Sophia Antipolis, « les industries lourdes associées par tous, au XIXe siècle, aux brumes et aux fumées de Pittsburgh, de Birmingham, de la Lorraine, de la Ruhr » correspondent à une période révolue, « le progrès et l'avenir ne dépendent plus désormais des matières pondéreuses, charbon ou minerais... mais de la matière grise, de la qualité de la formation, de la qualité de l'environnement » (repris par Araszkiewiez & Rase 2005). Pour développer l'arrière-pays niçois, il voulait alors établir « un mode de relations professionnelles différent qui bouscule la logique de la concurrence et du cloisonnement et pose en son cœur la coopération, le partage et la fécondation des savoirs » (Bourdin 2003).

Les années 1970 et surtout 1980 ont connu un regain d'intérêt pour les dispositifs technopolitains, qui s'est traduit par une multiplication des sites et une très grande diversité des formes d'organisation qui les caractérisent. Quelle qu'en soit la forme, la notion de technopôle a connu un certain succès qui s'explique en grande partie par l'accélération du processus de la mondialisation, au cours des deux dernières décennies.

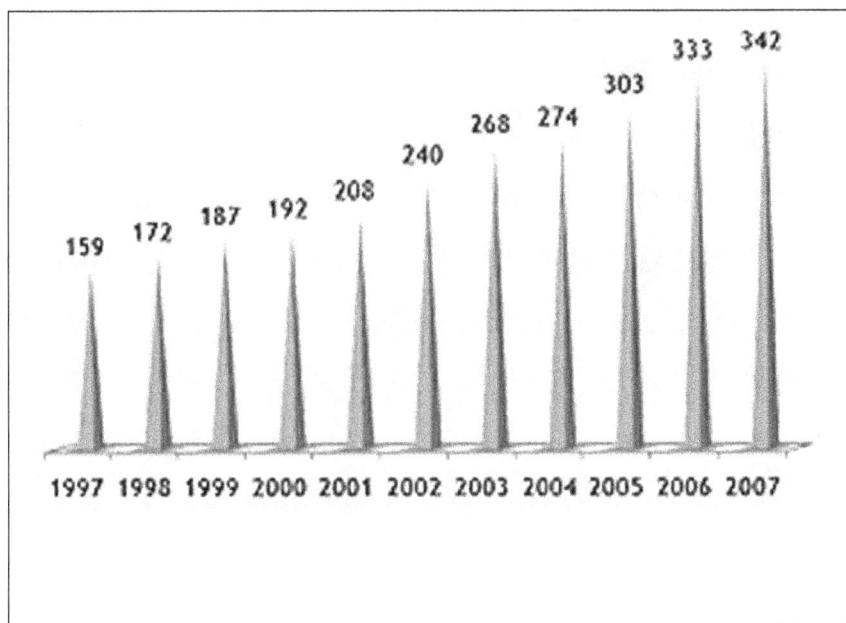

Figure 5.1 : Les parcs scientifiques dans le monde
Source : Bencharif (2009)

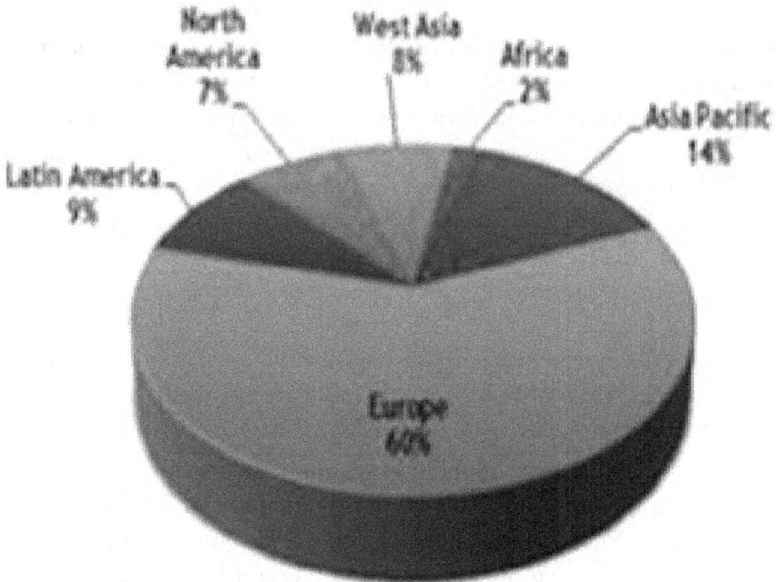

Figure 5.2 : Les parcs scientifiques dans le monde
Source : Bencharif (2009)

Les justifications théoriques et empiriques

Sur le plan théorique, la notion de technopôle ou de pôle de compétitivité renvoie aux concepts de coordination des acteurs et de mobilisation des connaissances en vue d'assurer la compétitivité des territoires dans une vision de développement durable. Ces concepts ont été traités par un grand nombre d'approches qui relèvent de différentes disciplines, notamment l'économie spatiale, l'économie du développement, l'économie industrielle. On peut ainsi distinguer plusieurs écoles de pensée complémentaires : les districts industriels (Marshall, Becattini), les coûts de transaction (Coase, Williamson), le milieu innovateur (Aydalot), les réseaux (Velt), l'économie de proximité (Gilly, Torre), etc.

Les technopôles sont devenus des instruments de développement économique fondés sur le fameux « triangle d'or » qui symbolise la mise en relation des trois types d'acteurs, dans un territoire, en vue de « faciliter la création d'un écosystème fondé sur la fertilisation croisée entre scientifiques et industriels et des diverses cultures nationales » :

- les institutions de la connaissance ;
- les entreprises ;
- les décideurs publics locaux.

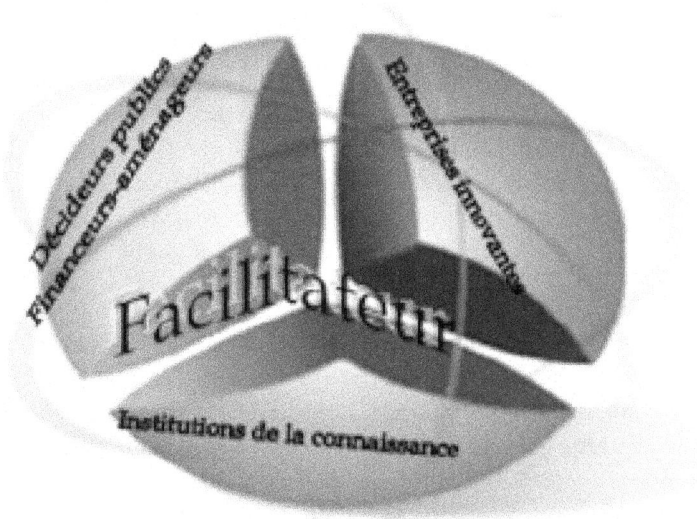

Figure 5.3 : Le triangle d'or ou l'écosystème de la connaissance
Source : Soulier Laurent 2009

En matière d'innovation, beaucoup de travaux ont également montré le rôle déterminant de la complémentarité entre les compétences internes des entreprises et les dispositifs de coordination mis en œuvre au niveau local.

> Aujourd'hui, un certain consensus se dessine autour de la représentation du processus d'innovation en tant que processus collectif d'apprentissage. Ce processus d'apprentissage met en jeu des interactions entre des partenaires divers, qui peuvent être situés à l'intérieur de la firme comme à l'extérieur. Le premier aspect renvoie généralement à la problématique des compétences pour l'innovation, le second à la relation entre l'entreprise, les acteurs qui la composent, et son environnement, source externe de connaissances (Fort, Rastoin & Temri 2002).

Toutes les phases du processus, c'est-à-dire l'acquisition de l'information, son traitement, la production de nouvelles connaissances et de nouveaux savoirs supposent des capacités d'apprentissage.

La proximité des acteurs apparaît alors comme un élément clé dans la « gestion des connaissances » et la stimulation de l'innovation, au sein d'un territoire, mais elle n'entraîne pas automatiquement les interactions entre acteurs.

La coopération entre les différents acteurs pour la mobilisation des ressources cognitives et la diffusion des connaissances et des savoirs, exige certains préalables qui constituent les facteurs clés de succès des projets de technopôle.

D'autres travaux concernant plus particulièrement les activités d'appui scientifique au développement du secteur agricole et agroalimentaire, ou « l'écosystème de la connaissance» d'une manière générale, ont été menés (Bencharif 2007, 2008 ; Bencharif & Dollé 2008 ; CIHEAM 1988, 1999 ; Djeflat 2007 ; Douillard 2006 ; Mathlouthi et al. 2006 ; Mezouaghi 2002, etc.). Ils ont permis d'identifier les principales faiblesses de l'environnement scientifique et technique. Ils soulignent amplement les faibles performances des systèmes d'appui scientifique et les conséquences qui en découlent. Parmi ces conséquences, on note la position retardataire technologique qui induit une internationalisation des modes de coordination des activités d'innovation.

Les conditions de réussite des technopôles

Pour réussir, les technopôles doivent intégrer des activités sociétales, économiques et technologiques résumées dans la figure ci-dessous. L'intersection de ces trois activités est synonyme de technopôles offrant les meilleures conditions initiales et une complémentarité entre le local et le global.

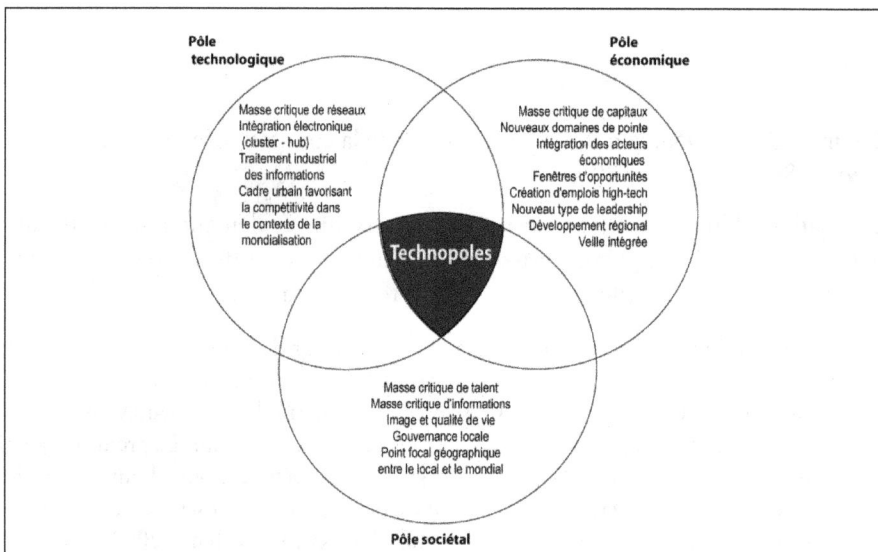

Figure 5.4 : Les facteurs clés de succès des technopôles
Source : www.michelcartier. com 2003.

Les dotations initiales regroupent l'ensemble des infrastructures nécessaires à l'activité économique et à l'innovation (banques, universités, etc.), mais de plus en plus l'attention est portée sur les facteurs intangibles tels que la qualité de vie, un système de formation développé, la production et la diffusion d'informations et, enfin, la qualité de la gouvernance. Par ailleurs, la complémentarité qui s'établit entre les technopôles et leur environnement est essentielle à la viabilité économique. L'idée est de valoriser les opportunités économiques des technopôles dans l'environnement international, condition essentielle à la dynamique de l'innovation locale.

Dans certains cas, l'innovation rencontre des résistances structurelles liées notamment aux faiblesses des systèmes nationaux d'innovation, comme c'est le cas des pays du Maghreb, déjà engagés dans une démarche technopolitaine depuis près d'une décennie. Les efforts à soutenir par ces pays en matière de formation et de valorisation des compétences locales sont considérables, mais demeurent réalisables. L'ouverture des économies, les stratégies de partenariat entre les pays industrialisés et les pays du Sud, le développement rapide et la démocratisation des technologies de communication sont autant d'opportunités de concrétiser ces efforts.

Les technopôles au Maghreb : une histoire récente

À travers le monde, et depuis quelques années, la progression rapide du nombre de technopôles, et plus récemment des pôles de compétitivité et des clusters, surtout dans les pays développés, s'explique par le fait qu'ils sont devenus pour les régions et les États un atout dans la compétition internationale.

L'apparition des technopôles au Maghreb

Dans les années à venir, le défi majeur que devront affronter les pays du Sud sera certainement celui de leur insertion dans l'économie mondiale. L'amélioration de la compétitivité devient un enjeu majeur pour l'ensemble des opérateurs économiques qui doivent s'adapter rapidement pour pouvoir faire face aux menaces et tirer le meilleur profit des opportunités.

Cela est particulièrement vrai pour l'économie agricole et alimentaire qui a connu d'importantes transformations structurelles, caractérisées par le développement des activités de commercialisation, de transformation et d'échanges extérieurs, et par un « déclin relatif » du secteur agricole.

Dans les pays occidentaux, les progrès scientifiques et l'innovation ont joué un rôle déterminant dans cette « grande transformation » des systèmes agroalimentaires. L'introduction des formes scientifiques de travail dans la coordination des activités et l'organisation des échanges a toujours été l'un des facteurs majeurs de l'amélioration de la productivité le long des filières agroalimentaires. Les innovations apportées tant sur le plan organisationnel que sur le plan des formes matérielles de l'échange des produits et des informations ont permis de diminuer les coûts des produits alimentaires, d'améliorer leur qualité et de répondre aux besoins des populations en termes quantitatifs et qualitatifs.

Dans les pays du sud de la Méditerranée, l'urbanisation rapide a bien engendré une certaine division spatiale du travail puisque la commercialisation, la transformation et les échanges extérieurs des produits agroalimentaires occupent une place de plus en plus importante. Cependant, cette évolution n'a pas toujours été accompagnée par une transformation des formes d'organisation des échanges.

Pour de nombreux produits, l'allongement de la chaîne agroalimentaire s'est traduit par des déséquilibres en matière de quantité, de qualité et de prix, entre les différents secteurs (agriculture, transformation, distribution).

En outre, le secteur agroalimentaire constitue l'un des secteurs où l'intervention de l'État a été la plus forte, particulièrement pour les filières des produits de base et des produits d'exportation. La libéralisation des économies et le retrait de l'État se sont accompagnés d'une véritable « désintégration » des filières agroalimentaires. Le passage d'une régulation étatique à une coordination par le marché s'est traduit par l'émergence d'un nouveau cadre concurrentiel et d'un paysage institutionnel beaucoup plus complexe, du fait de la multiplicité des acteurs économiques et des institutions concernées directement ou indirectement par le fonctionnement des filières.

La faiblesse de l'environnement scientifique et technique ainsi qu'une maîtrise insuffisante des méthodes de management et de gestion augmentent la vulnérabilité des filières agroalimentaires tout en compromettant leur rentabilité et leur compétitivité.

Malgré des progrès réalisés dans certains pays, et pour quelques produits seulement, la productivité agricole, et surtout celle des secteurs en aval, n'a donc pas connu les améliorations exigées d'abord par la forte progression de la demande alimentaire, et ensuite par l'urgence de la compétitivité imposée par la récente ouverture des marchés.

En dépit d'une base agro-climatique commune, qui fait la spécificité de la zone méditerranéenne, les fonctionnements des systèmes agricoles et agroalimentaires restent donc très différents au Nord et au Sud, et les écarts des performances se creusent entre les deux zones.

À l'avenir, cette fracture Nord-Sud risque de s'élargir, avec l'avènement des nouvelles technologies, et au moment où les pays européens affichent la volonté de les utiliser, dans le cadre de la stratégie de Lisbonne, pour « devenir l'économie de la connaissance la plus compétitive et la plus dynamique, capable d'une croissance économique durable… ».

L'ensemble de ces contraintes a poussé les pays du sud de la Méditerranée à repenser leur stratégie en matière technologique dans le domaine des industries agroalimentaires, et à s'orienter vers les pôles de compétitivité pour promouvoir ce secteur vital pour leurs économies.

Les technopôles agroalimentaires dans les pays du Maghreb : enjeux et opportunités

Le concept de technopôle est particulièrement adapté au secteur agroalimentaire, dont la production est bien ancrée dans les territoires. En outre, ce secteur constitue un champ d'action multisectoriel et multidisciplinaire faisant appel à des mécanismes de coordination et propice à un maillage des activités.

Pour les pays du Maghreb, deux séries d'arguments peuvent justifier l'opportunité de création de technopôles agroalimentaires :

- l'urgence des gains de compétitivité, face aux perspectives des marchés et à la fracture économique Nord-Sud ;
- l'exigence de dispositifs novateurs, aptes à organiser les ressources cognitives, et à permettre de réels transferts des savoirs, leur accumulation, et leur démultiplication locale.

Au-delà de la diversité des situations, l'analyse des systèmes de formation et de recherche montre que les difficultés et les insuffisances rencontrées sont souvent les mêmes, même si elles se manifestent à des degrés différents ; elles peuvent se résumer par les sept caractéristiques suivantes :

- l'importance des besoins en matière d'appui scientifique et technique ;
- l'inadéquation des formations par rapport aux nouveaux besoins ;
- la faible reconnaissance de la fonction recherche ;
- l'isolement des compétences ;
- le cloisonnement entre l'université et le monde professionnel ;
- le déficit d'information économique et technologique ;
- une coopération internationale peu exploitée et mal valorisée.

Les savoirs ont toujours joué un rôle déterminant dans le processus de développement des filières ; la nouveauté réside dans l'accroissement remarquable des facteurs « immatériels » dans la valeur des produits agricoles et alimentaires. En effet, au cours des dernières années, le développement rapide des nouvelles technologies de l'information et la mondialisation des marchés ont profondément bouleversé les processus de production et de distribution des produits agroalimentaires qui, par nature, présentent des exigences spécifiques : qualité nutritionnelle et sécurité, conservation, traçabilité, etc.

Dans les pays du Maghreb, l'ouverture des économies a engendré de nouvelles exigences pour les entreprises, et particulièrement les entreprises agroalimentaires qui doivent faire face à de nouvelles contraintes et atteindre des niveaux de compétitivité comparables aux seuils internationaux.

Quelle que soit la filière agroalimentaire, la libéralisation des échanges et la « déprotection » des marchés nationaux qui en découle exigent des stratégies de développement agroalimentaire nouvelles et surtout un appui aux entreprises pour les aider à améliorer leur compétitivité sur les marchés tant domestiques qu'extérieurs. Les avantages concurrentiels restent dans de nombreux cas à construire.

Pour relever les défis posés par l'appropriation des savoirs et l'accumulation technologique, les pays du Maghreb devront améliorer d'une manière radicale leur économie de la connaissance, pour « parvenir à promouvoir au niveau national une vision et une organisation qui permettent d'aller de façon cohérente vers l'EFC » (PNUD 2003).

La réponse à un tel enjeu suppose :
- la mise en ouvre de nouvelles politiques dans les principales composantes de l'EFC ;
- une stratégie nationale permettant la coordination de ces composantes ;
- des dispositifs locaux et des mécanismes décentralisés qui favorisent la mobilisation des compétences, l'appropriation des savoirs, et leur démultiplication locale, en incitant les agents économiques à développer les relations entre eux et à s'intégrer dans ces dispositifs ;
- une refonte de la coopération Nord-Sud et Sud-Sud.

Il s'agit d'un défi majeur qui ne peut être relevé qu'en édifiant une véritable culture de la concertation, du partenariat, une culture basée sur les notions de contractualisation et de « réseaux ».

C'est là la première légitimation d'une démarche stratégique en vue de la mise en place d'un pôle agroalimentaire. En effet, les opportunités de développement des filières agroalimentaires paraissent importantes et méritent d'être approfondies. Une forte demande alimentaire urbaine et l'existence de marchés d'exportation potentiels constituent des atouts importants. La conquête des marchés, en particulier extérieurs, peut conduire à la structuration des filières agroalimentaires et à l'émergence d'entreprises qui devront engager des efforts importants pour assurer leur mise à niveau et devenir compétitives.

De telles entreprises seront alors capables de valoriser la production agricole, de créer des emplois, d'améliorer la balance des échanges agroalimentaires, de générer les capacités d'autofinancement pour les investissements matériels et immatériels nécessaires au développement et à la pérennité des activités dans le nouveau contexte concurrentiel.

Les expériences maghrébines dans le domaine des technopôles agroalimentaires : une analyse comparative

Au cours des dernières années, de nombreuses initiatives en matière de technopôles ont été lancées dans les pays du Maghreb, et certaines sont précisément consacrées au domaine agroalimentaire.

Les réalisations technopolitaines dans les pays maghrébins

Les expériences maghrébines dans le domaine des technopôles agroalimentaires n'ont pas connu la même allure durant les dernières années. Si la Tunisie est déjà en avance avec la création de plusieurs technopôles, le Maroc est en cours de réalisation de plusieurs projets dans ce sens, alors que l'Algérie est toujours au stade de la conception de ses pôles de compétitivité.

En Tunisie, les premières études du technopôle agroalimentaire de Bizerte ont été réalisées à partir de 1998.

En Tunisie, le projet des technopôles s'inscrit dans le cadre du Programme gouvernemental établi en octobre 1999. Ce programme vise la mise en place d'un ensemble de 12 technopôles, dont six ont été inscrits dans le Xe Plan de développement pour 2002-2006.

L'objectif est de favoriser la création d'un réseau national pour la recherche scientifique et technologique, en vue de la mise à niveau de l'industrie et de l'agriculture. Il s'agit de mobiliser les compétences tunisiennes et leur capacité à convertir leur savoir en savoir-faire et savoir innover.

Le programme de technopôles vise plusieurs objectifs complémentaires, notamment :

- promouvoir la recherche et développement dans les nouvelles technologies de pointe ;
- renforcer le lien entre la formation, la recherche et la production ;
- favoriser l'incubation et la création d'entreprises innovantes par la valorisation des résultats de la recherche ;
- stimuler la création de l'emploi, notamment pour les jeunes diplômés de l'enseignement supérieur ;
- améliorer la capacité compétitive de l'industrie nationale ;
- favoriser l'investissement direct étranger.

Les six technopôles programmés pour la période 2002-2006 sont :

Technopôle	Domaines d'activité
Bizerte	Industrie agroalimentaire
Bordj Cedria	Énergie renouvelable, eau et environnement
Monastir	Textile et habillement
Sfax	Informatique et multimédia
Sidi Thabet	Biotechnologie et industrie pharmaceutique
Sousse	Mécanique, électronique et informatique

La Tunisie bénéficie, dans le cadre du programme FEMIP1, d'un financement accordé par la Banque européenne d'investissement (BEI) pour apporter une « assistance technique »[2] à cinq technopôles : Bizerte, Monastir, Sfax, Sidi Thabet et Sousse.

La Société de gestion du pôle de compétitivité de Bizerte a été créée en septembre 2006 dans le cadre d'un partenariat public/privé. Le Pôle de compétitivité de Bizerte est un ensemble qui se compose de 3 éléments : un technopôle agroalimentaire, un réseau de partenaires « Agro'tech » et des espaces industriels de 150 hectares. Neuf filières agroalimentaires sont ciblées par la stratégie nationale de développement du secteur agroalimentaire en Tunisie, dont cinq sont prioritaires pour le technopôle de Bizerte : céréales et dérivés, pomme de terre, produits de la mer, fromage et vin. Ce projet devrait pouvoir générer, à l'horizon 2020, 9 000 emplois et une enveloppe d'investissements de 280 millions de dinars. L'étude stratégique du technopôle de Jendouba, consacré aux deux filières grandes cultures et élevage, a ainsi démarré en janvier 2009.

Au Maroc, la nouvelle stratégie d'attraction des investissements adoptée récemment dans le cadre du « Plan Émergence » est basée, entre autres, sur les activités liées à l'offshoring, qui accorde une importance au secteur des industries agroalimentaires concentrées dans le cadre des technopôles dédiés. Cette nouvelle stratégie s'annonce comme une sorte de redéfinition de la politique industrielle marocaine. Ce redéploiement se veut stratégique eu égard aux défis de compétitivité que le pays est amené à relever, à la suite des constats alarmants concernant la situation économique du pays, fortement liée aux structures industrielles devenues caduques. La nouvelle stratégie vise à surmonter les handicaps dont souffre l'industrie marocaine depuis des décennies : l'importance du secteur informel, la faiblesse de la demande intérieure, le manque de concentration et la sous-capitalisation des entreprises, la lourdeur des procédures administratives, de la fiscalité, et la complexité du cadre réglementaire des affaires sont autant de limites qui retardent l'épanouissement de l'industrie marocaine. En choisissant cette nouvelle stratégie de développement industriel, le pays prend plusieurs risques face auxquels il relève le défi de la compétitivité. Aussi le choix de l'option technologique n'est-il pas fortuit. Aujourd'hui, les secteurs porteurs de l'économie mondiale intègrent une forte dimension technologique, mais faut-il encore que les conditions initiales suivent.

Pour réussir une telle stratégie et veiller à ce que cette stratégie n'ait pas seulement un caractère conjoncturel, la volonté des industriels engagés dans ce processus doit se conjuguer à une assistance publique en matière d'accompagnement. Le programme global dit « Plan Émergence » reflète une nouvelle ambition de compétitivité de l'économie marocaine, mais nécessite des investissements colossaux en matière d'infrastructures, de télécommunications et de formation de capital humain, ainsi qu'une réforme profonde des mécanismes réglementaires et institutionnels liés au climat général des affaires afin de l'adapter aux nouvelles exigences de la compétitivité mondiale.

Dans le secteur des technopôles agroalimentaires, le plan Émergence propose une ossature bâtie autour de quatre pôles agro-industriels : le bipôle Meknès-Fès, le pôle du Gharb, le pôle oriental et le pôle agro-technologique de Souss-Massa-Draâ. Pour l'offensive dans l'agroalimentaire, le plan Émergence a retenu trois axes principaux. Le premier concerne les filières existantes et à fort potentiel comme les maraîchages, les condiments, les herbes et épices et les petits fruits. Le deuxième axe, en revanche, propose le positionnement du Maroc sur de nouvelles filières en forte croissance comme la transformation des produits « bio » et les plats cuisinés. Et enfin, dernier axe, une relance plus agressive sur des filières traditionnelles du Maroc comme l'olive, l'huile d'olive, l'huile d'argan et le jus d'orange de qualité supérieure. En menant la bataille sur ces trois fronts, le Maroc devrait pouvoir engranger, à terme, un chiffre d'affaires supplémentaire de 4 milliards de DH et générer 16 000 emplois.

En Algérie, l'expérience est encore dans son état embryonnaire. Le Schéma national de l'aménagement du territoire (MATE 2006) a prévu des pôles de compétitivité et d'excellence (POC). La politique du « renouveau de l'économie agricole et du renouveau rural » retient la réalisation de six pôles agricoles intégrés (PAI).

Un programme de développement des industries agroalimentaires lancé en 2007 a prévu la création de plus de 500 entreprises dans ce secteur dans le cadre de technopôles régionaux. Ce programme dit Plan national d'appui aux industries agroalimentaires (PNDIAA) repose sur la réalisation de diagnostics stratégiques de toutes les filières, la promotion des territoires agricoles à haut potentiel ainsi que la mutualisation et la mise en réseaux des entreprises en vue d'une intégration totale de toutes les activités liées aux IAA. Les grands axes de ce plan ont trait, essentiellement, à l'intégration de la production nationale et à la substitution aux importations, à la promotion des exportations et au positionnement des produits à l'international, au renforcement des compétences et des qualifications dans les industries agroalimentaires (IAA) et à la mise en place d'un cadre institutionnel de coordination et d'harmonisation des politiques publiques.

Le plan vise également à densifier le tissu industriel des IAA à travers la création de 500 entreprises au sein d'agropoles entre 2010 et 2014 et la création de 100 000 emplois jusqu'à 2014. Ce programme s'est fixé aussi comme objectif de mettre à niveau aux normes ISO un nombre de 500 entreprises relevant des IAA, dont 200 certifiées « ISO 22000 » éligibles aux opérations d'exportation, de multiplier par 10 les exportations des IAA à l'horizon 2014 et de renforcer les capacités d'exportation, avec la création de 5 consortiums d'exportation à l'horizon 2014.

Les missions que doivent prendre en charge les dispositifs technopolitains dans les pays du Sud sont différentes de ceux des pays du Nord. La relative rareté, l'éparpillement, l'isolement des compétences, et leur dépendance à l'égard des centres de réflexion et de conception extérieurs exigent la mise en place de mécanismes de coordination, et d'animation novateurs, qui donnent la priorité au « maillage » et à la mobilisation des compétences locales. Il s'agit de construire progressivement un pôle de compétence qui viendrait répondre aux enjeux de l'appropriation des savoirs et de leur démultiplication.

L'avenir des technopôles agroalimentaires au Maghreb et les perspectives de leur développement

Pour tenter de remédier à la situation analysée précédemment et de dépasser les contraintes identifiées, particulièrement le cloisonnement des activités, la mobilisation et l'organisation des compétences nationales peuvent être organisées à travers des dispositifs appropriés et spécifiques qui permettront d'une part le développement des relations entre universitaires et opérateurs et la création d'une dynamique locale, et, d'autre part, la valorisation de la coopération internationale. Cela exige un changement important de l'ordre des priorités dans la démarche de formulation des projets, et dans les formes de coopération, puisqu'il s'agira de partir de la demande exprimée par le monde professionnel, avant d'organiser des compétences locales, pour ensuite faire appel à la coopération et éventuellement aux financements internationaux.

La mise en place de dispositifs en réseau devient ainsi une exigence pour les trois niveaux d'un tel processus :

- l'organisation et mobilisation des compétences nationales à travers des dispositifs appropriés et spécifiques ;
- le développement des relations entre universitaires et opérateurs ;
- la valorisation de la coopération internationale.

L'objectif est la création d'une dynamique locale favorisant la pérennité des actions et la valorisation des expériences, pour construire progressivement un pôle de compétence, mettant en œuvre toutes les synergies possibles. Il s'agit de promouvoir des formes d'organisation qui permettent aux enseignants, aux chercheurs impliqués dans de tels réseaux d'être des « passeurs de savoir ».

La construction d'un pôle de compétence agroalimentaire viendrait répondre à trois enjeux majeurs : la mobilisation des ressources cognitives nationales autour de réseaux spécialisés, l'organisation des relations entre ces réseaux et les entreprises, la recherche de nouvelles formes de partenariats internationaux qui autorisent de réels transferts des savoirs et leur démultiplication locale.

Contrairement à une idée répandue, les contraintes financières ne sont pas le principal frein à l'innovation en général et à l'innovation agroalimentaire en particulier. L'innovation dans l'agroalimentaire est souvent entravée par un manque de personnel qualifié et par des rigidités organisationnelles, surtout au sein de la commercialisation et de la logistique et dans l'utilisation intensive des nouvelles techniques de gestion de l'information et de la communication. Ces techniques, devenues essentielles au sein des systèmes modernes de gestion d'approvisionnement et de fonctionnement de type Supply Chain, sont incontournables dans les secteurs de l'agroalimentaire qui veulent prétendre à la modernité de leur pratique industrielle.

Il faut aussi repenser la coopération scientifique et technique, qui représente aujourd'hui l'un des leviers privilégié pour s'approprier les savoirs.

La question qui se pose est alors de savoir si les différentes formes de coopération, aussi bien dans le champ universitaire que relatives aux contrats inter-entreprises, s'accompagnent effectivement d'un transfert de savoir-faire, d'une création de compétences et de l'émergence de capacités autonomes d'innovation technologique et organisationnelle.

Dans la pratique, il est vrai que la coopération scientifique, malgré divers apports indéniables, s'est rarement traduite par une réelle appropriation sociale des savoirs, et que la coopération dans le secteur économique est restée souvent cantonnée à la production et à la commercialisation, sans réel transfert de technologies. Il convient alors de réfléchir à la nouvelle problématique de la coopération scientifique et technique, à partir des limites et des échecs des expériences antérieures, le transfert des connaissances et des savoirs, leur appropriation et leur maîtrise étant dorénavant les préalables à toute tentative de réponse aux défis de la productivité et de la compétitivité internationale.

L'enjeu pour les pays du Sud est non seulement l'accès aux savoirs, mais aussi et surtout leur adaptation, leur appropriation, leur intériorisation, et leur faculté à s'en servir. Cela suppose une capacité d'apprentissage de la part des différents acteurs concernés. Cette appropriation des savoirs apparaît plus urgente aujourd'hui qu'elle ne l'a été par le passé, au regard des progrès rapides enregistrés dans le domaine des TIC, de la biotechnologie et des nanotechnologies.

La réussite d'un programme de coopération dépendra avant tout des capacités d'organisation des acteurs locaux. Les formes d'organisation de la coopération et les dispositifs retenus pour sa mise en œuvre deviennent parfois des éléments plus décisifs que le contenu proprement dit du projet.

Notes

1. Au cours de la réunion du Conseil de l'UE à Barcelone (mars 2002) ; il a été demandé à la BEI de fonder le « Facility for Euro-Mediterranean and Partnership » (FEMIP).
2. Contrat BEI 2005/S 73-069948 TN/2004/03.

Bibliographie

Bencharif, A., 2008, « Techniques, sciences et innovation », in Les futurs agricoles et agroalimentaires en Méditerranée, Mediterra 2008, Rapport du CIHEAM.

Bencharif, A. & Dollé, V., 2008, « Renforcer et mutualiser les capacités de formation et de recherche dans le secteur agricole et agroalimentaire », in Les futurs agricoles et agroalimentaires en Méditerranée, Mediterra 2008, Rapport du CIHEAM.

Bencharif, A., 2007, « Opportunité de création de technopôles dans les pays du Maghreb, enseignements à partir de l'exemple du secteur agroalimentaire ». Communication au séminaire « Territoires métropolitains innovants : technopôles et pôles de compétitivité », organisé par la Banque mondiale, la Ville de Marseille et la GTZ, juin 2007, Tunis.

Bencharif, A. & Rastoin J.-L., 1999, Étude stratégique du technopôle agroalimentaire de Bizerte, Agropolis/Zone Franche de Bizerte, Montpellier.

CIHEAM, 1988, « La recherche agronomique dans les pays du bassin méditerranéen », *Options Méditerranéennes*, Série Études, CCE (DGXII).

CIHEAM, 1999, La formation supérieure des cadres de l'agriculture et de l'alimentation dans les pays du bassin méditerranéen, *Options Méditerranéennes*, Série A, Séminaires méditerranéens, n° 36.

Djeflat, A., 2007, Benchmarking & études de cas sur les technopôles au Maghreb, document de travail.

Douillard, P., 2006, Gouvernance territoriale de l'innovation, Quels échanges entre métropoles de la région MENA, Thèse Mastère d'action publique, promotion 2005-2006, École nationale des Ponts et Chaussées, Paris.

INESG, 1989, Symposium sur « La question alimentaire au Maghreb arabe », Institut national d'études de stratégie globale et Institut national d'études supérieures agronomiques de Blida, Alger, Rapport final.

Jacquet, N., 2004, « La France, puissance industrielle, Une nouvelle politique industrielle par les territoires », *La Documentation française*.

MATE, 2006, Ministère algérien de l'Aménagement du Territoire et de l'Environnement, « Aménagement du territoire et Pôles de compétitivité et d'excellence », présentation power point.

Mathlouthi, Y., Mezouaghi, M., & Perrat, J., 2006, Dynamiques technopolitaines et développement : le cas du parc des communications Elgazala, XLIIe Colloque de l'Association de science régionale de langue française, Les espaces et les réseaux du bassin méditerranéen Sfax (Tunisie), 4 au 6 septembre 2006.

Mezouaghi, M., 2002, L'émergence des technopôles dans les pays du Maghreb : facteur d'intégration industrielle des TIC ou mimétisme institutionnel ? Colloque Économie Méditerranée monde arabe, Sousse, 20 au 21 septembre 2002.

PNUD/RADH 2003, Rapport arabe sur le développement humain ; vers une société du savoir dans les pays arabes.

Rastoin, J.-L., Bencharif, A., Chazaux, M., Chevon, N., Hassaïnya, J., Ouertani, E. & Benamar, B., 2008, Étude de positionnement stratégique du technopôle agroalimentaire de Bizerte, MESRST, BEI, Consortium Ariaconsult, UMR Moisa, Montpellier.

Royaume du Maroc 2006, Vision et stratégie de la recherche horizon 2025 ; Système National de recherche : Sciences et Techniques ; Analyse de l'existant ; ministère de l'Éducation, de l'Enseignement Supérieur, de la Formation des Cadres et de la Recherche Scientifique.

6

Intégration africaine : quel modèle de coopération économique Sud-Sud ? Expérience des entreprises marocaines pionnières en Afrique subsaharienne

Sidi Mohamed Rigar & Youssouf Meite

Introduction

Au lendemain des indépendances, les dirigeants africains ont fait de l'intégration régionale un volet essentiel de leur stratégie de développement. C'est dans cette perspective que des zones économiques et monétaires, dont la mission principale est la facilitation de la coopération économique et l'intégration des peuples, ont été mises en place sur le continent.

Les objectifs de ces politiques d'intégration sont, entre autres, la promotion de la croissance et du développement économique de ces zones et de toute l'Afrique, et l'instauration d'une coopération économique bénéfique entre pays voisins.

Dans cette perspective et depuis plusieurs années, le Maroc ne cesse de manifester un intérêt revigoré pour les pays africains au sud du Sahara. Cet intérêt relève de questions d'ordre politique, géostratégique, culturel, mais repose aussi sur des raisons économiques. Le Maroc, qui est à la recherche de débouchés pour ses produits et qui cherche également les matières premières pour son industrie, notamment l'industrie minière, voudrait profiter des opportunités qu'offrent ces pays :

> Du fait d'un contexte international marqué par l'intensification de la concurrence sur les marchés du Nord, le marché africain pourrait constituer une niche stratégique pour ses entreprises nationales, compte tenu de sa taille potentielle (Royaume du Maroc 2010).

Cette stratégie marocaine envers les pays d'Afrique subsaharienne suscite des interrogations sur manière dont la coopération Sud-Sud peut devenir une aubaine pour le développement économique et social mutuel.

L'objet de notre article consiste à identifier le potentiel de coopération économique du Maroc avec ces partenaires africains dans le cadre du processus de libre-échange et du système de coopération commerciale entre les deux parties.

Nous voudrions mettre en exergue le bilan des relations du Maroc avec les pays d'Afrique en vue de cerner les contours du positionnement économique du Maroc au sein de ces marchés.

Pour ce faire, nous aborderons, dans un premier temps, le cadre incitatif et réglementaire de cette coopération, puis nous analyserons l'état actuel des relations entre les deux partenaires africains à la lumière de la nouvelle politique du Maroc. Enfin, nous parlerons de l'expérience des entreprises marocaines pionnières en Afrique et finirons par aborder l'avenir de cette relation.

Position du Maroc en Afrique subsaharienne : la diplomatie économique comme levier de la stratégie du Maroc

Les relations entre l'Afrique maghrébine et l'Afrique subsaharienne « remontent à plusieurs siècles. L'espace saharien a longtemps été un espace de communication, de flux migratoires, et d'échanges commerciaux. Ces contacts ont non seulement été économiques, mais aussi intellectuels, artistiques et spirituels » (Alaoui 2010:3). Conforté par son ancrage historique et culturel dans l'Afrique, le Maroc, qui a « entretenu des relations multiséculaires avec l'Afrique noire en raison des routes caravanières qui partaient de son territoire pour rejoindre l'actuelle Afrique de l'Ouest » (*loc. cit.*), se positionne comme un partenaire incontournable et actif dans la coopération avec les pays du continent. Il est par ailleurs un acteur de la promotion des valeurs de solidarité et d'entraide favorisant la réalisation des Objectifs du Millénaire pour le développement (OMD) au niveau africain. En outre, pour les investisseurs dans la région d'Afrique du Nord, le Maroc émerge comme marché « le plus attractif » et « le plus stable politiquement[1] ».

Les accords de coopération entre le Maroc et les pays d'Afrique subsaharienne : gage d'une bonne coopération Sud-Sud

À l'image d'autres pays en développement :

> Le Maroc s'est engagé depuis les années 1980 dans un processus de libéralisation de son commerce extérieur à travers l'adoption d'un certain nombre de mesures encourageant les exportations et libéralisant les importations, via la suppression des listes de produits interdits, ou soumis à des restrictions quantitatives, et la réduction des droits de douane (Royaume du Maroc 2008:3).

Toutefois, ce n'est qu'à partir de 1996 que débute l'intensification des relations de coopération du Maroc avec les pays d'Afrique noire.

Sur le plan politique, la stratégie marocaine s'accompagne de l'implication accrue de l'appareil diplomatique sur le continent, ce dernier comptant 25 représentations diplomatiques en Afrique[2]. La coopération avec les pays africains revêt un caractère pluridimensionnel et cible des domaines aussi variés que le politique, l'économique, le commercial et le social. Sont également à relever les médiations menées par le Royaume pour éviter les conflits et instaurer la paix et la sécurité dans le continent[3].

Par ailleurs, durant la première moitié des années 1990, 150 accords étaient en cours alors qu'en juillet 2003, on en comptait 270 (Antil 2003 :38). Ces accords sont venus enrichir un cadre juridique général de 480[4] accords régissant les relations du Maroc avec une quarantaine de pays. Cette période va être le prélude d'une offensive diplomatico-économique du pays en direction de son voisinage sud et d'une montée en puissance sur les marchés des secteurs bancaires, du transport (Royal Air Maroc), des assurances, du BTP, des télécommunications (Maroc Télécoms), précédés en cela par les Offices nationaux de l'eau potable (ONEP), de l'électricité (ONE), de la formation professionnelle et de la promotion du travail (l'OFPPT), qui développent une politique internationale en raison de leur participation à la politique économique africaine du Maroc.

Par ailleurs, des commissions interétatiques mixtes ont été créées ou réactivées lors de nombreuses visites de délégations officielles. À ce titre, plusieurs actions ont été menées pour promouvoir les relations économiques et commerciales avec les partenaires africains : participation à des foires internationales et des salons, organisation de missions d'hommes d'affaires, notamment les « caravanes à l'export », réalisation d'études de prospection commerciale de certains marchés africains par des bureaux de conseils nationaux marocains au profit des hommes d'affaires (Royaume du Maroc 2008:8).

Aussi le Maroc a-t-il signé avec les pays de l'Union économique et monétaire ouest-africaine (UEMOA)[5] :

> Un accord commercial et d'investissement à Rabat en 2002 après quatre ans de discussions préliminaires. Mais cet accord n'est pas encore entré en vigueur parce que certains États de l'Union considèrent que leurs économies ne sont pas encore prêtes à la concurrence des entreprises marocaines et souhaitent au préalable la mise en place de mécanismes préférentiels en matière de tarifs et de règles.

> De son côté, le Maroc proposait l'entrée des produits industriels provenant de l'UEMOA sans droits de douane et une réduction sur les produits agricoles. En échange, il était demandé aux pays de l'UEMOA d'appliquer une réduction progressive des droits de douane et des taxes d'effet équivalent pour les produits industriels marocains, le taux de droit de douane nul devant intervenir avec un différé de quelques années (Royaume du Maroc 2010:3).

On se reportera à l'annexe, figure 1 : les conventions commerciales et tarifaires entre le Maroc et ses partenaires africains.

En outre, depuis son accession au trône, le roi Mohamed VI privilégie une diplomatie d'influence à l'égard du sud du continent. Lors du premier sommet Afrique – Union européenne en 2000 au Caire, le souverain donnait le signal des nouvelles ambitions du Maroc en Afrique en annonçant, au nom de la coopération Sud-Sud, sa décision d'annuler la dette des pays les moins avancés (PMA) d'Afrique subsaharienne et d'exonérer leurs produits de droits de douane à l'entrée du marché marocain dans le cadre de l'initiative des pays pauvres très endettés (PPTE) :

> En plus des aides urgentes, le Maroc accorde environ 300 millions de dollars par an à ses amis africains au titre de l'aide publique au développement (APD), soit 10 pour cent de la totalité de ses échanges avec l'Afrique (Royaume du Maroc 2010:4).

Au cours de ses visites sur le continent noir[6], le souverain a signé des accords de coopération bilatérale dans les domaines de l'éducation, du tourisme, de l'agriculture, de l'eau, de la recherche, de la santé, de la promotion des investissements… un partenariat orchestré par l'Agence marocaine de coopération internationale (AMCI) et qui balise le terrain pour les entreprises du pays.

Le moins que l'on puisse dire aujourd'hui, c'est que le continent africain occupe désormais une place stratégique dans les choix régionaux du Maroc. Car la place géopolitique qu'occupe ce pays dans la région lui ouvre amplement cette possibilité. Il est le trait d'union entre deux continents : l'Europe et l'Afrique. Dans ce cadre, le ministère marocain du Commerce extérieur organise depuis décembre 2009 la caravane de l'export[7] dans les principales régions d'Afrique. Cette caravane a pour objectif de développer les échanges et l'investissement (B to B) avec ces pays d'Afrique.

Au-delà des biens et services, le Maroc ambitionne de revendre son savoir-faire en matière d'électrification, d'accès à l'eau potable, de construction des barrages, d'infrastructures routières et ferroviaires, de télécommunications et de nouvelles technologies. C'est donc « tout un modèle de développement économique que [le pays] se propose d'exporter sur le continent africain. Il dispose pour cela de trois atouts : la proximité géographique, l'expertise avérée et le coût compétitif » (Royaume du Maroc 2010:8).

Autre stratégie gagnante, le Maroc est un partenaire privilégié de l'Union européenne. Il profite également de sa position de porte de l'Afrique pour exporter son savoir-faire et permettre ainsi à ses partenaires européens d'accéder à un marché, certes miné par les problèmes et le sous-développement, mais qui demeure chargé de potentiel économique. Dans ce cadre, le pays vise à devenir le relais industriel, commercial et financier des multinationales qui convoitent les marchés africains, et sa place stratégique au croisement des routes commerciales attire les investissements directs étrangers (IDE) en nombre croissant. Le port en eau profonde de Tanger Med est, à nos yeux, une preuve éloquente de cette volonté marocaine de faire du pays la plaque tournante, en matière de trafic commercial, de tout le continent africain avec l'Europe et le reste du monde.

Le déploiement de cette véritable diplomatie économique a pour but de consolider le positionnement du Maroc sur les marchés subsahariens, d'informer le secteur privé des opportunités offertes sur le plan bilatéral ou régional dans ces pays et de l'inciter à pénétrer leur tissu économique pour une visibilité accrue au bénéfice, *in fine*, des intérêts du pays en Afrique.

Coopération académique

Dans les années soixante-dix, le Maroc crée les Agences de coopération maroco-mauritanienne d'abord, puis maroco-guinéenne, avant que celles-ci ne donnent lieu, en 1986, à la mise sur pied de l'Agence marocaine de coopération internationale (AMCI). Le but des autorités marocaines est de faire de cette dernière un outil de la politique de coopération que se fixe le gouvernement et qui gère les flux d'étudiants des pays d'Afrique subsaharienne, pour la plupart, boursiers de l'État marocain.

Le nombre total des étudiants africains poursuivant leurs études dans les établissements publics d'enseignement supérieur au titre de l'année académique 2009–2010 avoisine 7 800 étudiants, dont 6 500 boursiers, issus de 42 pays africains. Depuis 1990, plus de 15 000 étudiants ont été formés au Maroc (Alaoui 2010:1). Comme le recommande un rapport du ministère marocain des Finances :

> L'approfondissement de la coopération universitaire et culturelle entre le Maroc et les pays de l'Afrique subsaharienne serait de nature à apporter un enrichissement durable et un rapprochement culturel favorisant le renforcement des liens entre les peuples et à encourager les flux d'investissement et de partenariat (Royaume du Maroc 2010:12).

Il convient de souligner par ailleurs que :

> L'AMCI est de plus en plus sollicitée et engagée dans le domaine de la coopération économique et financière avec les pays partenaires africains. Plusieurs d'entre eux bénéficient ainsi d'une assistance financière destinée à la réalisation de micro-projets à caractère économique et social concernant des secteurs vitaux comme l'éducation, la santé et la petite hydraulique rurale (forage des puits et adductions d'eau). (Alaoui op. cit.:2).

Les enjeux de la coopération économique Maroc-Afrique subsaharienne

Alors que la concurrence s'intensifie sur les marchés du Nord, l'Afrique devient une aire de développement stratégique pour les entreprises marocaines. Si leurs exportations et investissements y décollent, la marge de progression reste énorme. « *L'Afrique subsaharienne est le prolongement géographique et stratégique du Maroc* ». Elle est donc un partenaire incontournable, notamment sur le plan économique, et ce, à court, moyen et long terme. Il importe, en effet, que les opérateurs marocains puissent capitaliser sur l'excellence des relations du Maroc avec plusieurs pays du Sud pour se positionner sur ces marchés émergents qui regorgent de potentiel.

Certes, l'essentiel des échanges du royaume s'effectue encore avec le continent européen, mais la crise de 2008–2009, bien qu'elle n'ait pas directement touché le Maroc, a révélé les effets néfastes de cette trop grande dépendance et la nécessité de diversifier les partenariats internationaux.

Selon le centre marocain de conjoncture (CMC), le continent africain dispose de facteurs endogènes susceptibles d'accélérer sa croissance de manière significative. Le premier facteur a trait à un gigantesque potentiel démographique « conduisant à un processus d'occupation de l'espace et à un mouvement de densification spectaculaire ». Le second facteur est « la hausse des cours des matières premières qui va bénéficier aux pays pétroliers et minéraliers ». En outre, le CMC évoque l'émergence d'une classe moyenne qui commence à atteindre une taille critique et pourrait jouer un rôle social stabilisateur, et contribuer à élargir de manière significative le marché intérieur. Malgré ce tableau patent, le CMC estime que les trajectoires de développement ne sont pas homogènes eu égard à l'instabilité politique et à la mauvaise gouvernance qui règnent dans certaines régions, ainsi qu'à la pression écologique considérable impliquant des menaces sur les ressources naturelles.

Cela étant, l'Afrique est devenue une zone prioritaire en raison de son fort potentiel de croissance. D'ici à 2020, selon un rapport du McKinsey Global Institute[8], 128 millions de ménages y auront un revenu régulier, les dépenses de consommation annuelles tourneront autour de 970 milliards d'euros et le produit intérieur brut passera d'un peu plus de 1 100 milliards d'euros actuellement à environ 1 800 milliards d'euros… Et encore vingt ans plus tard, en 2040, avec 1,1 milliard de personnes en âge de travailler, le continent devrait concentrer une réserve mondiale de main-d'œuvre supérieure à celle de la Chine ou de l'Inde.

Le Maroc attache donc une grande importance à la mise en place de la coopération avec ces pays. Celle-ci constitue :

> Une approche très fiable pour résoudre le problème de l'immigration, faire reculer la préemption d'une explosion démographique à la porte de l'Union européenne et jeter les bases d'un véritable partenariat entre l'Europe et l'Afrique, axé sur la lutte contre la pauvreté, le développement durable et le co-développement (Royaume du Maroc 2006:8).

État des lieux des échanges commerciaux du Maroc avec l'Afrique subsaharienne

Dans un contexte international :

> Marqués par une dynamique particulière des échanges mondiaux, les échanges commerciaux du Maroc avec les pays africains reproduisent les mêmes faiblesses qui caractérisent les relations commerciales entre les pays du Sud. (Royaume du Maroc 2010:4)

À l'exception de l'Afrique du Sud, les principaux fournisseurs africains du Maroc sont le Gabon, le Congo, la République Centrafricaine et la Côte d'Ivoire, tandis que ses principaux marchés à l'export sont le Sénégal, la Guinée Équatoriale et la Côte d'Ivoire.

Le potentiel commercial en Afrique subsaharienne est réel. La part de l'Afrique dans les exportations marocaines est passée de 5,3 pour cent en 2008 à 8 pour cent en 2010, avec un objectif de 20 pour cent d'ici 2018[9]. En 2009, les investissements marocains en Afrique subsaharienne ont dépassé 360 millions de dollars soit environ 60 pour cent des investissements directs étrangers (IDE) du Maroc, contre 270 millions de dollars en 2008. Durant les cinq dernières années, le flux annuel moyen des IDE du Maroc en Afrique a dépassé la moyenne de 2 milliards de DH par an. Ces investissements portent sur un ensemble très diversifié de secteurs, dont les infrastructures, la santé, l'éducation, la finance, les télécoms, les NTIC et l'industrie chimique. D'autre part, un rapport du ministère marocain des Finances sur les relations du Maroc avec les pays de l'Afrique subsaharienne indique une progression soutenue des échanges avec les partenaires africains, notamment entre 1996 et 2006 (Royaume du Maroc 2008). Entre 1990 et 1996, le montant global des échanges commerciaux du Maroc avec les pays d'Afrique subsaharienne n'a pas dépassé 2,2 pour cent de la valeur totale des échanges extérieurs du Maroc sur une moyenne annuelle.

Cette dimension bilatérale est renforcée et complétée par deux axes de coopération : la coopération tripartite et la coopération régionale.

Concernant la coopération tripartite, ce mécanisme novateur consiste à faire bénéficier les pays africains du savoir-faire marocain dans des secteurs de technicité, par des financements bilatéraux ou multilatéraux. Ce mécanisme permet le partage des expériences et le transfert de technologie vers les pays africains. C'est dans ce cadre que le Maroc est engagé avec des pays comme la France, la Belgique, le Japon, ou encore l'Union européenne, la FAO et d'autres agences de développement, pour l'exécution de projets dans des pays africains (P. ex : le Programme spécial pour la sécurité alimentaire engagé au Niger et au Burkina Faso avec la FAO). Concernant la coopération régionale, le Maroc développe une politique de rapprochement avec l'UEMOA et la Communauté économique et monétaire de l'Afrique Centrale, CEMAC[10].

Le dynamisme des marchés africains, qui a attiré dès les années 1990 les investissements des grands groupes marocains du secteur industriel, puis, dans les années 2000, de la finance et des télécommunications, se poursuit et devrait aboutir à un accord de libre-échange (ALE) avec ses partenaires subsahariens (Saint Périer 2011).

L'expérience des entreprises marocaines pionnières en Afrique subsaharienne

Suivant les milliers de commerçants implantés au Sénégal, en Côte d'Ivoire, en Guinée ou au Gabon, des groupes puissants comme Ynna holding, l'ONA, la RAM et les banques prennent de plus en plus le chemin de l'Afrique. La densité des efforts fournis au niveau officiel et politique a permis de faire de l'Afrique une zone d'accueil importante pour les investissements marocains, ce qui pose aujourd'hui le Maroc en deuxième investisseur africain sur le continent, après l'Afrique du Sud, et le porte à la première place pour l'Afrique de l'Ouest.

Ynna Holding

Un des premiers entrepreneurs marocains à avoir tenté l'aventure africaine est probablement Miloud Chaâbi, pionnier en matière d'investissements immobiliers à l'étranger et fondateur de Ynna Holding. En Côte d'Ivoire, le groupe commence son aventure par la mise en place à Abidjan d'une usine de tuyaux PVC, qui emploie un millier de personnes. L'aventure a connu un mauvais tournant après les troubles subis par ce pays11. L'usine a été condamnée à fermer en attendant que la situation revienne à la normale. Le groupe n'en restera pas là puisque sa présence s'étendra à d'autres pays africains comme le Gabon, la Guinée Équatoriale et le Mali. Au Gabon, Ynna Holding s'engage dans un projet ambitieux pour la promotion immobilière accompagnée de l'aménagement de zones de loisirs, touristiques et résidentielles de haut niveau ainsi que de la création de centres commerciaux intégrés. En Guinée Équatoriale, l'installation d'unités de production de matériaux de construction, de conduites pour l'assainissement et l'eau potable sont aussi en projet. Le groupe Chaâbi compte également se lancer dans la réalisation de projets immobiliers, de centres commerciaux et d'unités hôtelières dans les principales villes du pays. Au Mali, plusieurs projets sont à l'étude, notamment une usine de filature de coton, de broyage et de production de ciment. Une ombre vient cependant noircir le tableau de l'expérience africaine de Chaâbi. Un projet immobilier qui a capoté au Sénégal sous la pression de lobbys du pays, et ce, en dépit du fait que Chaâbi ait signé une convention avec l'État sénégalais pour la réalisation de 10 000 unités de logements de haut et moyen standing.

Secteur bancaire : Tendance à l'africanisation des banques nationales marocaines

Gage de stabilité et d'opportunités, la présence effective des fleurons nationaux (les trois plus grandes banques commerciales marocaines, Attijariwafa Bank (AWB), la Banque marocaine du commerce extérieur (BMCE) et la Banque centrale populaire BCP) dans 17 pays africains, essentiellement à travers des filiales agréées, a convaincu nombre de sociétés de se positionner dans leur sillage. Et le défi est aujourd'hui d'y attirer les PME, forces vives de l'économie marocaine et relais important pour le développement des relations économiques entre le Maroc et l'Afrique.

Les opérations de fusion et d'acquisition ont, à leur tour, renforcé la volonté qu'ont les banques marocaines de s'internationaliser. Cette dynamique est également impulsée par les politiques de privatisation et les mesures de déréglementation et de restructuration du secteur bancaire africain, devenu désormais suffisamment rentable pour attirer les banques marocaines.

À noter également qu'Attijariwafa Bank et BMCE Bank sont les premiers groupes à avoir conquis le marché international, en particulier le marché africain, même si le taux de bancarisation dans les pays d'implantation n'excède guère les 15 pour cent en moyenne.

Pour renforcer davantage leurs liens, en matière de contrôle bancaire, d'échange d'informations et d'expertises, la Commission bancaire de l'Afrique Centrale (COBAC) et la Banque des États de l'Afrique Centrale (BEAC) ont signé, lundi 12 septembre 2011 à Rabat, deux conventions de coopération, notamment en matière de supervision et de réglementation bancaire.

Ces conventions s'inscrivent dans le cadre du rapprochement entre les pays des deux zones économiques. Elles visent, d'une part, l'instauration de bonnes pratiques internationales en matière de supervision bancaire, et elles portent d'autre part sur l'échange d'expertises dans les activités des banques centrales, sur la politique monétaire, les ressources humaines, l'audit et la gestion des risques, ainsi que la gestion des réserves.

L'expérience de la Banque marocaine du commerce extérieur (BMCE)

La BMCE Bank a été la première banque marocaine à investir à l'étranger. Elle est présente au sein de 12 pays de l'Union économique et monétaire ouest-africaine (UEMOA) grâce à sa participation au capital de Bank Of Africa (BOA), troisième groupe bancaire de l'UEMOA.

Après avoir débuté par l'achat de 35 pour cent des actions de la banque multinationale en 2007, elle n'a cessé d'augmenter sa participation jusqu'à en prendre le contrôle en août 2010 en la portant à 55 pour cent.

Grâce au réseau BOA, le groupe bancaire s'installe en Afrique de l'Ouest (Sénégal, Mali, Bénin, Côte d'Ivoire, Burkina, Niger) et place aussi ses pions en Afrique de l'Est (Ouganda, Kenya, Tanzanie, Burundi, Madagascar).

Outre le réseau BOA, BMCE opère au Congo-Brazzaville (à travers La Congolaise de banque LCB) et dans la banque d'affaires au Cameroun (BMCE Capital Douala) ainsi qu'en Tunisie (Axis Capital). Elle possède également d'autres filiales, à savoir la Banque de développement du Mali, détenue à hauteur de 27,38 pour cent, qui est une banque leader au Mali et quatrième banque dans l'espace de l'UEMOA, et la Banque congolaise, contrôlée à 25 pour cent par BMCE.

BMCE Bank structure et finance avec des banques internationales plusieurs projets en Afrique, notamment l'aéroport de Dakar et le gazier sénégalais SENSTOCK. BMCE Capital Dakar a réalisé une émission d'emprunt obligataire de 50 millions d'euros pour le compte du Port autonome de Dakar, un développement d'ailleurs encouragé par les bailleurs de fonds. En mai 2008, la BMCE a ainsi obtenu un prêt de 70 millions d'euros de la part de la Société financière internationale (SFI), filiale de la Banque mondiale pour alimenter en devises son expansion en Afrique.

Les filiales internationales de BMCE ont contribué à 8,5 pour cent du résultat net du groupe en 2008 (830,4 millions de dirhams au total).

Attijariwafa Bank (AWB), principal organisme de crédit en Afrique de l'Ouest

Attijariwafa Bank a démarré son expérience continentale en 2005 en Tunisie, en entrant dans le capital de la Banque du Sud (devenue Attijari Tunisie).

En Afrique subsaharienne, le Sénégal est son terrain privilégié : déjà présente depuis 2006 avec sa filiale Attijari Bank Sénégal, elle acquiert, en 2007, 79,15 pour cent de la Compagnie bancaire de l'Afrique Occidentale (CBAO), banque historique du Sénégal, premier groupe bancaire du pays. Elle devient ainsi la plus grande institution bancaire au Sénégal en s'appropriant 29 pour cent du marché avec 49 agences.

Attijariwafa Bank accélère son déploiement régional en Afrique francophone. En novembre 2008, un échange de participations lui permet de reprendre les cinq filiales africaines du Crédit Agricole : Crédit du Congo, Société ivoirienne de banque (SIB), Société camerounaise de banque, Union gabonaise de banque et Crédit du Sénégal, une acquisition qui vient renforcer son dispositif de banque de détail en Tunisie, au Mali, au Sénégal (rachat de 66,67 pour cent du capital de la Banque sénégalo-tunisienne BST).

Cette dernière opération consolide son leadership au Sénégal. Elle lui permet surtout de prendre des positions importantes dans des pays aux secteurs financiers assez dynamiques tels que le Cameroun (Société camerounaise de banques), le Congo-Brazzaville (Crédit du Congo), la Côte d'Ivoire (Société Ivoirienne de Banque) et le Gabon (Union gabonaise de banques).

Attijariwafa Bank arrive en tête des octrois des prêts en Afrique de l'Ouest, selon le quotidien britannique Financial Times du lundi 11 juillet 2011. Selon ce quotidien, Attijariwafa Bank a su profiter des difficultés financières qui handicapent certaines banques européennes présentes en Afrique pour élargir ses opérations dans les pays de l'Afrique centrale et de l'Ouest où le secteur bancaire demeure sous-développé :

> L'élargissement du groupe en a fait le principal organisme de prêts et la plus importante institution financière en termes d'action dans l'ensemble de l'UEMOA. Le groupe possède actuellement 400 agences en Afrique, avec un effectif de 4 000 employés au service d'un million de clients. Ces activités internationales ont rapporté 22 pour cent de ses revenus en 2010.

(Voir annexe II : graphique de la position d'Attijari Wafabank en Afrique).

Plus timide, la Banque centrale populaire (BCP), présente en Guinée et en Centrafrique, a entamé des négociations avec son homologue français, le groupe Banque populaire, pour le rachat de 52,47 pour cent du capital de la Banque internationale du Cameroun pour l'épargne et le crédit (Bicec), première banque camerounaise. La banque publique, qui contrôle depuis plus de 15 ans la deuxième banque en Centrafrique (Banque populaire maroco-centrafricaine) et la Banque populaire maroco-guinéenne, ambitionne de rattraper son retard par rapport à ses consœurs marocaines.

Les banques marocaines n'ont cependant pas le monopole de cette stratégie africaine. Elles font face à la concurrence d'importantes banques en Afrique anglophone, comme la nigériane United Bank of Africa qui a évincé AWB au Burkina Faso lors de la privatisation de la Banque internationale du Burkina.

Secteur des télécoms

Les télécommunications « occupent 25 pour cent de l'encours global des IDE marocains en Afrique » (Royaume du Maroc 2010:9). Dans ce secteur, c'est avant tout Maroc Telecom22 qui étend sa présence dans les pays d'Afrique francophone. L'opérateur profite des appels d'offres lancés par les gouvernements à l'occasion de la privatisation des compagnies historiques des pays. Dès 2001 Maroc Telecom acquiert sa première compagnie africaine en Mauritanie, rachetant 51 pour cent des parts de Mauritel.

Suite à cette première expérience fructueuse, l'opérateur historique marocain relance en 2006 sa campagne d'investissement, il prend le contrôle d'Onatel au Burkina Faso en achetant 51 pour cent de ses parts. L'année suivante, c'est au Gabon qu'on retrouve l'opérateur où l'État gabonais lui cède 51 pour cent des actions de Gabon Telecom. Puis en juillet 2009, toujours à la suite d'un appel d'offres, Maroc Telecom prend le contrôle de la compagnie malienne Sotelma, au terme d'un contrat de 275 millions d'euros qui lui accorde, encore une fois, 51 pour cent du capital.

Malgré les situations difficiles dans lesquelles se trouvent ces compagnies au moment de leur acquisition, la stratégie semble réussir à Maroc Telecom qui ne compte pas s'arrêter en si bon chemin, puisqu'il était en bonne position pour acquérir le contrôle majoritaire de Benin Telecom, n'eût été la réticence du gouvernement béninois qui a vraisemblablement renoncé à la privatisation de l'entreprise.

Par ailleurs, Maroc Télécom a récemment entamé la mise en place d'une ligne de fibres optiques entre Laayoune, Dakhla et Nouadhibou en Mauritanie. Cette ligne s'ajoute à celle qu'il a réalisée entre ces villes et Nouakchott, dans la perspective d'une liaison qui raccordera le Maroc à une vaste zone allant de la Mauritanie, au Mali et au Burkina Faso.

Secteur du transport aérien avec la Royal Air Maroc (RAM) : une aventure périlleuse ?

L'aventure africaine de la RAM débute avec la création d'Air Sénégal International (ASI) en novembre 2000, détenu à raison de 51 pour cent par la RAM et 49 pour cent par l'État du Sénégal. Cette aventure s'est révélée une fructueuse coopération Sud-Sud qui a toutefois fait les frais d'une démarche politique hâtive.

En effet, en octobre 2007, le gouvernement sénégalais, à travers le ministre des Transports aériens, annonçait que son pays injectera entre 30 et 36 millions d'euros dans le capital de la compagnie – qui feront passer à 75 pour cent les parts de l'État du Sénégal et à 25 pour cent celles de la RAM. Quelques mois plus tard, le ministre avait indiqué qu'ASI serait nationalisée « au plus tard le 31 décembre 2008 ». La RAM a alors décidé de demander aux partenaires sénégalais l'établissement d'une feuille de route portant sur le transfert d'ASI à l'État sénégalais dans les meilleures conditions et afin que le retrait de la RAM soit effectif au plus tard le 30 juin 2009. La RAM s'est alors déclarée disposée à partir, à condition de se faire dédommager.

La mésaventure ne décourage pas pour autant la RAM. La compagnie affiche de grandes ambitions pour l'Afrique qui reste sous-desservie. Le continent constitue un bon créneau pour le transporteur national. Celui-ci exporte son savoir-faire en investissant dans de nouvelles compagnies africaines. Dans cette perspective, le groupe a annoncé en décembre 2005 la création d'Air Gabon International, dont il détiendra une part majoritaire (51 %) dans le cadre de ses efforts d'expansion en Afrique centrale. La RAM reproduit ainsi avec Air Gabon International le même schéma que pour ASI, à savoir la constitution d'une joint-venture avec une prépondérance dans le capital. Les négociations avec les autorités gabonaises étaient bien avancées. Toutefois, l'état de santé financier de la compagnie gabonaise étant plus catastrophique que prévu, et suite aux divergences entre les parties gabonaises et marocaines, et aux intérêts parfois divergents des cadres dirigeants gabonais, ce projet n'a pas eu lieu. Une compagnie gabonaise a été lancée.

Des négociations seraient en cours avec le Cameroun. La RAM a répondu à l'appel d'offres pour relancer cette compagnie qui intéresse également l'Afrique du Sud. Les deux grandes exigences de la RAM, à savoir que les États ne se mêlent pas de la gestion de la future compagnie et que les transporteurs nationaux actuels soient dissous, ne risquent pas d'être facilement acceptées.

En août 2006, la RAM a acquis 51 pour cent du capital de la Compagnie mauritanienne. Cette acquisition donnait naissance à la compagnie Air Mauritanie International. Mais cette acquisition a été de courte durée. Au 19 janvier 2008, face au problème qu'elle rencontrait, la compagnie a été mise en liquidation judiciaire par un tribunal de Nouakchott.

Par ailleurs :

> La RAM a signé avec la Communauté économique et monétaire de l'Afrique Centrale (CEMAC) un protocole d'accord sur la création d'une compagnie aérienne sous-régionale, baptisée Air CEMAC. Cette dynamique complète la politique de libéralisation du secteur du transport aérien et d'ouverture du ciel marocain et renforce la volonté des pouvoirs publics de faire du Maroc un passage privilégié entre l'Afrique, d'une part, l'Europe, l'Asie et le Moyen-Orient, d'autre part. (Royaume du Maroc 2010:9)

La compagnie marocaine poursuit l'extension de son réseau africain. Accra est la onzième ville subsaharienne desservie, après Dakar, Abidjan, Bamako, Conakry, Libreville, Niamey, Ouagadougou, Douala, Cotonou et Lomé.

La RAM a renforcé sa présence commerciale en Afrique. Depuis 2007, elle a porté la fréquence de ses vols hebdomadaires de 60 à 70, soit une moyenne quotidienne de 10 vols. À noter également que 30 lignes aériennes sont ouvertes sur le continent ainsi que 15 bureaux de représentation de la compagnie.

Secteur des mines, des énergies et de l'eau

L'Omnium nord-africain (ONA)[12] détient, à travers sa filière MANAGEM[13], plusieurs gisements de minerais en Guinée, au Mali, au Burkina Faso et au Niger.

Si l'ONA se tourne vers l'Afrique pour ses investissements essentiellement miniers, c'est parce que ce continent présente des richesses immenses en matière de métaux qui demeurent inexploités par les opérateurs économiques.

MANAGEM a signé avec le gouvernement gabonais, en 2010, une convention d'exploitation de la mine aurifère de Bakoudou, qui nécessite un investissement de 32 millions de dollars.

Dans le domaine énergétique, l'Office National d'Électricité (ONE) marocain s'est, pour sa part, positionné comme un acteur principal sur le marché de l'électricité en Afrique. Il est actuellement présent dans 15 pays d'Afrique noire[14]. Il a remporté un projet d'électrification durant 25 ans des zones rurales au nord du Sénégal.

Sur le terrain de l'agriculture, c'est l'Office chérifien des phosphates (OCP)[15] qui se prépare à investir le marché africain. Nombre de pays de la région prévoient d'opérer leur « révolution verte ». Et pour développer le rendement des terres cultivées, le besoin en engrais ouvre des perspectives au groupe. En effet, alors que la consommation moyenne mondiale d'engrais atteint 90 kg/ha, la consommation africaine est estimée à 8 kg. À l'occasion de la IIe conférence pour le développement de l'agriculture en Afrique « FMB Africa 2011 », le PDG de l'OCP a présenté sa stratégie pour l'Afrique, qui prévoit une production d'engrais dédiés aux sols africains. Le groupe a d'ores et déjà conclu un contrat avec la firme MEA pour la livraison de 100 000 tonnes annuelles d'engrais au Kenya, soit 25 pour cent de la consommation du pays.

Le Groupe est en train d'établir une cartographie des sols afin de proposer des fertilisants adaptés à chaque région.

Dans le domaine de la gestion de l'eau, l'Office national de l'eau potable (ONEP)[16] développe depuis près de dix ans une stratégie africaine. Son premier exploit à l'international est un contrat de 220 millions de dollars pour l'alimentation en eau potable de Nouakchott (Mauritanie), décroché en octobre 2006. En 2007, il a remporté l'appel d'offres international pour la gestion par affermage de la Société nationale des eaux du Cameroun (SNEC). Il est en rapprochement avec l'Office national de l'électricité (ONE) qui a conclu de nombreux contrats d'électrification, d'assistance technique et de formation dans différents pays d'Afrique centrale et de l'Ouest.

Pour le secteur des infrastructures, le Consortium pour les canalisations, les granulats et les travaux (CCGT) a réalisé en Guinée un projet d'aménagement d'un périmètre agricole pour une enveloppe de 70 millions de dirhams. Au Sénégal, le groupe a remporté l'un des plus grands chantiers publics du pays, à savoir la construction d'une route de 230 kilomètres.

Malgré les difficultés à investir en Afrique subsaharienne, le groupe CCGT réussit à y réaliser des affaires, aussi bien en Guinée (après douze ans de présence dans ce pays) qu'en Sierra Leone et en Guinée-Bissau.

Le groupe Addoha, numéro un marocain de l'immobilier résidentiel (logement social, intermédiaire et de haut standing), compte implanter des cimenteries dans quatre pays au sud du Sahara dans l'objectif de préparer le terrain pour l'arrivée de son groupe, qui va se lancer dans la construction de logements sociaux. Un investissement de 30 millions d'euros, pour une capacité de production de 500 000 tonnes par an, pour chacune des usines. Les travaux de la première usine ont déjà démarré à Abidjan, Côte d'Ivoire, en cette fin 2011.

Les limites du marché africain

Malgré les progrès substantiels réalisés durant les années quatre-vingt-dix, les politiques commerciales de l'Afrique subsaharienne restent relativement protectionnistes. En effet, selon le Fonds monétaire international, les régimes commerciaux en Afrique restent plus restrictifs que ceux d'autres régions. Les droits de douane, variable la plus couramment utilisée pour mesurer le degré de restriction des échanges, sont plus élevés (20 pour cent en moyenne) en Afrique que partout ailleurs (FMI 2006).

Les mesures non tarifaires, comme les certificats d'importation, les contrôles qualité imposés parfois aux importations de manière discriminatoire et la multiplicité des régimes fiscaux entre les pays, sont de nature à augmenter les coûts de transaction afférents aux échanges extérieurs, avec un effet négatif sur la compétitivité des industries nationales et sur le volume des échanges.

Outre les facteurs non tarifaires, des problèmes structurels liés à l'infrastructure des transports limitent l'expansion des relations commerciales entre le Maroc et ses partenaires africains.

Mais force est de reconnaître que la faiblesse des échanges avec cette région s'explique, en grande partie, par le manque d'information au sujet du cadre préférentiel du commerce entre le Maroc et les pays partenaires africains, et la non-adaptation de l'appareil productif national marocain aux spécificités du marché africain. Toutes choses qui empêchent la croissance des échanges malgré l'existence de plusieurs accords commerciaux.

En fin de compte, l'analyse du niveau actuel des échanges entre le Maroc et ses partenaires africains met en relief une reproduction de la réalité qui caractérise les échanges Sud-Sud dans leur ensemble. Pour remédier à la situation, les deux parties sont appelées à résoudre les contraintes institutionnelles, politiques et logistiques qui pèsent sur l'expansion des relations de coopération commerciale.

Bien que l'Afrique subsaharienne soit le nouvel Eldorado des exportateurs marocains, plusieurs opérateurs cherchent sérieusement les moyens de se protéger contre le risque de non-paiement et les exportateurs avisés savent bien que ce risque peut mener à des pertes considérables.

L'avenir des relations entre le Maroc et les pays d'Afrique subsaharienne : dimension sociale

S'il est un aspect qui a souvent été négligé dans les rapports interafricains (accord commercial, accord douanier, accord fiscal…), c'est bien évidemment celui de la coopération sociale, c'est-à-dire l'aide concrète apportée aux populations. Sur cette voie, le Maroc fait un pas en avant à travers les stocks de médicaments qu'il octroie à des pays frères, et la possibilité d'hospitalisation dans les hôpitaux marocains d'un certain nombre de ressortissants d'Afrique subsaharienne. Le secteur privé n'est pas en reste. Ainsi, dans le domaine de l'éducation, les Fondations BMCE Bank et Congo Assistance ont signé en mars 2010, à Casablanca, une convention de partenariat qui porte sur le financement et la construction, par la Fondation

BMCE Bank, d'une école moderne à Oyo (Congo). Cette convention constitue un nouveau jalon dans le renforcement de la coopération entre les deux pays. Ce partenariat sera créateur de valeurs sociétales au bénéfice d'un développement harmonieusement intégré, durable et équitable en Afrique.

À noter également, dans la même lancée, l'implication du souverain marocain en faveur de la suppression de la dette des Pays les Moins Avancés (PMA), de même que la multiplication des programmes de coopération dans les domaines de l'agriculture, de l'hydraulique, les aménagements urbains, les infrastructures, l'éducation…

Le Maroc appuie le programme de sécurité alimentaire en Afrique subsaharienne par le biais de la mise sur pied de projets socio-économiques (pluies artificielles, campagnes de vaccination, envoi d'experts nationaux en hydraulique et en agronomie) et la contribution au financement de la construction d'infrastructures (ligne maritime Casablanca-Nouakchott-Dakar, autoroute Nouadhibou-Nouakchott, modernisation des compagnies aériennes).

Le Maroc traduit concrètement son attachement à la paix et au développement en Afrique. Par ailleurs, il contribue à la mise en œuvre du Programme spécial de la sécurité alimentaire dans les pays d'Afrique au sud du Sahara. Le Maroc, qui compte sur l'appui et le soutien de la FAO à ce programme en tant que structure spécialisée, sollicite une augmentation des moyens qui lui sont alloués, ainsi qu'à la coopération technique, afin de répondre aux besoins urgents des pays désireux de bénéficier de la coopération Sud-Sud.

L'initiative nationale du développement humain INDH32, dont les objectifs cadrent parfaitement avec ceux de l'Alliance internationale contre la faim lancée, encadrée et suivie par la FAO, est une belle initiative marocaine qui peut servir de modèle de développement pour ses partenaires.

L'aide fournie par le Maroc au sud du Sahara se chiffre, comme nous l'avons noté, entre 2 et 3 milliards de dirhams par an, principalement au bénéfice des pays d'Afrique de l'Ouest et d'Afrique centrale. Actuellement, le Maroc enregistre une forte demande de la part de ces derniers en matière de formation des cadres, de contribution au financement, à la conception et à la réalisation d'infrastructures, ainsi que de projets socio-économiques, en particulier en matière d'assainissement, d'approvisionnement en eau et en électricité, de santé et d'agroalimentaire. Dans ces domaines prioritaires, le Maroc s'attache à développer une stratégie de coopération tripartite, qui consiste à canaliser les fonds d'aide mis à disposition dans le cadre de programmes internationaux pour le financement de projets d'infrastructures ou de développement socio-économique dans un ou plusieurs pays africains, et à en confier la maîtrise d'œuvre à des entreprises marocaines (bureaux d'études, entreprises de génie civil, prestataires de services…).

Conclusion

Voyant dans « l'approfondissement des relations économiques le moyen de renouer avec son voisinage africain, le Maroc parvient à mettre sur pied une véritable diplomatie économique associant étroitement les secteurs public et privé » (Alaoui 2010:27).

La dynamique des relations économiques et financières entre le Maroc et les pays de l'Afrique témoigne « de la volonté du Maroc et de son intérêt à rééquilibrer ses relations avec ces partenaires du Sud ». Cet « intérêt croissant » est justifié :

> Autant par la nécessité d'offrir aux investisseurs marocains des marchés alternatifs, qui serviraient de base arrière pour faire face à l'intensité de la concurrence sur les marchés traditionnels, que par la participation effective du capital marocain dans les grands chantiers ouverts en Afrique, dont les retombées ne pourraient qu'être que bénéfiques pour les échanges commerciaux » (Royaume du Maroc 2010:10).

Il est évident que d'importantes opportunités d'exportation et d'investissement existent. Pour qu'elles se concrétisent, il faut que les entreprises marocaines adoptent une stratégie d'adaptation aux marchés africains, notamment en tenant compte de la faiblesse du pouvoir d'achat des consommateurs.

L'exportation ne doit pas seulement être vue comme un échange de marchandises, mais comme du co-développement. Il y va du sens que doivent prendre les relations entre les deux parties, en considération de la dimension sociale.

Notes

1. Le cabinet de consulting américain « Pyramid Research » basé au Massachussetts (nord-est des États-Unis) prévoit que le Royaume va maintenir une « position solide » en comparaison des autres marchés d'Afrique du Nord, du Moyen Moyen-Orient et d'Afrique. « Le Maroc se positionne en tant que marché le plus stable politiquement et, de ce fait, le plus attractif pour les investisseurs dans la région », explique Majd Hosn, analyste chez « Pyramid Research ».
2. Cf. Ministère des Affaires étrangères et de la Coopération du Royaume du Maroc, voir Maec.gov.ma.
3. En 2002, le roi Mohammed VI avait mené une médiation pour le règlement du conflit du Fleuve Mano, entre les chefs d'État de la Guinée, du Libéria et de la Sierra Leone, engagés alors dans une dangereuse escalade qui menaçait la stabilité de la région ; le Maroc est également fortement engagé en faveur de la consolidation de la paix en Afrique, comme en témoigne sa contribution à la gestion des crises, notamment par sa participation dans le cadre de l'ONU aux opérations de maintien de la paix en Somalie, en République Démocratique du Congo (MONUC) et en Côte d'Ivoire (ONUCI).
4. Déclaration du ministre des Affaires étrangères et de la Coopération, Taib Fassi Fihri, au cours d'une cérémonie organisée à Rabat à l'occasion de la Journée mondiale de l'Afrique, mai 2011.

5. Créée en 1994, l'UEMOA regroupe huit pays de l'Afrique de l'Ouest (Bénin, Burkina Faso, Côte d'Ivoire, Guinée Guinée-Bissau, Mali, Niger, Sénégal, Togo) qui ont comme monnaie commune le Franc CFA et qui représentent un marché de plus de 70 millions d'habitants.

6. Dès l'intronisation du Roi Mohammed VI, il y a eu de multiples périples en Afrique noire (21 visites officielles et 13 pays visités de 2001 à 2009).

7. Conscientes de la nécessité d'intensifier les exportations, les autorités ont lancé en 2009 la stratégie « Maroc Export Plus ». Adossée aux ambitieux plans Émergence et Pacte national pour l'émergence industrielle (dit « Émergence II ») et élaborée en 2005 et 2009 pour dynamiser le tissu productif, cette stratégie vise à cibler les secteurs et produits d'exportation prioritaires, à renforcer le Maroc sur ses marchés traditionnels et à en identifier d'autres prometteurs, ainsi qu'à accompagner les acteurs de l'export.

8. Rapport du McKinsey Global Institute, « Lions on the move », juin 2010 : https://www.mckinsey.com/mgi/publications/progress_and_potential_of_african_economies/pdfs/MGI_african_economies_full_report.pdf.

9. Saad Eddine Benabdallah, directeur général de Maroc Export in jeune Afrique : http://www.jeuneafrique.com/Article/ARTJAJA2554p073-076.xml1/interview-exportation-saad-eddine-benabdallah-maroc-exportsaad-eddine-benabdallah.html.

10. La Communauté économique et monétaire de l'Afrique Centrale regroupe 6 pays : Cameroun, Centrafrique, Congo, Gabon, Guinée Équatoriale, Tchad.

11. Depuis le coup d'État militaire de 1999, la Côte d'Ivoire a vécu des événements politiques qui ont plongé le pays dans l'instabilité. En 2002, une tentative de coup d'État manqué contre le président Laurent Gbagbo se transforme en une rébellion. Les élections de 2010 ont mis fin à la crise après plus de quatre mois de bras de fer entre le président sortant, Laurent Gbagbo, et le président élu, Alassane Ouattara, reconnu par la communauté internationale.

12. ONA (Omnium nord-africain) est le premier groupe industriel et financier privé marocain. Il est constitué sous forme de holding investissant dans différents domaines d'activité, dont les mines, l'agroalimentaire, la grande distribution et les services financiers. En 2010, il y a eu la fusion absorption par sa société mère, la Société nationale d'investissement (SNI).

13. MANAGEM est un groupe minier et hydrométallurgique marocain, c'est la filiale du groupe ONA chargée de l'industrie minière ; le groupe produit et commercialise le cobalt, les métaux de base et les dérivés métalliques.

14. L'ONE à l'international, ONE, octobre 2009.

15. Fondé en 1920, le Groupe OCP SA est leader mondial des exportations de phosphates et produits dérivés ; ses activités couvrant l'ensemble de la chaîne de valeur, de l'extraction de la roche de phosphate à la transformation chimique en acide phosphorique et engrais. Première entreprise du Maroc, OCP SA est l'un des moteurs de l'économie du pays. Les phosphates et ses dérivés représentent en 2010 près d'un quart des exportations du Maroc et, approximativement, 3,5 % pour cent du PIB. OCP SA emploie directement plus de 18 000 salariés.

16. L'Office national de l'eau potable (ONEP) est un établissement public marocain, à caractère industriel et commercial. Créé en 1972, l'ONEP assure la planification, la production et la distribution des ressources hydriques du pays.

17. Perspectives économiques régionales : Afrique subsaharienne, FMI, mai 2006.

18. L'Initiative nationale pour le développement humain (INDH), a été lancée par le Roi Mohammed VI en 2005 pour réduire la pauvreté, l'exclusion sociale et la précarité ; elle s'inscrit dans une vision globale du développement pour le pays.

Bibliographie

Antil, A., 2003, *Le royaume du Maroc et sa politique envers l'Afrique subsaharienne*, Institut français des Relations Internationales (IFRI).

Alaoui, Nezha, 2010, Le Maghreb dans son environnement régional et international : la projection économique des pays du Maghreb sur l'Afrique subsaharienne, Institut français des relations internationales.

Alaoui, M'Hammdi Nezha, (MAEC), 2010, « Coopération économique et financière Maroc. Afrique et perspectives de son développement », Rabat, Journée d'Études de l'IRES 20 juillet.

Aqerrout, Hamid, 2005, *Le périple royal en Afrique : impulser la coopération Sud-Sud.*

Barre, Abdelaziz, 1996, La politique marocaine de coopération en Afrique. Essai de bilan », in Abdallah Saâf, *Le Maroc et l'Afrique après l'indépendance*, Rabat, Institut des Études Africaines (IEA), p. 19-56.

Banque de données CHELEM (Comptes harmonisés sur les échanges et l'économie mondiale) http://www.cepii.fr/francgraph/doctravail/resumes/2008/dt08-09. htm

Fonds monétaire international (FMI), 2006 : « Perspectives économiques régionales : Afrique subsaharienne », mai.

Hernández-Catá, E., 2000, *Croissance et investissement en Afrique subsaharienne : Que peut-on faire ?* Finances & Développement.

Hugon, P. (dir.), 2002, « Les priorités de la coopération pour l'Afrique subsaharienne et le nouveau partenariat pour le développement de l'Afrique (NEPAD) », Rapport au Premier ministre (FRANCE. Haut conseil de la coopération internationale).

IFRI Institut français des relations internationales : Centre des Études économiques – ifri.org

Jari, B., 2003, « L'histoire des relations commerciales entre le Maroc et l'Afrique : rôle du commerce transsaharien dans le processus panafricain », Dakar, CODESRIA.

Marfaing, L. & Wippel, S. (dir.), *Les Relations transsahariennes à l'époque contemporaine : un espace en constante mutation*, Paris, Khartala, 2003.

Ministère canadien des Affaires étrangères et du Commerce international, 2004, « Commerce et investissement en Afrique subsaharienne », août .

Mutume, G., 2002, « Stimuler le commerce intra-africain », Afrique relance, septembre.

Mutume, G., 2002, « Ce que Doha signifie pour l'Afrique », Afrique relance, décembre.

Nation unies, Commission économique pour l'Afrique (CEA), 2010 « Aperçu des conditions économiques et sociales en Afrique en 2009 », Lilongwe (Malawi) 25 au 28 mars.

Royaume du Maroc, ministère des Finances et de la Privatisation, direction des Études et des Prévisions financières, 2010, « Point sur les relations du Maroc avec les pays de l'Afrique Subsaharienne ».

Royaume du Maroc, Ministère de l'Économie et des Finances, direction des Études et des Prévisions financières, 2008, « La politique commerciale extérieure du Maroc. Esquisse d'appréciation ».

Royaume du Maroc, ministère des Finances et de la Privatisation, direction des Études et des Prévisions financières, 2006, « Le positionnement économique du Maroc en Afrique – Bilan et perspectives ».

Saâf, Abdallah, 1996, Le Maroc et l'Afrique après l'indépendance, Rabat, Institut des Études Africaines (IEA).

Saint Périer, L. de, 2011, « Le Maroc : objectif Sud », Jeune Afrique, 29 juin. http://www.jeuneafrique.com/191086/archives-thematique/maroc-objectif-sud/

Thiam, Iba Der, 2000, « L'Unité Africaine », conférence donnée à la Cité universitaire de Rabat le 24 novembre.

Site internet visités, domaine économique

L'Agence marocaine de coopération internationale (Amci) : http://www.amci.ma/
Institut des études africaines rabat : http://iea.um5s.ac.ma/
http://www.lavieeco.com
www.jeuneafrique.com
http://www.lematin.ma/
http://www.leconomiste.com/
http://www.lesafriques.com
Ministère des affaires étrangères et de la coopération : http://www.maec.gov.ma/
Ministères des finances et de la privatisation : http://www.finances.gov.ma/
Office des changes : http://www.oc.gov.ma/

Annexes

Annexe I : Conventions commerciales et tarifaires entre le Maroc et ses partenaires africains

Pays	Date signature	Date d'entrée en vigueur	Nature de l'accord	Observations
Sénégal	13-02-1963	13-02-1963	Commercial	Protocole additionnel en 1981
Gabon	17-10-1972	13-10-1974	Commercial	
Niger	07-11-1982	11-03-993	Commercial	
Côte d'Ivoire	22-09-1973	16-12-1980	Commercial et tarifaire	
Nigeria	04-04-1977	05-07-1978	Commercial	
Cameroun	16-04-1987	28-05-1993	Commercial	
Mali	17-09-1987	29-04-2003	Commercial	
Angola	06-10-1988	23-10-1989	Commercial	
Bénin	07-03-1991		Commercial	En cours (Ratification requise)
Burkina Faso	26-06-1996		Commercial	En cours (Ratification requise)
RD du Congo	18-09-1996		Commercial	En cours (Ratification requise)
Tchad	04-12-1997	15-02-2000	commercial et douanier	
Guinée	12-04-1997	09-07-2003	Commercial et tarifaire	
Sénégal	01-03-2002	19-05-2006	non double imposition	

Source : Ministère des Affaires Etrangères et de la Coopération

Annexe II : évolution des échanges entre le Maroc et ses principaux partenaires africains

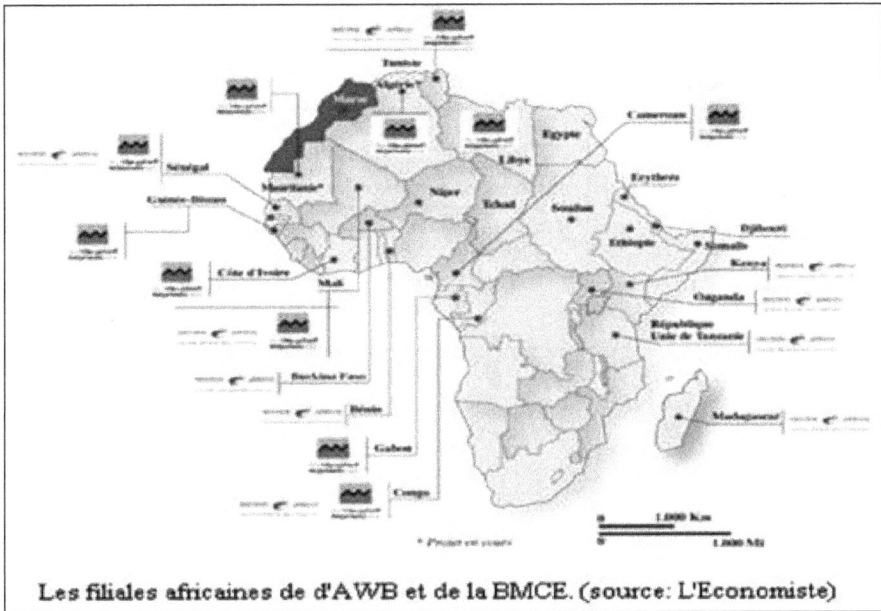

Les filiales africaines de d'AWB et de la BMCE. (source: L'Economiste)

Annexe III : Évolution des échanges entre le Maroc et ses principaux partenaires africains

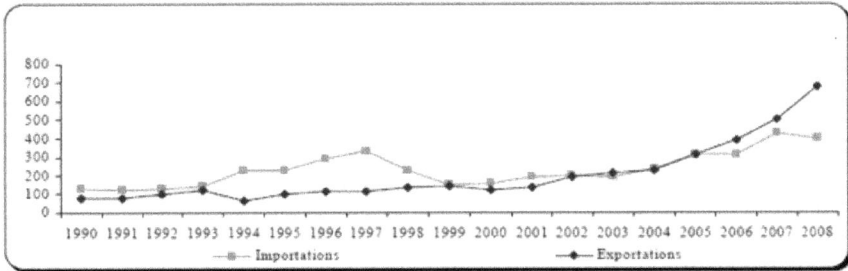

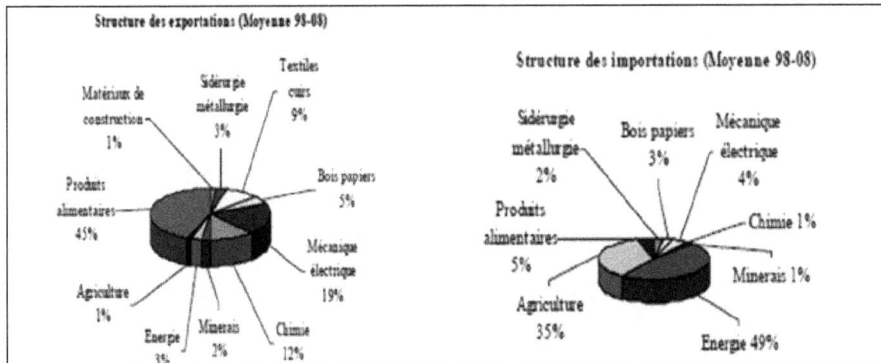

Source : Chelem, calcul DEPF

Annexe IV : Les exportations marocaines en Afrique

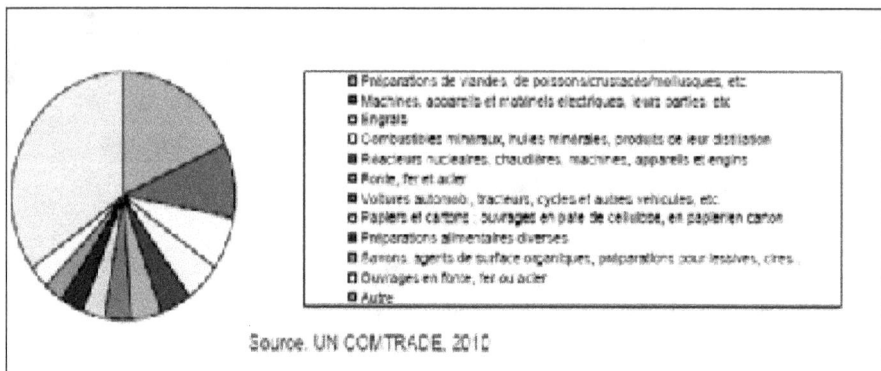

- Préparations de viandes, de poissons/crustacés/mollusques, etc.
- Machines, appareils et matériels électriques, leurs parties, etc.
- Engrais
- Combustibles minéraux, huiles minérales, produits de leur distillation
- Réacteurs nucléaires, chaudières, machines, appareils et engins
- Fonte, fer et acier
- Voitures automob., tracteurs, cycles et autres véhicules, etc.
- Papiers et cartons ; ouvrages en pâte de cellulose, en papier/en carton
- Préparations alimentaires diverses
- Savons, agents de surface organiques, préparations pour lessives, cires
- Ouvrages en fonte, fer ou acier
- Autre

Source: UN COMTRADE, 2010

III

Quelles conditions de reconnexion ?

7

Diaspora et création d'entreprises en Afrique : recherche de facteurs d'incitation environnementale

Louis Ndjetcheu

Introduction : les actions de la diaspora entre incertitude et renouveau

Au début du XXIe siècle, les statistiques des Nations unies montrent qu'environ 3 pour cent de la population mondiale (soit environ 175 millions de personnes) vivent et travaillent en dehors de leur pays d'origine. Avec leurs ascendants, conjoints et descendants qui restent attachés aux pays d'origine des parents, ils forment ce qu'on appelle communément diasporas[1].

Ces diasporas sont aujourd'hui au centre des relations entre les pays du Nord et ceux du Sud. Celles-ci concernent les transferts de fonds[2], la mobilisation des biens matériels, de savoir-faire et de réseaux au profit des pays d'origine. En 2005, l'aide publique au développement se chiffrait à 105 milliards de dollars tandis que les transferts de fonds de la diaspora atteignaient 167 milliards de dollars L'action de ces diasporas a un impact tellement bénéfique sur les conditions de vie (électrification rurale, hydraulique villageoise, soutien financier des familles restées au pays, etc.) de certaines populations dans les pays en développement (PED) qu'elle a mérité une reconnaissance internationale au cours de ces dernières années[3].

Cependant, malgré ce volume important de transfert de fonds et cette reconnaissance internationale, les multiples crises qu'ont connues ces PED ces derniers jours traduisent parfaitement les énormes difficultés que ceux-ci éprouvent sur le plan social. Ces crises ont pour corollaire le chômage massif des jeunes, la baisse drastique ou même la perte du pouvoir d'achat, l'inflation des prix de certains produits de première nécessité. Cette situation paradoxale montre que   la politique actuelle d'intervention de la diaspora est inefficace et incompatible avec les préoccupations de la croissance dans les pays bénéficiaires. Aussi nous conduit-elle à explorer d'autres pistes d'intervention de la diaspora sur le développement et la croissance dans les PED. Quelle logique de partenariat favoriser pour créer une nouvelle dynamique d'intervention de la diaspora qui soit capable d'enrayer les fléaux sociaux qui minent ces PED et qui ont pour nom le chômage, la pauvreté, l'émigration massive de sa population active ? Cet article tente d'apporter une réponse à cette question. Après avoir défini le concept de diaspora, nous essaierons de montrer les limites de l'intervention actuelle de la diaspora sur la croissance des pays du Sud et proposerons de nouvelles pistes et des recommandations en matière de politique de co-développement, en insistant sur la création de PME/PMI et sur la mise en place d'un environnement favorable à l'investissement.

Diaspora : comment la saisir ?

La diaspora africaine désigne les populations africaines, toutes catégories confondues, en exil volontaire ou involontaire, dispersées aujourd'hui dans les quatre coins du monde et qui y travaillent, vivent ou survivent tant bien que mal. Cette diaspora a tendance à s'organiser sur la base du pays ou de la localité d'origine. Dès lors, se développe parmi ses membres une « culture d'émigré » dont les valeurs fondamentales sont l'importance de la communauté d'appartenance, les ambitions de réussite pour soi-même et pour sa progéniture, l'esprit d'initiative, la propension à épargner, l'esprit de solidarité du groupe, etc. Afin de proposer, dans cette section, le rôle de la diaspora, nous commencerons par relater le cadre théorique, en tant que fondement de notre analyse. Ensuite, nous présenterons l'émergence de la diaspora africaine et, enfin, nous décrirons les implications actuelles des interventions de la diaspora sur les économies africaines.

L'analyse de la diaspora ; quel ancrage théorique ?

L'étude de la diaspora est récente dans les recherches en sciences sociales. Certains auteurs situent son apparition au cours des années quatre-vingt (Tchouassi 2005). Avant cette période, ce concept n'était pas un champ de recherche privilégié des universitaires du fait de la vision trop étriquée qui l'appariait simplement à la migration juive[4].

De par son caractère protéiforme et/ou multiforme, le concept de diaspora perd en outre toute validité scientifique lorsqu'il désigne tout phénomène migratoire caractérisé par la dispersion de populations originaires d'un espace national dans plusieurs pays d'accueil (Médam 1993). L'intérêt des chercheurs pour l'étude de la diaspora remonte à l'étude de Sheffer (1986) qui montre l'existence de diasporas plus anciennes que celle des Juifs[5] et conclut, par conséquent, qu'il serait erroné de considérer que le terme diaspora ne peut s'appliquer qu'à la dispersion des Juifs. Cette recherche anglo-saxonne a donné un coup d'accélérateur à l'analyse de ce phénomène dans les pays en voie de développement, d'autant que la période coïncide avec la mise en application dans ces pays de la politique du Programme d'ajustement structurel (PAS), dont les conséquences néfastes ont été les multiples liquidations et/ou privatisation des entreprises publiques, les compressions massives dans les secteurs publics et privés, la baisse drastique du pouvoir d'achat, les crises politiques et sociales… L'ampleur de la migration des populations qui en a résulté a été telle qu'aucun pays au sud du Sahara n'échappe aujourd'hui à ce phénomène, raison pour laquelle certains pays du Nord ont d'abord considéré la migration comme une menace à leur économie. Les politiques anti-migration ou le concept de migration choisie participent de cette option. Plus tard, certains organismes internationaux reconnaîtront que les migrants sont des acteurs économiques dans le développement de leur pays d'origine et des pays d'accueil.

D'une manière générale, la recherche de l'impact des interventions de la diaspora semble pouvoir prendre appui sur le corps théorique des « 5 T », développé par Orozco (cité par Muteta 2005). Pour cet auteur, les interventions de la diaspora peuvent être analysées sous l'angle de cinq variables essentielles : Transfers ; Tourism ; Transport ; Télécommunication ; Nostalgic Trade[6].

En somme, la théorisation du concept de diaspora dans les recherches en sciences sociales, l'intégration du concept de diaspora dans les politiques de certains pays et organismes internationaux et l'existence d'un cadre de référence prenant en considération les intérêts de toutes les parties prenantes constituent les fondements de notre cadre théorique de base. En donnant une reconnaissance scientifique à ce concept, les différents facteurs décrits précédemment nous permettent de mieux circonscrire l'émergence d'un tel phénomène en Afrique.

L'émergence du phénomène de la diaspora en Afrique

De tout temps, le monde a connu le phénomène de l'immigration. Mais le phénomène migratoire compte parmi les grandes questions qui jalonnent le XXIe siècle. En Afrique, ce n'est qu'avec les multiples crises politiques et économiques des années quatre-vingt qu'il devient véritablement une problématique publique. Cette problématique s'est accentuée avec le printemps arabe de 2011. En effet, ces crises entraînent d'énormes difficultés sur le plan social, notamment les emprisonnements politiques, la baisse du pouvoir d'achat, la montée du chômage, etc. Ainsi, la jeunesse du Sud voit le Nord comme un Eldorado capable d'apporter une solution à ses nombreux problèmes.

Cette décision de migrer de la part de la population africaine n'est pas totalement rationnelle en ce sens qu'elle n'est pas la résultante d'une pondération exacte entre les avantages et les inconvénients de la migration. Ce processus de migration est aussi bien guidé par les croyances, les aspirations personnelles, les rumeurs, les illusions et les stéréotypes. L'attrait de l'inconnu, le côté aventureux de la migration entrent aussi en ligne de compte parmi les facteurs qui influencent les décisions de migrer. Ce phénomène prend de l'ampleur dans les économies africaines, comme le montre le tableau 1 ci-dessous.

Tableau 7.1 : Répartition des émigrés par pays en Afrique de l'Ouest en 2004

Pays	Population	Émigrés	Pourcentage
Bénin	5 200 000	104 000	2
Burkina Faso	12 800 000	128 000	1
Cap-Vert	500 000	320 000	64
Côte d'Ivoire	17 900 000	716 000	4
Gambie	1 500 000	105 000	7
Guinée	9 200 000	184 000	2
Sénégal	11 500 000	1 150 000	1
Togo	8 200 000	164 000	2
Ghana	21 700 000	1 519 000	7
Mauritanie	3 000 000	120 000	4
Mali	13 100 000	393 000	3
Nigeria	129 000 000	2 580 000	2
Niger	13 500 000	67 500	5

Source : Conçu par l'auteur à partir des données de la Banque mondiale, CSAO et OCDE 2006

En définitive, on pourrait dire que le processus migratoire débute par une impulsion[7] qui se traduit par différentes étapes de voyages, une entrée par des moyens réguliers ou irréguliers, une installation et/ou un retour, une intégration, d'où, notamment, l'apport possible de la diaspora au développement économique du pays d'origine. L'analyse de cet apport fera l'objet des développements qui suivent.

Les implications actuelles des interventions de la diaspora sur les économies africaines

Chaque diaspora a des spécificités qu'il faut identifier pour pouvoir créer un lien productif entre elle et son pays d'origine. Qui sont les migrants investisseurs et qu'est-ce qui les incite à investir dans leurs pays d'origine ? Quel est l'impact de leur intervention actuelle sur le développement et la croissance dans leurs pays d'origine ?

Profil du migrant investisseur dans le pays d'origine

La migration ne prédispose pas au transfert de fonds. Les transferts de la diaspora vers les pays d'origine ne peuvent qu'être le fruit d'une multitude de causes. La décision d'investir dans le pays d'origine est étroitement liée à l'itinéraire de la migration. Le bien-être du migrant dans le pays d'accueil aurait une influence directe sur ses capacités et ses démarches en faveur du pays d'origine. Sa contribution au développement du pays d'accueil peut être renforcée par les investissements rentables réalisés dans le pays d'origine. La mise en œuvre de toutes ces actions suppose que le migrant dispose de ressources financières suffisantes pour entretenir des relations dans les deux espaces géographiques et qu'il ait aussi la possibilité de voyager entre le pays d'accueil et le pays d'origine[8]. En effet, la théorie économique classique montre que le revenu d'un agent économique comprend deux composantes principales : la consommation et l'épargne. En faisant une transposition dans le comportement d'un migrant, on retrouve :

- la consommation dans le pays d'accueil ;
- et l'épargne brute qui se subdivise en épargne dans le pays d'accueil (il s'agit des cotisations dans une ou plusieurs associations de migrants, de remboursement de dettes contractées, des investissements, comptes d'épargne dans les institutions financières, etc.) et transferts vers le pays d'origine.

Le graphique 1 ci-dessous traduit fidèlement les différentes rubriques constitutives du revenu des migrants.

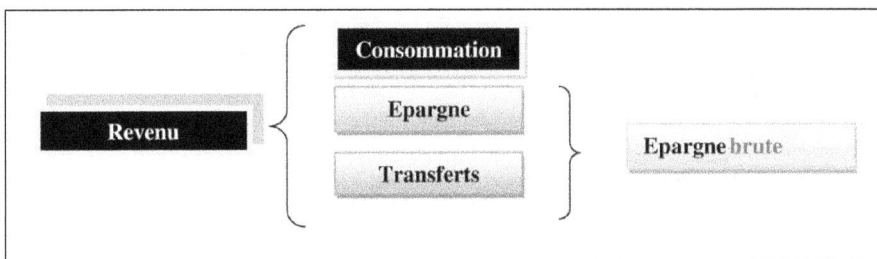

Graphique 7.1 : Répartition du revenu du migrant en fonction de l'emploi
Source : Conçu par l'auteur

Les résultats des recherches montrent que les transferts peuvent être regroupés en deux grandes catégories. C'est ainsi que l'on distingue les transferts destinés à la consommation familiale des bénéficiaires, principalement les dépenses d'alimentation, de santé, d'éducation et les dépenses liées aux cérémonies religieuses et collectives, de ceux correspondant à une épargne individuelle ou destinés à l'investissement dans des activités économiques ou dans l'immobilier dans le pays d'origine. En effet, selon les résultats d'une étude menée par la Banque africaine de développement (voir tableau 2), il ressort que les transferts de fonds à des fins de consommation représentent 60 à 85 pour cent du volume et, d'autre part, qu'il existe une forte corrélation entre le niveau de qualification, l'âge des migrants et l'utilisation des fonds transférés. Les migrants d'une catégorie socioprofessionnelle inférieure transfèrent de 10 à 15 pour cent de leurs revenus (soit entre 100 et 160 euros par mois et par migrant), au titre de l'appui à la consommation des familles bénéficiaires dans le pays d'origine.

Tableau 7.2 : Sommes transférées annuellement selon le statut socioprofessionnel vers certains pays africains à partir de la France (chiffres en millions d'euros)

Catégories socioprofessionnelles	Montant
Retraités	5 292
Cadres	8 286
Professions libérales	4 131
Employés à faible qualification	3 303
Chômeurs et précaires	2 020
Étudiants	700

Source : Enquête BAD 2007 en France

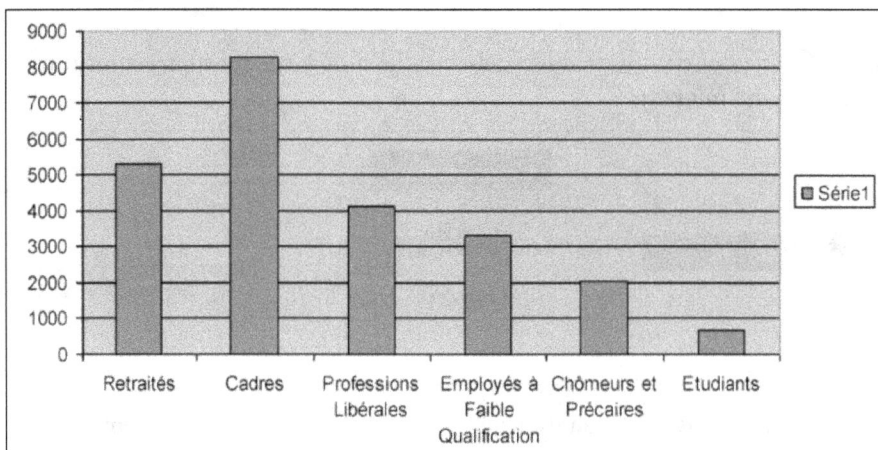

Graphique 7.2 : Transferts par catégorie socioprofessionnelle

Plusieurs causes expliquent ce comportement : les réponses aux pressions familiales, le remboursement des dépenses consenties par la famille pour financer le déplacement du migrant, l'augmentation du bien-être de la famille par l'octroi d'un revenu complémentaire, l'assurance de la survie des parents en âge avancé, la préparation de son retour au pays d'origine, l'intérêt personnel dans la mesure où le migrant cherche à conserver de bons rapports avec sa famille afin de bénéficier de toutes les opportunités qui peuvent se présenter, notamment le droit à l'héritage.

De même, la part des fonds consacrés à l'immobilier et au secteur productif dans le volume des transferts augmente lorsque l'âge du migrant se situe au-dessus de 40 ans. En revanche, les migrants les plus qualifiés ou les mieux rémunérés consacrent l'essentiel de leurs transferts à l'investissement dans leur pays d'origine. En effet, les migrants des catégories socioprofessionnelles supérieures sont moins réactifs à la pression sociale de leurs parents restés dans leurs pays d'origine et recherchent davantage leur bien-être individuel. Actuellement, leurs transferts sont surtout orientés dans les projets immobiliers locatifs ou destinés à la vente, et dans le commerce, comme le montre le tableau 3 ci-dessous. Cette catégorie de migrants possède les plus importantes capacités d'épargne.

Tableau 7.3 : Affectation des transferts de fonds par secteur (en pourcentage)

Secteur	Pourcentage
Agriculture	1
Commerce	7
Service	3
Immobilier	18
Pas de projet	71

Source : Enquête BAD 2007 en France

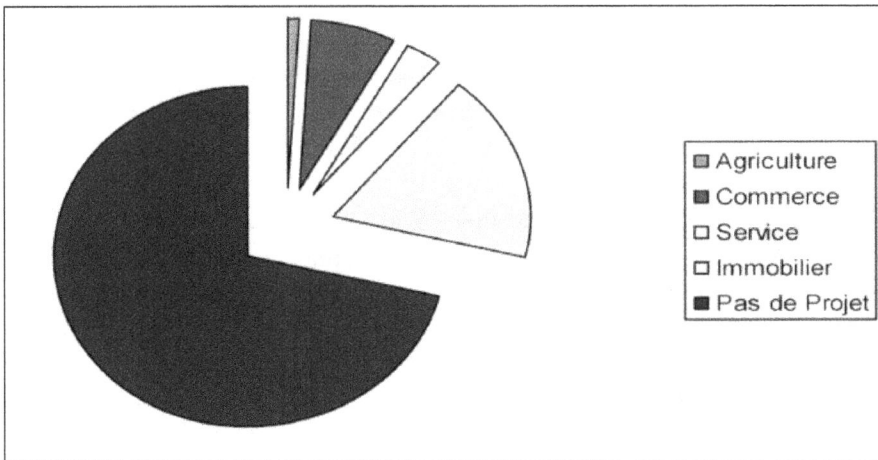

Graphique 7.3 : Affectation des transferts par secteur

Il ressort clairement du Tableau 3 que 71 pour cent des sommes transférées ne sont orientées vers aucun projet d'investissement productif et rentable. Ces transferts financent en grande partie la consommation finale des ménages et le financement des infrastructures collectives telles que la construction des écoles, des centres de santé, des bornes-fontaines, des points d'eau potable, de l'électrification villageoise. Ce type d'investissement, qui occasionne pourtant une amélioration sensible des conditions de vie des populations bénéficiaires, n'enclenche pas la croissance avec ses effets redistributifs en termes d'emplois créés, de distribution ou d'accroissement de pouvoir d'achat, etc.

Cette présentation du profil du migrant investisseur individuel s'accompagne aussi d'une évolution du mode d'exercice du transfert de fonds. La considération du migrant ne se fait plus sous un angle individuel, comme c'était le cas jusqu'à présent. L'établissement de projets communs devient le moyen d'une nouvelle forme de transferts de fonds. À cet effet, les migrants de la même communauté d'origine ou du même pays d'origine se regroupent en associations. C'est le cas de IDEAL autour duquel s'organisent les Africains de la diaspora pour réfléchir sur les problématiques du développement de leur continent en maintenant des liens qui peuvent être sociaux, culturels, politiques, religieux ou économiques, ou favoriser la politique de jumelage entre les villes du Nord et celles du Sud. Dès lors, les transferts peuvent être réalisés pour des objectifs sociaux, économiques, collectifs ou une combinaison de ces facteurs. Les objectifs sociaux se rapportent aux activités non productives et non créatrices de richesse telles que la consommation, la migration des autres membres de la famille[9], l'éducation, les soins de santé, l'achat de terrains, la construction. Les objectifs économiques reposent sur la création d'activités économiques génératrices de revenus.

Globalement, les Africains de la diaspora contribuent, pour une part non considérable, à l'effort de développement du continent africain. Une étude des Nations unies montre que de 1970 à 1995, l'apport de la diaspora africaine est passé de 2 milliards de dollars US à plus de 70 milliards, soit une augmentation de l'ordre de 272 pour cent en vingt-cinq ans. Ce volume de transfert est de loin supérieur à l'aide publique au développement reçue par tous les pays du tiers monde[10].

En somme, il ressort de cette analyse que le phénomène de transferts de fonds de la diaspora est une dynamique qui génère d'importantes sommes d'argent. Mais cette manne financière ne profite pas judicieusement aux pays africains.

Ainsi, malgré cet important effort d'intervention de la diaspora, le cliché qu'offrent la plupart des pays africains au sud du Sahara est celui de la pauvreté, du chômage massif des jeunes, des « boat people » qui succombent en pleine mer sur des pirogues de fortune ou qui échouent sur les barbelés de fer aux portes de l'Europe à la recherche d'un paradis réel ou chimérique en Occident. Le système actuel de transferts de fonds de la diaspora présente encore des limites dont il est intéressant de relever quelques-unes dans le cadre de cette étude.

Les limites des transferts de la diaspora sur le développement des pays africains

La nature des transferts de fonds entre la diaspora et le pays d'origine peut être une source de réussite ou d'échec de la politique de développement des migrants.

Cette réalité reste vérifiée lorsque l'on s'appuie sur le bilan actuel de l'intervention de la diaspora en Afrique en général et au Cameroun en particulier. À cet égard, trois constats peuvent être tirés de l'analyse précédente.

Lorsque l'on considère les différents impacts des transferts financiers sur le développement, il apparaît clairement que malgré le volume important des transferts, l'effet de redistribution n'est pas assuré, car c'est dans les investissements non productifs sociaux que ces transferts sont généralement orientés. On note d'abord une orientation quasi exclusive des investissements de la diaspora vers les secteurs de l'immobilier et de la consommation des ménages. Des domaines qui ne créent pas d'emplois directs et ne génèrent pas non plus une plus-value pour l'économie nationale. Le système actuel de transfert de fonds aux familles restées au pays n'aide pas les économies bénéficiaires. Il traduit plutôt la vision misérabiliste des pays africains et rend leur population encore plus dépendante[11].

On relève ensuite, la faiblesse de la part consacrée aux investissements productifs ou activités génératrices de revenus et le type d'investissement en question avec une orientation quasi exclusive des investissements des migrants vers les secteurs de l'immobilier et du commerce. Des créneaux qui ne créent pas d'emplois et ne génèrent pas non plus une plus-value pour l'économie nationale, sinon d'une manière marginale. Il ressort du tableau 3 qu'un faible montant de transferts est consacré à l'investissement productif (soit moins de 10 pour cent). Cette situation s'explique soit par la capacité limitée d'entreprendre et de gérer des activités productives des populations bénéficiaires, soit par le manque de confiance des migrants (à tort ou à raison selon les cas) dans les structures intermédiaires. Ces deux facteurs expliquent en grande partie les difficultés rencontrées par les actions visant à développer l'investissement productif à partir de la diaspora entreprises par les gouvernements de certains pays africains (Sénégal, Togo, République Démocratique du Congo, etc.).

Enfin, on relève la faiblesse des statistiques relatives au volume publié des transferts de fonds de la diaspora. Les résultats des recherches montrent que les volumes transférés sont en réalité bien plus élevés que les estimations qui sont faites actuellement. Cela s'explique par le poids considérable de l'informel encore mal appréhendé.

Ainsi, en dehors de la satisfaction des besoins de leurs familles restées au pays, les économies nationales n'en tirent presque pas d'effets d'entraînement. C'est en ce sens que la Banque mondiale et le Fonds monétaire international (FMI) pensent que, si les transferts étaient bien conduits, ils pourraient non seulement aider à réduire la pauvreté, mais aussi faciliter l'intégration d'une bonne partie de ce flux dans l'économie formelle.

En définitive, la misère des populations africaines fait que la prise en compte des questions sociales devient de plus en plus un défi qu'il faut relever. Dès lors, en se fondant sur les variables qui sous-tendent les questions sociales, à savoir l'éradication de la pauvreté, la réduction du chômage, la création d'emploi, l'accroissement du pouvoir d'achat, nous pensons que la réorientation de l'intervention de la diaspora vers la réalisation des investissements productifs pourrait permettre à l'Afrique de ne pas rester sur le quai de la gare où le train de la mondialisation embarque tous ceux qui voudraient bien non seulement prendre le ticket, mais accéder à bord du train, avec ou sans place assise. Il est donc intéressant de voir si le passage aux investissements productifs dans le cadre de création de PME/PMI peut donner des résultats satisfaisants sur le plan de la croissance économique et de la résolution des fléaux sociaux cités plus haut.

Quelles stratégies pour une implication optimale de la diaspora dans le développement des pays africains ?

Depuis la chute du mur de Berlin avec ses conséquences sur le volume de l'aide publique au développement, il faut redéfinir la problématique de développement des pays africains et les solutions à lui apporter. Face à la proportion considérable des transferts de fonds tant par rapport au PIB qu'à l'aide publique au développement de la plupart des pays africains, l'espoir de développement de l'Afrique doit reposer sur les épaules de la diaspora dès lors que leur appartenance peut les pousser à être plus sensibles aux problèmes de leurs pays d'origine que les organismes internationaux de financement.

Les pays africains doivent mener des réflexions touchant aux moyens de transformer les membres de la diaspora en une classe spéciale d'investisseurs. Une des pistes d'orientation majeure semble être celle de la création des PME/PMI. En effet, des recherches empiriques ont montré que les PME constituent un pôle de croissance économique par son volet de création d'emplois, de richesses et de solution aux épineux problèmes de chômage et de la pauvreté. Toutefois, il est admis que la migration ne prédispose pas à l'entreprenariat. Leur adhésion à cette nouvelle stratégie demande une réelle volonté politique et des conditions environnementales favorables à l'investissement.

Diaspora et création des PME/PMI : les nouveaux enjeux de leur intervention

Le chômage constitue un des principaux facteurs d'exclusion sociale et une des causes majeures de la pauvreté en Afrique. En conséquence, la lutte contre le sous-emploi devrait devenir une priorité pour ces pays. Dans cette optique, différentes mesures ont été adoptées, mais qui sont demeurées inefficaces sur la croissance[12]. Face à la faiblesse des résultats obtenus, se profile la solution de la création des PME/PMI pour les pays africains.

Il faut noter que la création d'entreprises a toujours été le maillon faible des politiques de co-développement. Les résultats antérieurs en la matière se sont soldés par un niveau très élevé d'échecs dus principalement à une mauvaise identification des porteurs de projet et à un environnement moins incitatif. En effet, tous les migrants ne disposent pas de réflexes de créateurs d'entreprises. Ce constat est renforcé par le fait qu'il est encore plus difficile d'entreprendre à distance, dans un pays qu'on a souvent quitté depuis plus de dix ans, et où les réalités et contraintes quotidiennes des entreprises ont forcément changé.

En matière d'entreprenariat, les stratégies élitistes sont généralement payantes. Partant du constat que certains migrants réussissent à entreprendre dans leurs pays d'accueil, parfois de façon spectaculaire, nous proposons une stratégie qui consisterait non pas à vouloir faire de tous les migrants des entrepreneurs potentiels, mais à concentrer les efforts sur les personnes capables de porter un véritable projet d'entreprenariat, disposant de capacité technique, de gestion, des qualités humaines, d'un capital et d'un réseau professionnel minimum. Les connaissances et les compétences acquises par ces membres de la diaspora peuvent se révéler des atouts qui, capitalisés et soutenus, contribueraient efficacement au processus du développement de leurs pays d'origine.

Les recherches académiques montrent que la création d'emplois est surtout le fait de l'émergence de nouvelles entreprises (Guyot et Van Rompay 2002). Au regard des potentialités que représente le volume de transferts de fonds de la diaspora et aux limites relevées précédemment, les gouvernements des pays africains devraient informer et sensibiliser les migrants sur les opportunités d'investissement et de partenariat dans leur pays d'origine et solliciter leur implication dans la création des PME/PMI. Dans ce cadre, la PME constitue un vecteur, d'une part, de valorisation des ressources locales et de satisfaction des besoins des populations locales et étrangères et, d'autre part, de création d'emplois dans la mesure où elles sont des unités à très faible intensité capitalistique. Des secteurs comme l'agroalimentaire, le tourisme, la pêche, les produits de rente (cacao, café, coton, bois, etc.), non pas en produits bruts exportés, mais transformés, peuvent servir de pistes pour développer et/ou créer des PME afin de profiter au mieux des avantages de la coopération internationale. Leur forte expérience accumulée sur les marchés du Nord est un atout pour relever le défi des normes internationales rigoureuses de sécurité alimentaire mises en œuvre dans les marchés des pays développés, notamment l'exigence de traçabilité, de normes sanitaires et de qualité.

La marche inéluctable de la mondialisation de l'économie commande à l'Afrique beaucoup de clairvoyance pour profiter des bonnes opportunités à temps. Contrairement aux institutions de Bretton Woods dont les conditionnalités à travers le Programme d'ajustement structurel ont accentué la paupérisation des populations, l'African Growth and Opportunity Act[13] (AGOA) et l'Accord de partenariat économique (APE) semblent être des portes ouvertes à l'investissement et à l'emploi. En effet, la problématique de l'intégration régionale en Afrique[14] et la faiblesse du pouvoir d'achat ne peuvent aider à bâtir des marchés où les concepts d'économie d'échelle, de retour d'investissement auraient un sens réel et stimuleraient la croissance économique et la création de l'emploi. Les pays africains sont-ils prêts à saisir cette opportunité ? Ce n'est pas le cas pour de nombreux pays qui souffrent encore des contraintes liées à la faiblesse de l'environnement des affaires, de lourdeurs administratives, de comportement de corruption généralisée, d'une forte pression fiscale, etc. C'est d'ailleurs en ce sens que Covin et Slevin (1989) pensent qu'un environnement hostile est dangereux pour la PME. Le nouveau défi du développement est donc d'encourager l'investissement productif de la diaspora en créant un environnement institutionnel et fiscal incitatif.

La mise en place d'un environnement favorable à la mobilisation de la diaspora pour l'entreprenariat

C'est face à la montée en puissance des capitaux oisifs de la diaspora que la question de leur mobilisation et de leur orientation vers des investissements productifs se pose aujourd'hui dans la problématique de développement des pays africains. Dès lors, la grande difficulté que rencontre cette diaspora vient d'abord de l'absence de structures de contact qui lui permettrait d'entretenir un dialogue franc avec les autorités des pays d'origine afin que celles-ci puissent mettre à disposition un environnement institutionnel et fiscal incitatif propice à l'éclosion d'un entrepreneuriat des migrants en Afrique.

Création d'un environnement favorable à la mobilisation de la diaspora pour l'entreprenariat.

En se référant au processus entrepreneurial d'Hernandez (1999), il convient de recentrer la stratégie des pouvoirs publics africains sur la personne du migrant et l'opportunité d'affaires qu'offre l'environnement. Pour cela, le modèle de mobilisation des migrants devra reposer sur trois phases, comme le retrace le graphique 4.

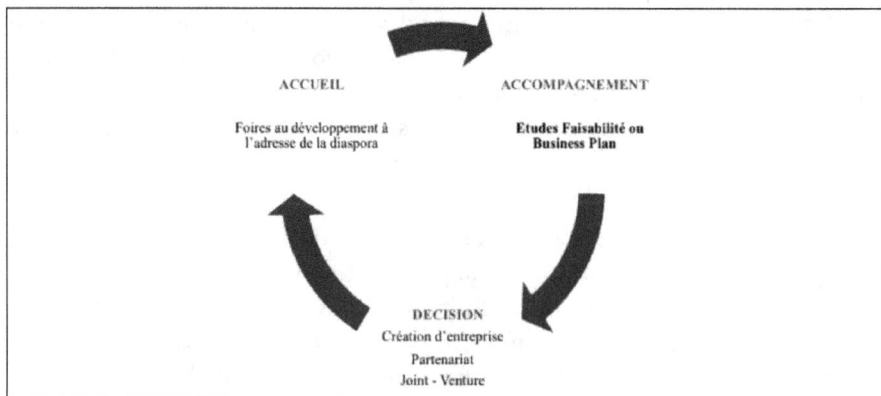

Graphique 7.4 : Les techniques de mobilisation et de création de l'intention entrepreneuriale aux migrants africains
Source : Conçu par l'auteur

Phase 1 : Accueil des migrants

L'organisation des foires au développement est une occasion pour sensibiliser les migrants sur l'option prise par les pouvoirs publics africains d'intégrer l'entrepreneuriat de la diaspora dans leur schéma de développement. Ces foires leur donnent l'information nécessaire pour comprendre plus ou moins ce qu'est la création d'entreprise. Ils peuvent ensuite mener une réflexion stratégique au regard de leurs potentialités intellectuelles et financières. Il faut noter, pour le regretter, que certains pays africains accusent encore un retard dans l'organisation de sa diaspora. La création de structures propres pour gérer cette diaspora peut marquer le début d'une réelle volonté politique d'associer la diaspora au développement des pays africains. Cette structure aura en charge, entre autres, l'élargissement du droit de vote aux Africains de la diaspora, l'amélioration des systèmes bancaires pour faciliter les transferts de fonds et d'octroi de crédit, l'établissement de la double nationalité, l'organisation de « Foire au développement » pour favoriser la promotion des projets d'investissement de la diaspora, saisir les opportunités présentes dans les organisations internationales et ayant trait aux aides et aux appuis de l'entreprenariat des migrants dans leurs pays d'origine.

Phase 2 : Accompagnement

C'est pendant cette phase que sont réalisées l'étude de marché et l'élaboration du business plan.

Phase 3 : Décision

C'est le démarrage réel de l'activité. Les procédures administratives, juridiques, fiscales sont déclenchées. Le migrant choisit sa forme d'intervention dans l'entrepreneuriat en Afrique. Il peut :

- créer sa propre entreprise ;
- opérer en joint venture ;
- prendre des participations dans les entreprises existantes.

Sur les deux derniers points, le carnet d'adresses du migrant et la qualité de son réseau relationnel sont une condition importante de sa réussite (Verstraete et Saporta 2006). À cet égard, l'entrepreneur n'est plus perçu comme le fruit d'une détermination culturelle, mais comme « encastré ». Szarka (1990) définit trois types de réseaux de relations sociales dans lesquels le créateur d'entreprise est encastré : le réseau personnel (contact avec la famille, les amis, les connaissances…), le réseau commercial (les organisations avec lesquelles le migrant effectue des transactions commerciales), le réseau de communication (consultants, institutions locales, etc.). Julien et Lachance (2006) ajoutent le réseau social, qui facilite l'insertion de l'entreprise créée dans son environnement. Ces réseaux permettent d'avoir de multiples contacts pour créer des joint-ventures ou faire des prises de participation dans les entreprises, ce qui limite les risques liés à la création d'entreprise. En définitive, les formes d'intervention possible de la diaspora à la politique entrepreneuriale des pays africains peuvent donc s'opérer selon les trois stratégies suivantes :

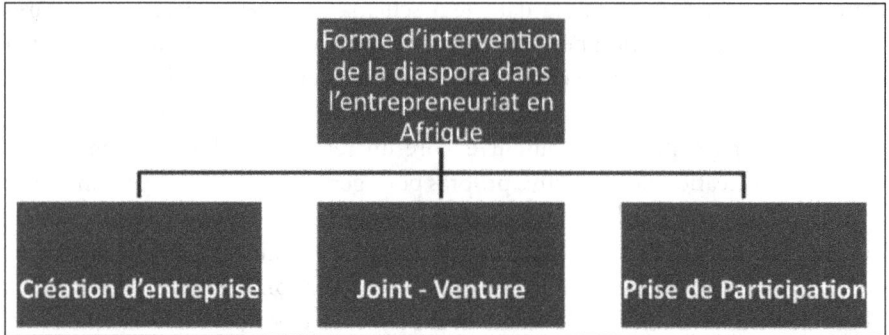

Graphique 7.5 : Les formes possibles de l'intervention de la diaspora dans la promotion de l'entrepreneuriat en Afrique
Source : Conçu par l'auteur

Cependant, l'étude de l'entrepreneuriat de la diaspora africaine ne peut être réduite à l'influence de ces quelques facteurs cités plus haut. Nous devons la resituer dans une approche systémique. Car l'intention d'investir dans le pays d'origine peut être déclenchée par une succession de changements relatifs à des variables affectant la personne même du migrant[15] et/ou de l'environnement des affaires dans le cadre de pratiques incitatives incluant des mesures sur le plan juridique et fiscal.

Mise en place d'incitants pour attirer les transferts financiers des migrants et les amener à investir dans la création des PME/PMI

L'environnement juridique et fiscal des affaires en Afrique au sud du Sahara est fortement marqué par l'harmonisation croissante de ses dispositions au sein d'organisations régionales, en particulier l'OHADA, d'une part, qui uniformise le cadre juridique de la vie des entreprises dans les États-membres et la CEMAC et l'UEMOA d'autre part, qui réglementent la pratique fiscalo-douanière dans chacune des sous-régions. Par conséquent, toute réforme ne devrait s'opérer que dans le cadre de ces organisations pour éviter le phénomène de dumping fiscal entre les États.

L'environnement juridique des affaires en Afrique : un arsenal en pleine mutation

Dans la perspective de créer un environnement des affaires plus sécurisant et plus favorable au développement, certains pays africains francophones ont ratifié le Traité de l'Organisation pour l'harmonisation en Afrique du droit des affaires[16] (OHADA). Ce Traité apporte l'uniformisation et la simplification d'un régime juridique homogène applicable dans tous les États parties à l'Organisation, ainsi qu'une modernisation des règles qui, dans certains pays, n'étaient plus adaptées à la vie des affaires, à travers l'adoption de textes qui sont d'application directe et ont force de loi dans les États membres, appelés « Actes Uniformes ». Ce Traité repose sur un certain nombre d'Actes uniformes. On peut relever :

- l'Acte uniforme relatif au droit des sociétés commerciales et du GIE. S'inspirant de la loi française du 24 juillet 1966 sur les sociétés, ce texte a modernisé le droit des sociétés des États membres en assurant une plus grande protection des droits des actionnaires et des tiers ;
- l'Acte uniforme sur l'organisation des sûretés réglemente les différentes formes de garanties offertes aux créditeurs afin de renforcer les droits qu'ils détiennent sur leurs débiteurs. Il distingue les sûretés personnelles (cautionnement, lettre de garantie), des sûretés mobilières et immobilières. Sa principale innovation est la dotation de la lettre de garantie d'un statut légal ;
- l'acte Uniforme sur l'organisation des procédures simplifiées de recouvrement et des voies d'exécution réglemente le recouvrement des dettes et les voies d'exécution, notamment les procédures de saisies. Cet Acte met en place des procédures simplifiées, rapides et efficaces de recouvrement des dettes (injonction de payer) et de restitution des biens (cas d'un bien impayé) ;
- l'Acte uniforme sur l'arbitrage introduit un droit commun de l'arbitrage dans les États membres[17] et pallie de ce fait au vide juridique qui existait dans certains de ces États où l'arbitrage n'avait pas cours ;
- l'Acte uniforme sur l'organisation et l'harmonisation des comptabilités des entreprises[18]. Il établit trois types de procédures uniformes de tenue des comptes et de présentation des états financiers en tenant compte de la taille de l'entreprise à la fin de l'exercice (système normal, système simplifié, système minimal de trésorerie). Cet Acte est entré en vigueur le 1er janvier 2001 pour les comptes personnels des entreprises et le 1er janvier 2002 pour les comptes consolidés et les comptes combinés.

Dans le domaine de la propriété intellectuelle, l'Organisation africaine de la propriété intellectuelle[19] (OAPI) établit une législation uniforme relative à la protection des droits de propriété intellectuelle et industrielle et organise une procédure centralisée de dépôt. Ce cadre juridique en pleine mutation et favorable à l'investissement doit être complété par d'autres mesures incitatives sur le plan fiscal.

La mise en place d'un environnement fiscal incitatif qui encourage la création des PME

Les pays membres de la CEMAC et de l'UEMOA ont développé, dans le cadre des garanties et des avantages accordés aux investisseurs, des mécanismes d'incitation aux investissements, soit dans le cadre de la législation fiscale, soit dans le cadre des « codes des investissements », dont plusieurs variantes se sont généralement succédé depuis l'indépendance de ces pays.

Ces codes des investissements comportent à la fois des garanties générales accordées à tout investisseur et des avantages fiscaux octroyés aux investissements répondant à des critères spécifiques, notamment le nombre d'emplois créés, le montant de l'investissement réalisé, les effets d'entraînement sur l'environnement immédiat de la firme concernée.

Les garanties portent généralement sur la liberté d'entreprendre toute activité économique et la liberté pour tout investisseur d'organiser à son gré son entreprise à travers la liberté d'embauche, la liberté de licenciement, la liberté de choix des fournisseurs, la liberté de transfert de capitaux, la garantie des droits acquis ou de droit de propriété qui exclut toute mesure de nationalisation ou d'expropriation, sans une procédure préalable de déclaration d'utilité publique et sans une indemnisation juste et équitable.

Les avantages fiscaux et douaniers reposent sur :

- les avantages relatifs à l'exploitation, tels que l'exonération d'impôt sur les bénéfices et d'autres impôts directs pendant les premières années d'exploitation ;
- les avantages relatifs à la création de l'investissement, à l'instar des exonérations de droit de douane et des impôts indirects sur les équipements importés ou produits localement dans le but de réduire le coût initial du projet (voir les annexes I et II pour apprécier toutes les formalités administratives et fiscales à remplir par le promoteur d'une entreprise).

Toutefois, malgré ces avancées notables sur le plan législatif, réglementaire et fiscal, on note encore des faiblesses dans un certain nombre de domaines qui pourraient nuire au développement des entreprises. Premièrement, la multiplicité et la dispersion des organismes intervenant dans les différentes procédures juridiques et fiscales, auxquels les entreprises doivent se conformer, créent ainsi des coûts additionnels à engager en termes d'argent et de temps. Deuxièmement, les lenteurs administratives, la corruption retardent considérablement les procédures de création d'entreprise et créent ainsi des coûts additionnels à engager par l'initiateur du projet. Cette dernière situation trouve déjà un début de solution dans certains pays avec la création d'un « Guichet Unique » dont le but est de centraliser et de faciliter l'ensemble des démarches administratives. Troisièmement, malgré la création de l'École régionale supérieure de la magistrature (ERSM) dans le cadre du Traité OHADA, on note presque partout une absence de magistrats spécialisés en droit des Affaires ou en fiscalité des entreprises. Dès lors, en cas de contentieux, les juges se réfèrent généralement aux avis des experts financiers ou aux services des impôts par défaut, alors que généralement les entreprises sont en litige avec les clients de ces cabinets ou avec la Direction des impôts, ce qui pose le problème de la crédibilité du système judiciaire et de la transparence des décisions rendues. À cela, il convient d'ajouter l'absence d'informatisation des tribunaux et greffes dans la plupart des pays africains. Cette situation est à l'origine de lenteurs procédurières dans les décisions et dans leur publication. En somme, les pays africains doivent lever tous ces obstacles pour attirer les résolutions de la diaspora à entreprendre en Afrique.

Conclusion

En définitive, il ressort de l'analyse qui précède que les transferts de la diaspora africaine contribuent au bien-être des familles restées au pays. Ces transferts ont un impact positif indéniable sur les revenus des bénéficiaires et sur leurs conditions de vie et non sur la croissance et le développement économique national des pays africains. L'absence d'effets d'entraînement réels sur les structures économiques de ces pays a eu pour conséquence le maintien du niveau de pauvreté et l'accroissement du phénomène de l'immigration. Ces limites imposent une refondation des interventions de la diaspora articulée sur la création d'activités génératrices de revenus au regard des opportunités d'investissement rentable offertes par les bailleurs de fonds internationaux (l'AGOA pour les USA, l'APE pour l'Union européenne, etc.).

Dans cette nouvelle dynamique, la qualité de la gouvernance administrative de la diaspora, certains obstacles liés à l'environnement des affaires en Afrique et aux systèmes fiscaux, qui se prêtent facilement à la fraude et à l'évasion fiscale, constituent des freins majeurs à une sensibilisation efficace pour orienter les transferts des migrants aux créations d'entreprises. En effet, cette création peut améliorer significativement les conditions de vie des populations par le biais de la création des emplois et de la distribution de pouvoir d'achat. Les contraintes de mise en application de cette nouvelle politique, dans le contexte des pays africains, imposent une formulation de quelques pistes de réflexion à exploiter et à approfondir, notamment :

1. sur le plan de la gouvernance administrative de la diaspora. Il s'agit de la création, dans les pays africains, d'une structure dédiée de gestion de la diaspora. Cette structure jouera le rôle de contrôleur et d'animateur de la relation d'agence qui s'établira ainsi entre le migrant et les différents partenaires. Cette structure accompagnerait les migrants dans leurs choix de projets d'investissement rentables et assurerait la transnationalité des acteurs et la mise en réseau des différents partenaires impliqués dans la création d'entreprises en Afrique ;

2. les conditions de création d'un environnement juridique et fiscal favorable et incitatif à l'investissement. Il est indispensable que certains goulots d'étranglement, tels que la bureaucratie, la multiplicité des centres de décision en matière de formalités administratives et fiscales, la corruption qui gangrène les comportements des acteurs, les lenteurs dans les décisions

judiciaires du fait de l'absence d'informatisation des tribunaux et greffes, du déficit en formation des Magistrats en droit des affaires et en fiscalité des entreprises, soient levés pour rendre encore plus attrayant l'environnement des affaires en Afrique.

En somme, le sauvetage économique de l'Afrique passe aujourd'hui par la promotion de l'entrepreneuriat de la diaspora après ces années sombres d'application du PAS avec les corollaires de la liquidation, de la privatisation, de la compression massive des effectifs dans la fonction publique, etc. Cet entrepreneuriat de la diaspora peut être un début de solution aux problèmes de chômage massif dû aux « déflatés » des entreprises publiques et/ou de la fonction publique, sans oublier le flux croissant des diplômés que les universités africaines déversent chaque année sur le marché du travail.

Notes

1. La migration n'aboutit pas toujours à la formation d'une diaspora. Raison pour laquelle, dans le cadre de cette étude, la diaspora aura trait à la migration internationale et non au déplacement de personnes à l'intérieur d'un pays.
2. Ces transferts de fonds dépassent largement dans certains pays africains le montant de l'Aide publique au développement (APD) octroyé par les pays développés.
3. Il apparaît clairement que la Communauté internationale voudrait faire reposer le développement de l'Afrique sur les épaules de la diaspora.
4. En effet, l'association entre diaspora et peuple juif restait trop évidente pour que les chercheurs l'appliquent à d'autres groupes sociaux.
5. Il s'agit des diasporas nabatéenne, phénicienne ou assyrienne.
6.　　a - Les Transferts financiers internationaux des migrants constituent une des sources de financement externes des PED.
　　b - Le Tourisme : les migrants qui sont en visite dans leurs pays d'origine sont également des touristes qui dépensent considérablement dans des divertissements en famille ou entre amis.
　　c - Le Transport : un des moyens de communication entre les migrants et leurs familles est l'utilisation du transport aérien. D'où un trafic aérien dense entre les pays d'origine des migrants et leurs pays d'accueil.
　　d - La Télécommunication : elle est stimulée par l'interconnexion entre les communautés vivant à l'étranger et leurs pays d'origine.
　　e - Le Nostalgic Trade : le migrant continue généralement à consommer les biens de son pays d'origine. L'achat de ces biens dits « nostalgiques » est une manière de conserver ses traditions culturelles. Certains migrants sont souvent obligés d'investir dans la fabrication de tels biens dans leurs pays d'origine.
7. Elle se réfère aux causes de la migration, aux facteurs d'incitation et d'attraction, à son caractère forcé ou volontaire.
8. Une migration non circulaire conduit les personnes, une fois arrivées au Nord, soit à rester et à s'intégrer, soit à ne pas avoir accès au territoire et donc à retourner dans le pays d'origine.

9. La migration est un phénomène auto-entretenu. La présence d'anciens appelle l'arrivée de nouveaux immigrés. Cette présence facilite leur installation et diminue le risque attaché à l'expatriation.

10. La chute du mur de Berlin et l'éclatement de l'Empire soviétique ont mis fin à plusieurs décennies de guerre froide. Dès lors, les crédits versés aveuglement aux pays du Sud par le Nord durant cette période de guerre froide ont fondu considérablement du fait de la disparition des enjeux de positionnement.

11. Un proverbe chinois ne dit-il pas qu'il faut *apprendre à pêcher plutôt que de donner du poisson*?

12. C'est le cas du Cameroun qui a procédé à deux recrutements massifs de plus de 3 000 diplômés de l'enseignement supérieur dans la fonction publique en 1982 et en 1985 et 25 000 en 2011, pour essayer de faire face à la faible capacité d'absorption de l'économie camerounaise.

13. L'AGOA a été adopté par le Congrès américain dans le but de soutenir l'économie des pays africains en facilitant l'accès de leurs produits au marché américain s'ils suivent les principes de l'économie libérale. C'est en quelque sorte une porte d'entrée dans la mondialisation.

14. Les statistiques du commerce international montrent la réalité, cachée ou ignorée, à savoir que la plupart des pays africains font plus de commerce avec l'Europe qu'avec leurs voisins. C'est le cas du Cameroun qui réalise avec l'Union européenne 61 pour cent des exportations et 55 pour cent des importations ; le Ghana, 49 pour cent des exportations alors que ses exportations vers son voisin le Bénin ne représentent que 2,6 pour cent.

15. Sur ce point, le problème de la gestion de la migration se pose avec acuité. En effet, dans la plupart des pays africains, il n'existe pas de structure organisationnelle pour gérer la migration. Compte tenu de l'importance de la diaspora dans le développement des PVD, les pouvoirs publics africains doivent mettre les questions relatives à la migration sous la tutelle d'un ministère ou d'un secrétariat d'État autonome. Cette centralisation rassure quant à la cohérence et à la coordination en matière de gestion des migrations. Il convient dans ce sens de partager l'expérience du Mali qui constitue l'une des références africaines en matière de gestion de la migration. Dans ce pays, le gouvernement a mis en place un dispositif performant de suivi permanent des migrants maliens à l'étranger à travers la création d'un ministère dédié. Cette approche mériterait d'être connue et partagée par tous ces États. C'est aussi le cas de la France qui, dans le cadre de sa politique de co-développement, a créé un ministère de l'Immigration.

16. Le Traité créant l'OHADA a été signé en 1993 à Port-Louis en Ile Maurice. Il est entré en vigueur le 1er septembre 1995.

17. La cour d'Arbitrage de l'OHADA se trouve à Abidjan.

18. En Afrique Centrale, l'Acte uniforme portant sur le droit comptable vient remplacer les procédures mises en place par le Plan comptable UDEAC de 1970 et en Afrique de l'Ouest, il vient s'harmoniser avec le Plan comptable « SYSCOA » adopté par l'UEMOA peu avant l'Acte OHADA.

19. L'OAPI a été créée par l'accord de Bangui du 2 mars 1997.

Bibliographie

Assogba, Y., 2002, « Diaspora, mondialisation et développement de l'Afrique », *Nouvelles Pratiques Sociales*, Vol. 15, n° 1, pp. 98-110.

BAD, 2007, « Les transferts de fonds des migrants, un enjeu de développement : les Comores, Mali, Maroc, Sénégal », Rapport provisoire.

Covin, S. G. & Slevin, D. P., 1989, « Strategic management of small firms in hostile and benign environments », *Strategic Management Journal*, Vol. 10, p. 75-87.

De Bruynt, T. & Wets, J., 2004, Remittances as a development tool : what governments of remittance sending countries can do. Draft summary, NOVIB International Expert Meeting, Bridging the gap. Noordwijk, The Netherlands.

Dembélé, Moussa, D., 1999, « Le rôle des immigrés dans le développement national du Sénégal : implications socio-économiques et perspectives », Communication au Colloque sur *L'émigration sénégalaise : Situations et Perspectives*, organisé par l'Assemblée Nationale et la Fondation Friedrich Ebert, 10 au 11 juillet à Dakar.

Dembélé, Moussa D., 2001, « Le financement du développement et ses alternatives : le rôle des mouvements sociaux et politiques », *Alternatives Sud*, Vol.8, n° 3, pp. 80-88.

Dieng, S. A., 2002, « Pratiques et logiques de l'épargne collective chez les migrants maliens et sénégalais en France », *Afrique et Développement*, Vol. XXVII, n°s 1 et 2, pp. 144-174.

Ekoué, Amaïzo, Y., 2008, « Visa diaspora et initiative concertée de co-développement », Colloque sur *S'investir en Afrique et Entreprendre en France*, Ministère de l'Économie, des Finances et de l'Emploi, France.

Guyot & Van Rompay, 2002, « Entreprenariat et création d'entreprise : revue de la littérature et état de la recherche », Discussion paper n° 0201, Services des études et de la statistique du ministère de la Région wallonne.

Hernandez, E.-M., *Le processus entrepreneurial : vers un modèle stratégique d'entrepreneuriat*, l'Harmattan, 1999.

Ionescu, D., 2007, « Engaging Diasporas as Development Partners for Home and Destination Countries : Challenges for Policymakers », *Ion Migration Research Series*, n° 26.

Julien, P A & R. Lachance, 2006, « Réseaux personnels d'affaires et informationnels : une dynamique complexe », 8e Congrès international francophone en entrepreneuriat et PME, Fribourg, Suisse, 25 au 27 octobre.

Ketkar S. & Ratha D., 2005, « Securisation of future, Remittance Flows : A Global overviews », *Inter-American Development Bank*, Washington D.C., June.

Muteta, N., 2005, « Transferts financiers des migrants congolais, de la Belgique vers la République Démocratique du Congo », programme VALEPRO d'OCIV/Migration et Développement.

Szarka, J., 1990, « Networking and small firms », *International Small Business Journal*, Vol. 8, n° 2, p. 10-22.

Tchouassi, G., 2005, « Argent de la diaspora et financement du développement des infrastructures urbaines de base en Afrique », Communication, 11e Assemblée générale du CODESRIA, Maputo, Mozambique, 6 au 10 décembre 2005.

Annexe I : Les principaux documents administratifs exigés lors de la création d'une entreprise[1] en Afrique

Formalités	Organisme en charge	Documents exigés
constitution de société	notaire/fondateurs	bulletins de souscription, mobilisation des fonds, évaluation des apports en nature, statuts société, constitution de l'assemblée générale
enregistrement de l'acte	direction des impôts	statuts société, timbre fiscal, registre de commerce
immatriculation au registre de commerce	tribunal de commerce	statuts société, déclaration d'immatriculation, liste des gérants, extrait de casiers judiciaires des gérants/associés, timbre fi
numéro identifiant unique ou carte de contribuable	direction des impôts	demande d'immatriculation, registre de commerce, statuts société, contrat de bail, certification d'imposition à la patente, certificat d'imposition à la caisse de sécurité sociale, timbre fi
ouverture d'établissement	ministère du Travail et de l'Emploi	déclaration d'établissement
affiliation caisse sécurité sociale	caisse de sécurité sociale	formulaire de demande, NIU, statuts société, déclaration d'etablissement, registre de commerce, document d'information sur le personnel employé (dipe)
immatriculation au ministère de l'Économie et de la Planification	direction de la prévision / institut national de la statistique	demande d'immatriculation, registre de commerce, NIU
ouverture de compte bancaire bloqué pour dépôt montant du capital social	institutions financières ou banques	statuts sociétés – signatures des mandataires sociaux – photos 4x4 – photocopie carte nationale d'identité

Source : Conçu par l'auteur

---

1. D'autres formalités particulières sont exigées pour les entreprises engagées dans certains secteurs d'activité, à l'instar du tourisme, des industries minières, de la pêche, etc., sans compter aussi toutes les demandes de branchement pour les services d'infrastructure (électricité, eau, acquisition de terrains …).

Annexe II : Principaux impôts et taxes exigés aux entreprises en Afrique

Libellés	Dispositions fi
A – Impôts et Taxes liés à la création d'une entreprise	
Droits d'Enregistrement	Taux proportionnel et/ou Taux dégressif
Droit de Timbre	Timbre fiscal fix e par Folio
Honoraires du Notaire	Taux dégressif et/ou Taux proportionnel
TVA/Honoraires Notaire	Taux variable selon les pays entre 15 et 20 pour cent
Greffe du Tribunal	Une partie Fixe et une partie Variable par Tranche de Capital
Insertion au Journal d'annonces légales	Variable selon le journal
B – Impôts Appliqués aux Sociétés	
Patente	Barème variable en fonction des tranches de chiffre d'affaires HT
Licence	Barème variable en fonction du type de boissons alcoolisées «Alcool – Vins – Boissons Hygiéniques» ou boissons non alcoolisées
Enregistrement du droit au bail	Taux proportionnel en fonction du montant du bail
Impôts Contemporains/Acompte d'Impôt sur les sociétés/Précompte sur les Achats/Précomptes sur loyers	Taux proportionnel du CAHT Taux proportionnel des chats Taux proportionnel des loyers bruts payés
Contribution Foncière/Taxe Foncière	Taux proportionnel en fonction de la valeur du terrain plus la valeur de l'immeuble
L'Impôt sur les Revenus des Capitaux Mobiliers (IRCM)	Taux proportionnel sur les Revenus de Capitaux Mobiliers
Taxe sur la Valeur Ajoutée (TVA)	S'applique sur la valeur ajoutée dégagée par les sociétés ou les achats des personnes physiques
Contribution Patronale sur Salaires	Applicable sur la masse salariale totale versée à l'exception des allocations à caractère familial
Droits d'Enregistrement	Acquisition des éléments de l'Actif immobilisé
Droit de Douane – Droit d'Accises – Tarif Extérieur Commun	Applicable aux importations extérieures aux espaces économiques d'appartenance

C – Impôts Spécifiques sur les Personnes Physiques ou sociétés de personnes	
Impôts et Taxes sur les Traitements, Salaires, Pensions et Rentes Viagères	Applicable aux salariés de l'entreprise
Impôt sur les Revenus des Personnes Physiques (BIC – BNC – BART – BA – RF)	Applicable aux sociétés de personnes réalisant une certaine tranche de CAHT
Impôt Libératoire	Applicable au secteur Informel et/ou aux Personnes Physiques réalisant des CAHT en deçà d'un certain seuil fiscal par le législateur

Source : Conçu par l'auteur

8

La monnaie unique africaine : contribution à l'étude du problème des États unis d'Afrique

Ibrahima Thione Diop

Introduction

L'idée d'États unis d'Afrique n'est pas si nouvelle que cela ; en 1912 déjà, Marcus Garvey mettait en place son « Association pour l'amélioration universelle des Noirs et des communautés africaines » qu'il se proposait de transformer en États unis d'Afrique à partir de 1924 dans le but d'avoir un continent assez représentatif aussi bien sur le plan économique, politique, culturel que démographique.

C'est dans ce sens qu'il faut replacer l'émergence de tous les mouvements panafricanistes créés vers les années 1945, avec comme principaux animateurs : Dubois, Lumumba, Kenyatta, Nkrumah, Cheikh Anta Diop. À l'époque, le panafricanisme était entendu comme une doctrine qui devait permettre la réalisation de l'unité des peuples africains. Dans cette optique, il convient d'ailleurs de signaler que c'est le Ve congrès panafricaniste de Manchester qui va pour la première fois parler du concept d'États unis d'Afrique en 1945. Les indépendances des pays d'Afrique, à partir de 1957, ont donné un cachet plus politique à l'idée panafricaniste avec la création de l'Organisation de l'unité africaine en 1963, cette dernière étant transformée en Union africaine au sommet de Lomé de 2000. Le projet d'États unis d'Afrique, en léthargie, a par la suite été réactivé avec l'accession du président Kadhafi à la présidence de l'Union en 2009. Durant son magistère, le guide libyen, très optimiste, prévoyait la mise en place d'une force militaire, d'une monnaie unique et d'un passeport africain. Force est de constater que cet enthousiasme s'est aujourd'hui effrité pour deux raisons : d'abord la réticence de la majorité des dirigeants africains à aller précipitamment vers un tel projet, puis l'arrivée des révolutions arabes qui ont mis en difficulté le président Kadhafi.

Or dans le contexte actuel de mondialisation où seuls les grands ensembles peuvent tirer leur épingle du jeu, l'idée des États unis d'Afrique à travers une intégration économique renforcée des différents pays peut constituer le socle sur lequel le continent pourrait s'appuyer afin de mieux peser sur les grandes décisions sur l'échiquier économique et financier international. Pour relever les défis de cette mondialisation, il convient de remarquer que l'idée d'une monnaie unique africaine pourrait être un grand accélérateur pour l'avènement de ces États unis d'Afrique.

Globalement, notre problématique va être articulée sur trois points :
- l'Afrique face à la mondialisation actuelle ;
- la monnaie unique africaine : un enjeu pour l'intégration économique et l'émergence des États unis d'Afrique ;
- les contraintes techniques et institutionnelles de la mise en place de la monnaie unique.

L'Afrique dans le contexte de la mondialisation

En réalité, l'Afrique, du fait de sa faible intégration dans les réseaux commerciaux et financier internationaux, a pu limiter les conséquences négatives issues de la récession dans les pays industrialisés ces dernières années. Toutefois, l'analyse de plusieurs indicateurs montre aujourd'hui que l'Afrique reste mal placée dans la mondialisation.

Ces indicateurs seront appréhendés dans quatre directions, à savoir : la part de l'Afrique dans les IDE ; la part de l'Afrique dans le commerce international ; la récurrence des crises alimentaires et le retard dans la mise en place de la révolution verte ; et enfin, le retard du continent dans l'accès aux NTIC.

L'analyse de la tendance des IDE en Afrique

En dépit de l'importance actuelle des mouvements internationaux de capitaux dans le monde, un constat s'impose toujours : l'Afrique manque souvent de ressources pour financer ses investissements et surtout les infrastructures. L'analyse de la tendance des IDE sur le continent va dans le même sens. Ainsi sur un total d'IDE entrant de 1 114 milliards de dollars en 2009, l'Afrique ne capte que 59 milliards, contre 72 milliards en 2008 et 63 milliards en 2007, soit 5.3 pour cent du total des IDE entrant dans le monde en 2009. Par comparaison, les tendances sont de 10.5 pour cent pour l'Amérique latine et les Caraïbes et 20.9 pour cent pour l'Asie du Sud et du Sud-Est dans la même période, c'est-à-dire 2009. Cette tendance négative est encore plus marquée si on s'intéresse à l'Afrique au sud du Sahara qui ne représente que 1 pour cent des IDE parvenus aux pays en voie de développement en 2009. Une analyse financière montre une concentration des IDE en 2009 sur 4 pays (l'Angola, l'Afrique du sud, l'Égypte et le Nigeria) : ces quatre pays drainent 44 pour cent des IDE entrant sur le continent en 2009 (CNUCED, 2010).

Tableau 8.1 : Mouvements d'EID par région, 2007-2009 (en milliards de dollars et en pourcentage)

Région	Entrées d'IED			Sorties d'IED		
	2007	2008	2009	2007	2008	2009
Monde entier	2 100	1 771	1 114	2 268	1 929	1 101
Pays développés	1 444	1 018	566	1 924	1 572	821
Pays en développement	565	630	478	292	296	229
Afrique	63	72	59	11	10	5
Pays développés	68,8	57,5	50,8	84,8	81,5	74,5
Pays en développement	26,9	35,6	42,9	12,9	15,4	20,8
Afrique	3	4,1	5,3	0,5	0,5	0,5

Sources : CNUCED 2010

Dans le même ordre d'idées, l'établissement de nouveaux partenariats avec les pays émergents a changé la configuration des IDE en Afrique en matière d'origine, à travers les interventions des sociétés transnationales et multinationales. Les activités de ces entreprises ont représenté, en 2005-2008, 22 pour cent des IDE du continent, contre 18 pour cent dans la période 1995-1999. Pour mémoire, la part de l'Afrique dans le stock total d'IDE de la Chine passe de 1.8 pour cent en 2003 à 4 pour cent en 2008, ce qui demeure faible.

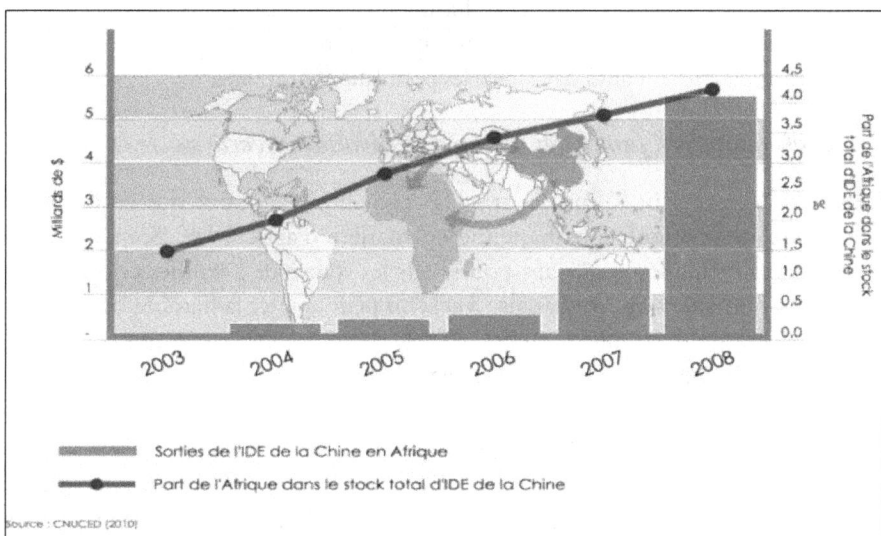

Graphique 8.1 : Investissements directs à l'étranger (IDE) de la Chine en Afrique

La part de l'Afrique dans le commerce international

Les différentes tentatives de libéralisation du commerce international entreprises par l'OMC depuis 1995 n'ont toujours pas permis d'améliorer le classement de l'Afrique dans le commerce mondial. La part de l'Afrique dans le commerce international se situe autour de 2.8 pour cent (El Hachimi 2011), malgré une forte ouverture des marchés du continent depuis les plans d'ajustement structurel des années 1980. Paradoxalement, cette ouverture a eu pour conséquence de restreindre la part de l'Afrique dans le commerce mondial, qui passe de 4 pour cent en 1980 à 2.8 pour cent en 2008.

L'extraversion et la désarticulation des économies africaines font aujourd'hui encore que le continent se spécialise dans les exportations de matières premières et de produits de base dont les prix ne cessent de baisser et qu'il importe essentiellement des produits manufacturés et alimentaires dont les prix ne cessent d'augmenter. La détérioration des termes de l'échange qui découle d'un tel constat fait que le défi de la balance commerciale du continent se creuse régulièrement. Cette spécialisation de l'Afrique, qui la positionne mal dans la mondialisation, apparaît clairement à travers les statistiques suivantes de la CNUCED en 2008. Les exportations africaines vers le reste du monde sont composées à 72 pour cent de combustibles et de minerais et les importations africaines en provenance du reste du monde à 73 pour cent de produits manufacturés. La part de l'Afrique dans les exportations mondiales de produits manufacturés passe de 1 pour cent en 2000 à 1.3 pour cent en 2008 (CNUCED : Développement économique en Afrique 2009).

La mauvaise place de l'Afrique dans le commerce mondial est également expliquée par les difficultés rencontrées par l'OMC à trouver un compromis au Cycle de DOHA. La conséquence en est la poursuite du dumping commercial par les pays développés qui continuent à subventionner leurs produits au détriment des productions locales africaines, appauvrissant ainsi davantage les populations africaines.

Crises alimentaires, famine et absence de révolution verte sur le continent

La famine actuelle sur le continent et la crise alimentaire ont mis en évidence la faiblesse de l'Afrique subsaharienne en matière d'agriculture. Sont en cause la sécheresse et la guerre, qui ont poussé sur les routes de l'exil des centaines de milliers de Somaliens, de Soudanais ; à cela on peut ajouter la flambée des prix du pétrole et des produits alimentaires, mais également l'absence d'une révolution verte pour stimuler les rendements de l'agriculture.

Il convient de souligner que les programmes d'ajustement structurel menés par le FMI dans les années 1980 avaient négligé les investissements dans le secteur agricole. « La part de l'agriculture dans l'aide au développement est ainsi passée de 17 pour cent à 3 pour cent au cours des 20 dernières années », selon Jacques Diouf de la FAO.

Aujourd'hui, la famine qui sévit sur la Corne de l'Afrique menace directement la survie de plusieurs dizaines de millions d'habitants, alors que l'Afrique possède 60 pour cent des terres arables non cultivées de la planète et dispose d'un énorme potentiel énergétique.

Une bonne révolution verte associée à des solutions durables pour les crises récurrentes sur le continent pourrait sans aucun doute constituer la solution pérenne pour la famine.

L'Afrique et les TIC

Au moment où les pays du Nord affichent les meilleurs taux de pénétration en matière d'Internet et enregistrent d'énormes avancées dans les domaines des technologies de communication, l'Afrique, avec 86 millions d'utilisateurs, affiche un taux de pénétration global de 8 pour cent soit 4.8 pour cent des utilisateurs dans le monde (UIT 2010). Les pays qui ont les meilleurs taux de pénétration en termes de population sont le Maroc (42 pour cent), la Tunisie (33 pour cent), le Nigeria (30 pour cent).

Tableau 8.2 : Taux de pénétration de l'internet dans différents pays africains

Pays	Nombre d'utilisateurs (2009)	Population	Taux de pénétration (2009)
Maroc	13 213 000	31 671 474	42
Tunisie	3 500 000	10 589 025	33
Nigeria	43 989 000	149 283 240	30
Égypte	20 136 000	84 474 000	24
Algérie	4 700 000	36 057 838	13
Zimbabwe	1 423 000	11 651 858	12,2
Ouganda	3 200 000	31 367 972	10,2
Kenya	3 996 000	39 002 772	10
Afrique du Sud	4 420 000	49 052 489	9

Sources : statistiques de l'UIT 2010

Cette faiblesse des taux de pénétration sur le continent est source de blocages pour la mise en place de certains projets très porteurs. En réalité, quels que soient aujourd'hui les projets que le continent veut déployer, cela devra nécessairement passer par les nouvelles technologies, et ce pour tous les secteurs de l'économie (Ndoye Abdoul Aziz/Nepad 2009).

Ce niveau réduit du taux de pénétration pour le net, joint à la part faible de l'Afrique dans les dépenses mondiales pour la recherche et le développement (moins de 1 pour cent), leste quelque peu les opportunités de développement du continent.

Au total, ces quatre tendances nous permettent de voir que l'Afrique ne tire pas son épingle du jeu dans la mondialisation actuelle, puisque seuls les plus puissants sur le plan économique y sont gagnants. C'est cela qui explique d'ailleurs la constitution actuelle de certains grands ensembles économiques : l'ASEAN, l'APEC, l'ALENA, le Mercosur ou l'UE. À l'instar de ces zones, l'Afrique se doit d'explorer, elle aussi, la voie du regroupement économique et sur ce chemin, la monnaie unique peut être d'un apport décisif.

La monnaie unique africaine : un enjeu pour l'intégration économique du continent

Les soubassements théoriques de l'intégration économique

Dans la pratique, l'intégration économique renvoie à une procédure de rapprochement de plusieurs économies nationales dans l'optique de réaliser progressivement un vaste espace unique économique à l'intérieur duquel les différents facteurs de production circuleraient librement. Cette intégration économique peut se réaliser de deux manières, soit par les marchés, soit par la production. Il convient de souligner que nous nous intéressons ici à l'intégration par les marchés. Plusieurs étapes sont prévues dans celle-ci. Pour Balassa (1961), l'union économique correspond à la 5e et dernière phase de l'intégration avec la mise en place d'une monnaie unique. Avant cette dernière, quatre étapes intermédiaires devront se succéder (Diouf 1983) :

- la zone de préférence douanière : les droits de douane ne sont pas supprimés mais abaissés ;
- la zone de libre-échange, qui correspond à une suppression des droits de douane entre les membres, mais chaque État participant garde sa souveraineté en matière de politique douanière ;
- l'union douanière dans laquelle il y a un désarmement douanier accompagné du TEC, et donc d'une perte de souveraineté en matière de politique douanière ;
- le marché commun, il vient juste après l'union douanière et repose sur deux piliers : la libre circulation des marchandises et celle des facteurs de production ;
- l'union économique, étape suprême de l'intégration des marchés ; il y a union économique s'il y a union monétaire.

Avant Balassa, un premier texte complet sur l'intégration a été réalisé par Viner en 1950 et intitulé *Le problème des unions douanières*. Pour Viner, la mise en place d'une union douanière entraîne des conséquences contradictoires selon les parties en place, d'abord un effet de commerce au profit des partenaires, et ensuite un effet de détournement au détriment des pays tiers.

Les travaux de Viner ont été par la suite prolongés par ceux de Lipsey (1957) et de Meade (1966). Meade, contrairement à Viner qui avait travaillé sur un seul produit, avait fondé son argumentaire sur plusieurs produits en faisant ressortir l'idée d'une « substitution inter-produits » entre les différents États. Pour Meade, la substitution entre les produits, couplée au désarmement douanier, augmente l'effet de création de commerce et donc, par ricochet, les implications positives de l'union douanière – en opposition à une des conclusions de Viner.

Des travaux plus récents ont montré également que la mise en place de grands ensembles commerciaux peut conduire ces derniers vers des horizons plus rentables, soit à travers l'effet d'allocation, soit à travers l'effet de croissance ou d'accumulation.

Sur le plan continental, on peut citer les travaux menés par plusieurs organismes basés en Afrique (CEA, BAD, AERC, UA). La CEA et l'UA, notamment, ont publié trois rapports intitulés « État de l'intégration régionale en Afrique » parus respectivement en 2004, 2006 et 2008.

De son côté, la BAD a publié sur la même question en 2000 un rapport au sein duquel l'institution financière mettait en exergue les avantages que l'Afrique pouvait tirer de l'intégration.

Dans la même veine, plusieurs experts africains ont développé ces dernières années une littérature diversifiée sur la question de l'intégration en Afrique, l'ampleur du besoin et les difficultés de sa mise en place (Dièye, Nabukpo).

Globalement, la majorité de cette littérature a abouti sur un point à une même conclusion, à savoir l'effet positif de l'intégration économique sur le commerce intracommunautaire. Il reste maintenant à analyser ce qu'il en est réellement pour les pays africains.

L'intégration économique africaine à l'épreuve des faits

Dans les faits, on peut noter que des avancées certaines ont été réalisées par quelques organisations communautaires ; il en est ainsi pour l'UEMOA et la CEMAC qui sont maintenant de véritables unions économiques avec une unicité de la politique monétaire, une surveillance multilatérale des politiques macroéconomiques et l'établissement d'un TEC pour l'UEMOA. En revanche, dans le domaine de la stimulation du commerce interne, en matière de croissance économique durable et de lutte contre la pauvreté, ces initiatives régionales n'ont pas donné les effets escomptés. L'analyse de la structure actuelle du commerce intracommunautaire et inter-communautaire sur le continent nous permettra de juger cela. Pour ce faire, nous prendrons comme illustration les cas de trois groupements régionaux, à savoir la CEDEAO, la CEMAC, et l'UEMOA.

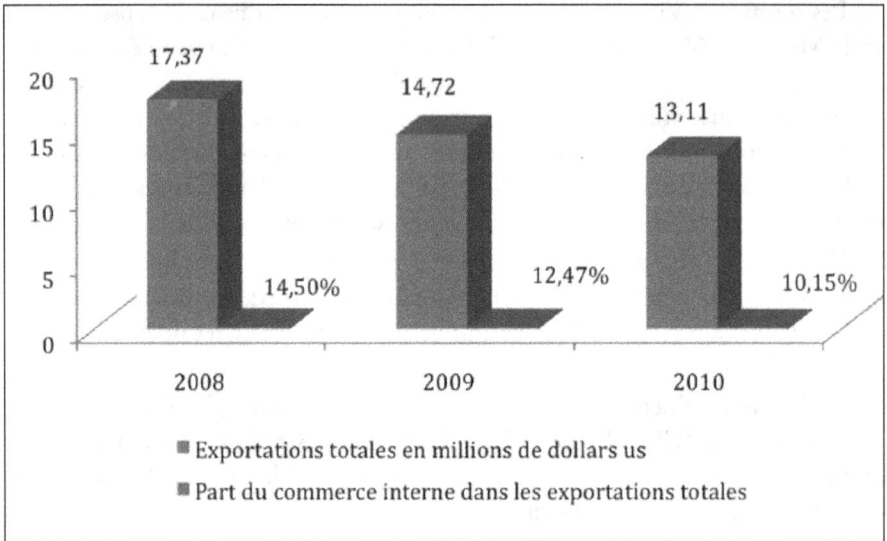

Graphique 8.2 : Part du commerce interne par rapport aux exportations totales de l'UEMOA

Source : Trade Map 2011 et calcul de l'auteur

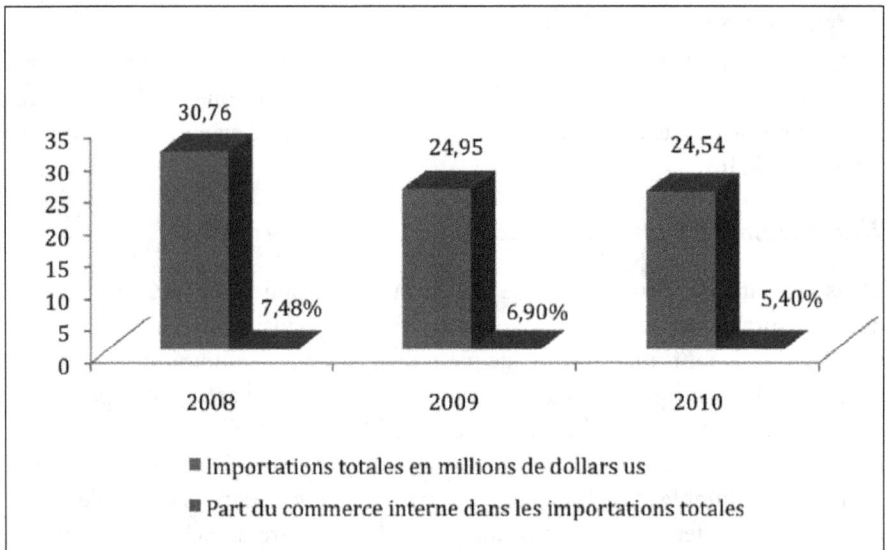

Graphique 8.3 : Part du commerce interne par rapport aux importations totales de l'UEMOA

Source : Trade Map 2011 et calcul de l'auteur

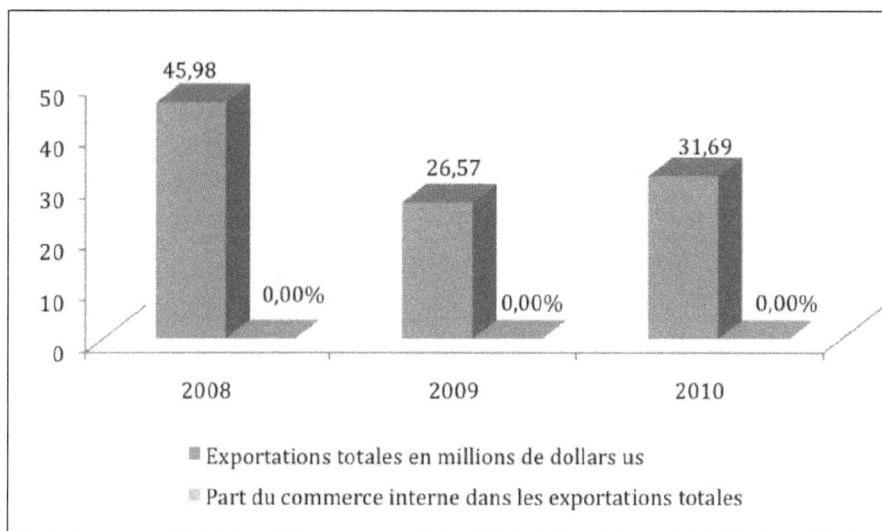

Graphique 8.4 : Part du commerce interne par rapport aux exportations totales de la CEMAC

Source : Trade Map 2011 et calcul de l'auteur

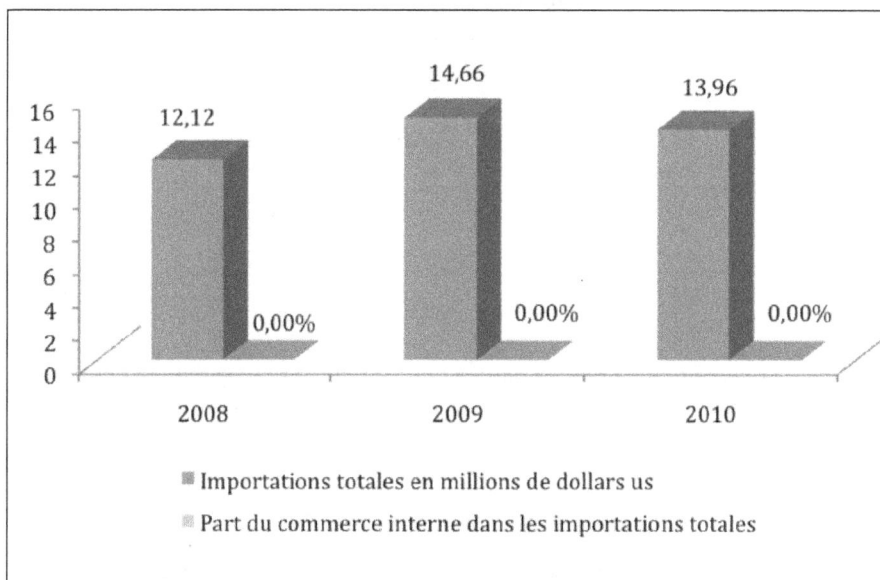

Graphique 8.5 : Part du commerce interne par rapport aux importations totales de la CEMAC

Source : Trade Map 2011 et calcul de l'auteur

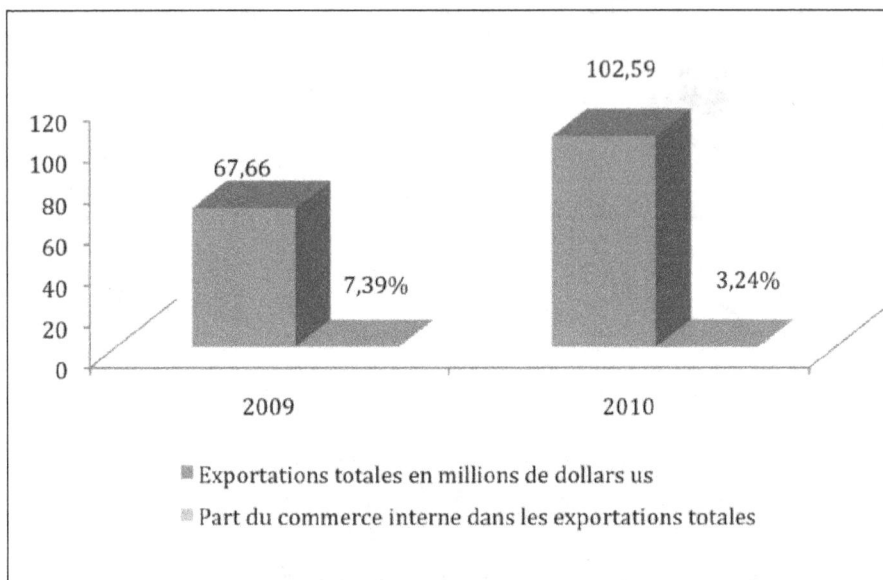

Graphique 8.6 : Part du commerce interne par rapport aux exportations totales de la CEDEAO

Source : Trade Map 2011 et calcul de l'auteur

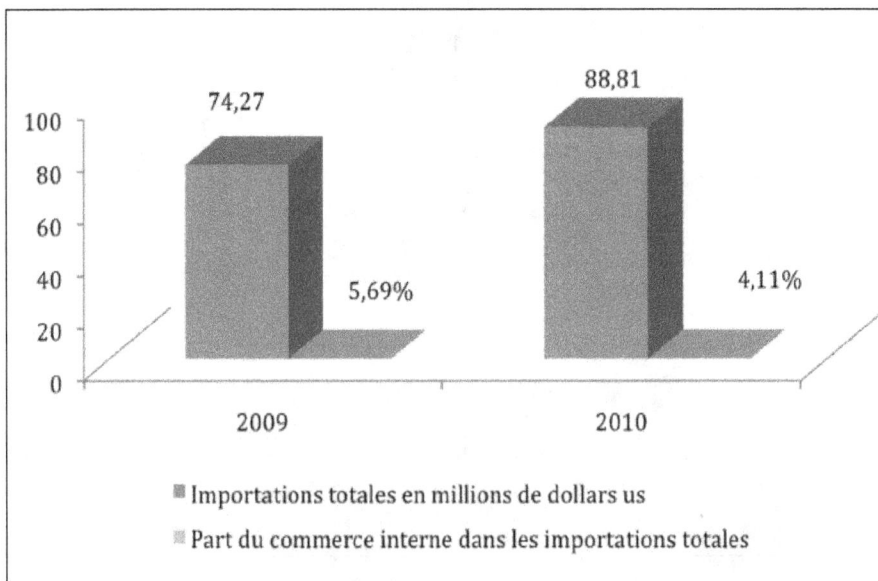

Graphique 8.7 : Part du commerce interne par rapport aux importations totales de la CEDEAO

Source : Trade Map 2011 et calcul de l'auteur

*L'évolution de la structure du commerce intracommunautaire dans les 3
groupements*

L'analyse des statistiques nous montre que la structure du commerce intra-régional
est très en dessous de ce qu'elle est dans les autres régions du monde. Dans ce
contexte, parmi les trois groupements choisis, c'est l'UEMOA qui a les meilleurs
résultats. La part du commerce interne par rapport aux exportations totales de
l'UEMOA est passée de 14.5 pour cent en 2008 à 12.4 pour cent en 2009, pour se
fixer à 10.15 pour cent en 2010. Pour la CEDEAO, les proportions sont de 7.39
pour cent en 2009 et 3.21 pour cent en 2010 ; enfin la CEMAC vient en dernier
lieu avec des seuils proches de 0 pour cent. La même tendance est observée en ce
qui concerne les importations, avec les meilleurs résultats, toujours pour l'UEMOA
7.48 pour cent en 2008, 6.9 pour cent en 2009, et 5.4 pour cent en 2010.

En comparaison, et pour 2010, la part du commerce interne dans les
exportations totales de l'UE est de 64.3 pour cent, 60 pour cent pour l'ALENA,
et 16.10 pour cent pour le MERCOSUR.

Tableau 8.3 : Part du commerce interne dans les exportations totales des différents
organismes (pourcentage)

Organismes	2008	2009	2010
UE	66,68	65,94	64,30
CEDEAO		7,39	3,24
CEMAC	0,00	0,00	0,00
UEMOA	14,50	12,47	10,15
COMESA		8,04	8,77
MERCOSUR	14,96	15,06	16,10

Sources : Trade Map 2011 et calcul de l'auteur

L'évolution de la structure du commerce interrégional

Au vu des dernières statistiques disponibles dans Trade Map (2011), on peut dire
que sur le continent, ce qui est valable à l'intérieur des communautés régionales
l'est également entre les communautés. En ce sens, la part des exportations de la
CEDEAO vers la CEMAC dans le total des exportations de la CEDEAO passe
de 6.27 pour cent en 2009 à 3.26 pour cent en 2010 ; la même tendance est
observée en ce qui concerne les exportations de la CEDEAO vers l'UEMOA :
5.54 pour cent en 2009 à 2.85 pour cent en 2010. Les transactions commerciales
(COMESA, CEDEAO), (COMESA, UEMOA), (CEMAC, UEMOA) donnent
des résultats encore plus catastrophiques.

Tableau 8.4 : Pourcentage des exportations du CEMAC vers l'UEMOA

	2008	**2009**	**2010**
Commerce interrégional (en dollars US)	151 195	82 105	40 034
Total exportations du CEMAC (en dollars US)	45 983 397	26 566 708	31 689 736
Pourcentage	0,33	0,31	0,13

Source : Trade Map, 2011 et calcul de l'auteur

Tableau 8.5 : Pourcentage des importations de la COMESA vers la CEDEAO

	2008	**2009**	**2010**
Commerce interrégional	270 534	132 946	386 777
Total des importations COMESA (dollars US)		98 440 753	110 232 901
Pourcentage		0,14	0,35

Source : Trade Map, 2011 et calcul de l'auteur

Tableau 86 : Pourcentage des importations de la COMESA vers l'UEMOA

	2008	**2009**	**2010**
Commerce interrégional	222 306	99 784	27 034
Total des importations COMESA (dollars US)		98 440 753	110 232 901
Pourcentage		0,10	0,02

Source : Trade Map, 2011 et calcul de l'auteur

Tableau 8.7 : Pourcentage des importations de la CEDEAO vers la CEMAC

	2008	**2009**	**2010**
Commerce interrégional	210 092	189 773	527 623
Total des importations COMESA (dollars US)		74 272 098	88 810 270
Pourcentage		0,26	0,59

Source : Trade Map, 2011 et calcul de l'auteur

Tableau 8.8 : Pourcentage des exportations de la CEDEAO vers l'UEMOA

	2008	**2009**	**2010**
Commerce interrégional	5 457 536	3 747 240	2 928 504
Total des exportations CEDEAO (dollars US)		67 663 229	102 593 087
Pourcentage		5,54	2,85

Source : Trade Map, 2011 et calcul de l'auteur

Somme toute, on constate ainsi que l'intégration régionale en Afrique, en dépit des efforts qui ont été faits, n'a pas toujours répondu aux objectifs qui lui étaient assignés à la base.

Parmi les entraves au développement du commerce intrarégional, on peut citer la non-diversification des économies africaines qui fait que ces dernières exportent les mêmes produits, et l'omniprésence du secteur informel qui masque un grand nombre de transactions commerciales. À cela on peut ajouter les problèmes de leadership entre dirigeants qui pèsent souvent sur les initiatives communautaires (2 bourses régionales des valeurs mobilières dans la CEMAC), le déficit infrastructurel et le coût élevé des transports.

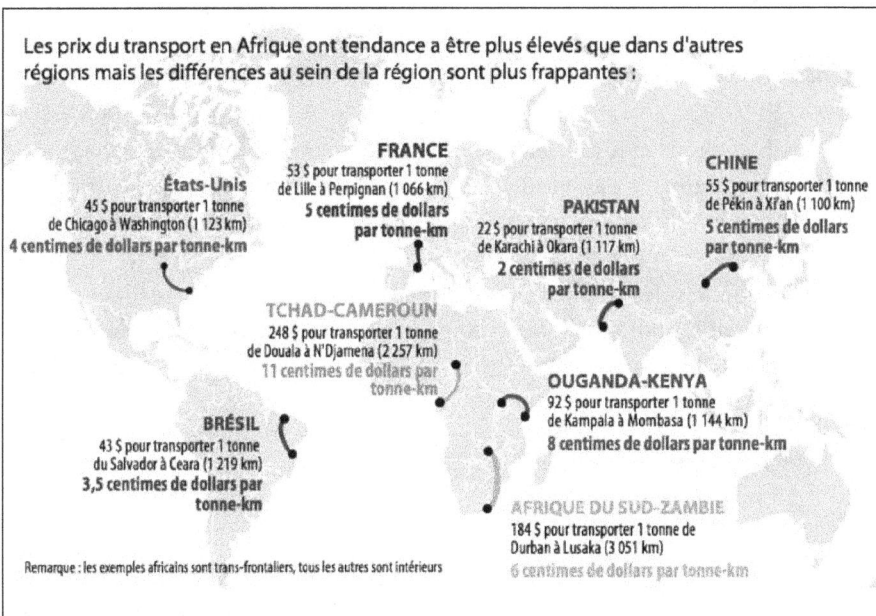

Graphique 8.8 : Comparaison du prix du transport dans certains pays
Sources : « l'Afrique et l'OMC » El Hachemi (colloque Rabat juin 2011)

Pour notre étude, nous nous intéressons surtout à l'obstacle lié à la diversité des monnaies et à leur inconvertibilité. Cette entrave limite fortement, le volume du commerce intrarégional d'une part, et elle réduit, d'autre part, la compétitivité des économies africaines, d'où la nécessité d'aller vers la monnaie unique en Afrique.

Pourquoi la monnaie unique en Afrique ?

Les arguments en faveur de la monnaie unique africaine, soulevés pour la première fois dans les années 1960 au sein de l'OUA, ont pris de l'ampleur avec la création de l'ABCA (l'Association des banques centrales africaines en 1965).

Lors de sa 26e session ordinaire tenue à Alger le 4 septembre 2002, l'ABCA a lancé le PCMA (le Programme de coopération monétaire en Afrique) avec, à la clef, la mise en place d'une monnaie et d'une Banque centrale uniques à l'échelle du continent. Pour y parvenir, le PMCA a mis en place quatre critères de convergence de premier rang devant être respectés par au moins 51 pour cent des pays membres de l'Association (ABCA rapport PMCA 2008).

1. déficit budgétaire global/PIB, hors dons, inférieur à 3 pour cent ;
2. taux d'inflation inférieur à 3 pour cent ;
3. réduction au minimum du financement du déficit budgétaire par la Banque centrale ;
4. réserves extérieures supérieures ou égales à 6 mois d'importations.

Sur ce chemin vers la monnaie unique, l'ABCA a divisé le continent en cinq sous-régions et notre étude porte sur celle de l'Afrique de l'Ouest (CEDEAO).

La CEDEAO se caractérise par l'existence de huit unités monétaires inconvertibles dont la fusion en 2020 en une monnaie unique sous-régionale améliorerait fortement la situation économique des États membres et stimulerait le développement du commerce intracommunautaire. Parmi les effets bénéfiques de cette monnaie unique, on peut citer :

- la réduction des coûts de transaction qui se répercuterait sur les coûts de production pour améliorer la compétitivité économique des États ;
- le gonflement du commerce intrarégional à travers la présence d'une monnaie unique de facturation de ce commerce ;
- la mise en place de politiques économiques et monétaires orthodoxes du fait des contraintes issues de la communauté (Banque centrale sous-régionale assez indépendante).

Sur le plan théorique, une littérature abondante a été consacrée à la question de la monnaie unique dans la CEDEAO ; cependant, il convient de souligner que celle-ci a souvent conduit à des conclusions opposées sur l'impact d'une union monétaire sur le commerce intrarégional. Ainsi, pour Mundel (1961), l'inconvénient majeur d'une union monétaire demeure la perte de l'autonomie de la politique monétaire.

Sur le plan continental, il convient de souligner que la plupart des travaux consacrés à la question conduisent globalement à des résultats positifs (Madariaga 2010). Ainsi pour Masson & Patillo (2004), les pays de la zone franc échangent entre eux 2.2 fois plus qu'avec les autres, le coefficient multiplicateur pour Nitsch (2004) étant de 1.5.

Dans le même ordre d'idées, Nubukpo (2010) montre que l'existence d'une union monétaire au-delà du gonflement du commerce régional pourrait être source de développement de la notion de partage des risques à travers l'accroissement de la mobilité des facteurs de production. Ce point de vue est largement partagé par les fédérations patronales syndicales dans la sous-région. En effet, pour le vice-président du Conseil national du patronat du Sénégal, « La constitution de la monnaie unique dans l'espace CEDEAO permet de rendre fluides les transactions commerciales et les transferts, facilite la circulation des produits et des services, améliore la circulation des personnes et élargit le marché financier en facilitant sa croissance ».

Au-delà de la stimulation du commerce intrarégional, l'émergence actuelle d'un système monétaire international multipolaire (dollar, yen, euro) (Bénassy-Quéré & Ferry 2011) fait qu'il est temps que le continent puisse se regrouper pour pouvoir tirer bénéfice de cette multipolarisation en mettant en place son propre pôle monétaire.

Au total, tous ces arguments montrent nettement le bien-fondé de la monnaie unique dans la CEDEAO et, au-delà, sur le continent.

Maintenant, comment instaurer celle-ci dans la CEDEAO ?

Il s'agira, à côté de la zone monétaire déjà existante (UEMOA, huit pays, une monnaie, le franc CFA), de mettre en œuvre la 2e zone appelée ZMAO et comprenant le Nigeria, la Sierra Leone, la Gambie, la Guinée et le Ghana. L'avènement de cette ZMAO prévue dernièrement pour 2010 a été repoussé à 2015 du fait des difficultés des six pays à respecter les critères de convergence ; à cette date, la ZMAO devrait adopter sa monnaie commune, l'ECO. Ensuite, la ZMAO et l'UEMOA normalement élargie à deux autres pays (Cap-vert et Libéria) devraient fusionner leurs deux unions monétaires pour donner en 2020 la monnaie unique de la CEDEAO. Entre-temps, la condition fondamentale à respecter pour que ce processus puisse tenir est le respect strict des critères de convergence édictés dans la communauté :

En premier lieu, une union monétaire a d'autant plus de chances de tenir que les pays ont des structures économiques proches, que les politiques économiques menées par les gouvernements sont coordonnées, et que chacun accepte de ne pas adopter des politiques qui seraient nuisibles aux autres. Il faut donc défi un cadre institutionnel qui favorise cela (Dufrenot 2010:10).

Quelle unité monétaire choisir comme monnaie unique dans la CEDEAO : les scenarii possibles ?

Plusieurs voies sont possibles : doit-on prendre l'Eco monnaie du sous-ensemble le plus puissant qui abrite le Nigeria, avec, comme limite, l'instabilité politique de ce pays ? Pourquoi pas le franc CFA, monnaie unique des huit États émise par la BCEAO, qui a une tradition de gestion orthodoxe de la monnaie ? L'inquiétude soulevée à ce niveau est que le franc CFA est sous la tutelle de la France, alors que la monnaie renvoie à la question du drapeau, donc de l'indépendance. Enfin, pourquoi ne pas choisir le schéma européen avec, à la clef, l'abandon des monnaies nationales et l'adoption d'une nouvelle unité monétaire qui s'imposerait automatiquement dans tous les pays membres ou qui entrerait en concurrence avec les monnaies nationales durant une période donnée, pour enfin aboutir à la meilleure monnaie de la sous-région (Hayek).

Une fois la monnaie sous-régionale instaurée, la dernière phase sera le choix du régime de change de la nouvelle monnaie, qui pourrait être fixe par rapport aux devises internationales ou flotter par rapport à celles-ci ou à un panier de monnaies. Le choix de ce régime de change très difficile incombe aux autorités monétaires et devra prendre en compte plusieurs paramètres, comme, le niveau de la dette, les conséquences sur le commerce, l'inflation, la croissance, etc. (Dufrenot 2010:10).

La même démarche devra être suivie dans les 4 autres sous-régions pour trouver dans chacune d'entre elles une monnaie sous-régionale, et c'est la fusion de ces différentes monnaies sous-régionales qui va finalement donner la future monnaie unique africaine.

Les contraintes techniques et institutionnelles à remplir pour une réussite de la monnaie unique en Afrique

Au vu des développements précédents, la monnaie unique apparaît comme un impératif pour le développement des pays africains. Cependant, elle ne se décrète pas, autrement dit, son avènement demande de la part des États membres le respect de certaines contraintes institutionnelles, politiques et techniques parmi lesquelles on note une volonté politique marquée et une acceptation d'abandon de la souveraineté dans certains domaines.

En fait, la question monétaire renvoie à l'idée d'indépendance et donc de souveraineté. Ainsi, pour que la monnaie unique puisse apparaître sur le continent, il faudrait qu'au préalable les autorités politiques acceptent de transférer une partie de leur souveraineté à une institution supranationale qui serait chargée de créer cette monnaie et de conduire la politique monétaire dans l'union. Cette banque centrale commune devrait donc être indépendante à l'égard du pouvoir politique, ce qui lui donnerait une grande marge de manœuvre pour mener des politiques monétaires orthodoxes, bannissant par exemple le financement monétaire de déficits budgétaires structurels.

Une volonté politique marquée voudrait également que cesse la course vers le leadership dans certaines parties du continent : dans la CEMAC, nous avons ainsi une union économique et monétaire avec deux bourses sous-régionales (Yaoundé et Libreville), l'instauration de visas d'entrée alors que les règles de la communauté postulent la libre circulation des biens et des personnes.

- La convergence macroéconomique entre les États

Dans la pratique, la viabilité d'une union monétaire reste subordonnée au respect de la convergence macroéconomique entre les pays, c'est-à-dire à la mise en place de politiques économiques tirant dans le même sens. « En d'autres termes, ces politiques doivent faire l'objet d'une surveillance multilatérale par les pays concernés de manière à ce que les contre-performances de certains ne compromettent pas la solidarité de l'ensemble. C'est cette préoccupation qui a motivé le long processus de convergence dans lequel les pays européens se sont engagés avant de lancer leur monnaie unique l'euro » (Dufrénot). En réalité, l'instauration d'une monnaie unique dans un ensemble totalement divergent pousserait les États les plus forts à anéantir sur le plan économique les plus faibles. Les dernières statistiques de l'ABCA* nous montrent que malgré les efforts qui ont été faits dans ce domaine, plusieurs éléments de blocage subsistent.

Tableau 8.9 : Nombre de pays respectant les critères de premiers rangs en 2010

Sous-régions	Solde budgétaire/ PIB£3 %		Inflation £5 %		Financement déficit budgétaire par BC=0		Réserves extérieures ³6 mois	
	2009	2010	2009	2010	2009	2010	2009	2010
Afrique du Nord (6 pays)	1	1	3	0	5	0	4	0
Afrique de l'Ouest (15 pays)	2	1	10	7	12	12	11	10
Afrique centrale (8 pays)	4	4	3	5	7	3	6	4
Afrique australe (11 pays)	2	4	1	5	12	11	1	2
Afrique de l'Est (11 pays)	0	0	2	4	5	5	2	1

Sources : Statistiques ABCA 2011

*ABCA : Association des banques centrales africaines

- La lutte contre la corruption et la pratique de la bonne gouvernance.

Une monnaie unique crédible n'est pas compatible avec un niveau élevé de corruption. En effet, le défi actuel le plus important du continent, reste la corruption, surtout dans l'administration. Celle-ci constitue un frein à la croissance économique, décourage l'investissement privé tant local qu'étranger et réduit les ressources disponibles pour le développement. Ce qui rétroagirait négativement sur la valeur de la monnaie.

- L'arrêt de la duplication des projets d'intégration dans les différentes sous-régions : ainsi en Afrique de l'Ouest, nous avons L'UEMOA et la CEDEAO, en Afrique centrale la CEEAC et la CEMAC. Ce dédoublement des zones monétaires entraîne une augmentation des charges budgétaires pour les États et peut saper les efforts de convergence et être source de contradictions dans les objectifs d'unité monétaire poursuivis au niveau continental.

Conclusion

En dépit de la crise économique persistant sur le plan international depuis quelques années, l'Afrique a pu limiter les conséquences néfastes de la récession amorcée dans les pays industrialisés en raison, surtout, de sa faible intégration dans les structures financières et commerciales internationales. Le taux de croissance de son PIB a pu ainsi faire un rebond pour passer de 2.6 pour cent en 2009 à 5.5 pour cent en 2010. Toutefois, ce niveau ne lui permet toujours pas d'atteindre les 7 à 8 pour cent nécessaires pour régler la question des OMD permettant de lutter durablement contre la pauvreté. Malgré les efforts déployés, l'Afrique reste donc toujours en marge de la mondialisation actuelle.

L'une des explications en demeure la balkanisation du continent, avec la multiplication de micro-États sans fondements économiques solides au moment où les autres régions du monde se regroupent dans de grands ensembles. Dans cette perspective, nous avons constaté que la question des États unis d'Afrique, vue sous l'angle économique, pouvait être une solution optimale de sortie de crise du continent, par le biais de l'intégration économique régionale. Sur cette voie, la monnaie unique africaine peut être d'un apport décisif dans la mesure où elle va transcender la question des frontières ainsi que les clivages et différences linguistiques. En effet, la monnaie est un signe de souveraineté, d'indépendance et elle sera ainsi le drapeau de la future fédération des États d'Afrique. Cependant, la monnaie unique ne se décrète pas, autrement dit, son instauration et sa réussite demandent au préalable le respect de certaines conditions :

- une volonté politique forte des différents pouvoirs publics pour transférer une partie de leur souveraineté à des structures supranationales ;
- une intensification des courants commerciaux entre les États africains et entre les communautés économiques régionales déjà existantes ;
- la pratique de la bonne gouvernance et la lutte contre la pauvreté dans les différents États ;
- le renforcement de la démocratie et l'établissement d'États de droit sur le continent.

Bibliographie

Benassy-Quéré, A. & Ferry J.-P, 2011, « Vers un régime monétaire multipolaire : le meilleur ou le pire des scénarios ? » *Problèmes économiques* du 27 avril.

Banny, C. K., 2000, « Problématique de l'intégration monétaire en Afrique de l'Ouest », Colloque Ouagadougou, mars.

Balassa, B., 1962, *The Theory Of Economic Integration*, (G. Allen Unwin), London.

CNUCED, 2009, « Le développement économique en Afrique : renforcer l'intégration économique régionale pour le développement de l'Afrique », Nations Unies, Genève.

CNUCED, 2010, Rapport sur l'investissement dans le monde, Nations Unies, Genève.
    Dieye, C. T., 2010, « Quel futur pour l'intégration et le commerce intrarégional
    en Afrique de l'Ouest », *Revue Enda Syspro,* Dakar.
Diouf, M., 1983, *Intégration économique en Afrique*, NEAS.
Diouf, J., 2011, citation tirée de « Famine en Afrique », article publié dans le Nouvel
    Observateur et AFP du 24 juillet 2011.
Dufrénot, G., 2010, « Vers une monnaie unique pour les pays de la CEDEAO », *Revue
    Grain de sel,* n° 51.
El Hachimi, 2011, « *L'Afrique et l'OMC* », Colloque Rabat, juin 2011.
Fall, P N., 2010, « La situation de l'intégration régionale : le défi de la monnaie
    unique », Colloque Accra, 2007.
Hayek, F. von 1986, « Denationalisation of money », London Institute of economic
    affairs, special papers, n° 70.
Madariaga, N., 2010, « Mesure et évolution récente de l'intégration commerciale en zone
    franc », *Revue Macrodev,* novembre 2010, n° 1.
Masson, P. & Patillo, C., 2004, « Une monnaie unique pour l'Afrique », *Finances et
    développement,* décembre 2004.
Mundell, R. A., 1961, « A theory of optimum currency area », The American Economic
    Review, Volume 51, Issue 4 (Sep., *1961*), p. 657-665.
Ndoye, A. A., 2010, la citation tirée de « Où en est Internet en Afrique ? », article publié
    le 11 juin 2010 par ZDNet.fr.
Nitsch, V., 2004, « Comparing Apples and Oranges : The Trade Effect of Multilateral
    Currency Union is Small », in Alexander, V., Mélitz, J., Furstenberg, G. von (Eds.)
    Monetary Unions and hard Pegs. Effects on Trade, Financial development and stability,
    Oxford University Press.
Nubukpo, K., 2010, « Politique monétaire et développement du marché régional
    en Afrique de l'Ouest : les défis du franc CFA et les enjeux d'une monnaie unique dans
    l'espace CEDEAO », *Revue Enda Syspro,* Dakar.
Viner, J., 1950, « Le problème des unions douanières » (the Carnegie Endowment for
    International Peace).

9

L'Afrique a-t-elle un cahier des charges face aux pays émergents ?

Ibrahima Niang

Ne vous tourmentez pas ! Organisez-vous.
Tadjudeem.

Introduction

La question des relations entre les pays émergents et le continent est alimentée depuis quelque temps par une littérature très abondante, particulièrement celle concernant les nouvelles relations entre la Chine et l'Afrique, fruits d'une stratégie discrète et savamment entretenue par un activisme diplomatique et commercial chinois[1], par la mobilisation d'énormes ressources financières destinées aux projets/investissements Sud-Sud depuis le début des années 2000 et la succession effrénée des forums et autres sommets Chine-Afrique, Inde-Afrique, ou encore Inde-Brésil-Afrique du Sud.

Cette communication cherche à analyser la question des rapports entre l'Afrique et les pays émergents, singulièrement avec la Chine, dans une perspective prospectiviste afin de voir loin et de penser global pour une stratégie africaine d'engagement. Elle n'a ni l'intention de faire l'apologie de la Chine et de ses prétendus bienfaits pour le continent – au cas où ne l'aurait pas mesurée *l'autruche africaine* (Gaye 2005) – ni de siffler la fin des privilèges européens en Afrique (Bangui 2009), encore moins de verser dans une certaine « sinophobie ».

Cette nouvelle maladie est diagnostiquée dans la littérature occidentale par les thuriféraires de la Chine comme la maladie infantile de capitalistes névrosés, d'idéologues hystériques (Niquet 2006), de libéraux maniaco-dépressifs et en panne de propositions, pour qui la Chine est une puissance prédatrice (Imbert). L'objet de cette communication n'est pas d'enfoncer des portes déjà ouvertes et de s'ajouter à cette littérature déjà abondante où chacun cherche à se faire peur, mais plutôt   de voir comment l'Afrique peut reprendre l'initiative et créer sa voie en dehors de celles déjà définies par les puissances traditionnelles et émergentes. Il s'agira d'anticiper sur ce que seront dans l'avenir les relations entre l'Afrique et les pays émergents, opportunité ou menace. De la sorte, non seulement l'avenir aura été préparé, mais il aura été appelé et compris par une stratégie d'engagement. C'est notre unique chance de ne plus voir les sociétés surprises, les économies asphyxiées, victimes de retards, d'inadaptations qu'on pourrait éviter.

Problématique de recherche

Partant donc du principe selon lequel « la prospective suppose une liberté que ne permet pas l'obligation à laquelle nous soumet l'urgence », la question de recherche de ce travail vise à se situer dans une perspective prospectiviste pour mieux penser le devenir des relations entre le continent africain et les pays dits émergents, particulièrement avec la République populaire de Chine, afin de voir comment le continent africain devrait se positionner dans cette nouvelle géographie économique du monde, en conciliant les contraintes (mondialisation, globalisation, poids démographique, l'emploi des jeunes, la pauvreté, les maladies, etc.) qui s'imposent à lui et qui n'attendent pas et l'avenir qui ne viendra pas de lui-même, mais doit être construit par un acte libre de volonté et d'imagination. C'est fort de cela que nous nous sommes demandé si l'Afrique avait un tableau de bord, un agenda personnel pensé par et pour les Africains en vue de ne point continuer à subir un contexte imposé, et de ne pas demeurer une terre de rivalités politiques, économiques et géopolitiques entre puissances. Bref, une terre de convoitises.

Aujourd'hui, nous assistons à une guerre économique et commerciale entre les puissances traditionnelles (États-Unis d'Amérique, France, Grande-Bretagne) et puissances émergentes pour dominer les marchés et le globe, les sociétés et les cultures, les hommes, l'environnement, particulièrement en Afrique, qui demeure davantage la scène et l'enjeu des conflits mondiaux, qu'un acteur pleinement autonome et responsable, notamment dans les domaines géostratégique, économique et politique.

C'est pourquoi la question que l'on se pose est de savoir comment l'Afrique peut choisir sa voie et ne plus être à la remorque desdites puissances. En travaillant de telle sorte qu'elle puisse sortir des pièges de la gouvernance mondiale au moment où elle tarde à obtenir un rôle et une place dans la gouvernance économique mondiale pour influer sur les décisions de ce monde. Malheureusement, le continent africain a du mal à s'organiser pour disposer d'institutions fortes et respectables, capables de définir une feuille de route commune pouvant lui permettre de se faire une place dans le gotha des institutions, de faire face aussi aux nouvelles stratégies des pays émergents, qui ont su s'organiser et s'imposer dans les grandes institutions de ce monde, au point d'imprimer leur temps à la marche du monde.

Partant de là, permettre aux sociétés civiles africaines, c'est-à-dire ces corps intermédiaires, ces corporations, ces associations, ces industriels, qui après avoir développé des stratégies de survie après la période de l'endettement et des politiques d'ajustement, doivent s'organiser pour éviter d'être pris au piège de « la globalisation subalterne », qui se manifeste par l'arrivée d'acteurs économiques privés chinois dans les circuits de l'économie informelle.

Quand le Soleil se lève à l'Est[2]

La montée en puissance de l'industrie des pays de l'Extrême-Orient est incontestablement l'un des faits économiques les plus significatifs de la seconde moitié de XXe siècle. Elle apporte la preuve qu'il n'y a pas de fatalité du sous-développement, comme l'écrivent Daniel Etounga Manguelle (1991) et Axelle Kabou (1993), et confirme après les précédents japonais, indien et sud-africain que le capitalisme se lève aussi à l'Est, et n'est point destiné à n'exister que dans les régions de peuplement européen.

Le vol d'oies sauvages connu en Asie de l'Est et qui s'est manifesté par une diffusion de la croissance économique dans cette partie du monde, entraînant le réveil des dragons, démontre que le capitalisme est voué à se réinventer avec différentes configurations institutionnelles et politiques nationales (Bayart 1994), surtout du fait de l'importance des dynamiques nationales et des processus d'appropriation locale de techniques étrangères dans la diffusion de ce mode de production. Cet essor du capitalisme dans les régions du Sud généralement soumises à l'ancienne division internationale du travail, est le résultat de la jonction des stratégies nationales de développement et des stratégies privées d'investissement des firmes multinationales, à l'origine d'une recomposition en profondeur de la carte économique mondiale (Adda 2004). Bref, d'un déplacement des centres de gravité du capitalisme mondial.

Et ce, contrairement à une bonne partie des pays africains et particulièrement ceux dits rentiers, qui avaient misé sur une croissance orientée dans l'exploitation outrancière de leurs ressources naturelles sans varier leurs bases exportatrices. Ces économies font aujourd'hui l'objet d'une marginalisation inexorable dans les relations économiques internationales, dont les conséquences économiques environnementales et sociales peuvent être catastrophiques à court ou long terme et annihiler les immenses efforts consentis par plusieurs générations.

Les pays dits émergents, en revanche, ont réussi à transformer leurs spécialisations internationales, et à prendre pied sur les marchés mondiaux des biens manufacturés et des services en constituant un pôle d'attraction puissant pour les capitaux circulant désormais librement à l'échelle mondiale. Il y a dès lors une tendance forte qui se dégage dans l'analyse des relations internationales. De la guerre froide, marquée par une bipolarisation du monde entre le bloc communiste et le bloc capitaliste, à la chute du mur de Berlin, en passant par d'autres événements majeurs qui auront été déterminants dans la marche du monde, le schéma de compréhension de la géopolitique a fortement évolué, à telle enseigne qu'il ne serait pas illégitime de parler d'une révolution copernicienne qui s'est opérée à partir de l'Empire du Milieu et bouleverse complètement les vieilles théories des relations internationales.

Une rupture paradigmatique de la compréhension du système-monde

Aux rapports classiques de dépendance qui caractérisaient les relations entre un Nord développé et un Sud sous-développé, se superposent désormais des rapports de concurrence qui sont susceptibles de fragiliser tout État du Nord comme du Sud incapable de promouvoir la compétitivité à long terme de son économie nationale. À ce rythme, le XXIe siècle semble se dessiner sans le continent africain. Dès lors, l'on se demande de manière légitime : À quand l'Afrique au moment où des possibilités se présentent à elle ? Face à une accélération du rythme de la mondialisation, de la course aux ressources minières et énergétiques, des enjeux géopolitiques liés, qui va avoir de nouvelles répercussions importantes sur les relations entre l'Afrique et les intérêts économiques des pays émergents. En effet, les besoins en matières premières (surtout pétrolières) des pays émergents deviennent de plus en plus considérables, et le continent africain devient de nouveau très attractif du point de vue économique et constitue même un enjeu de taille. Toutefois, l'analyse de cette présence en Afrique peut être abordée de plusieurs manières et étudiée à différentes échelles. Elle est révélatrice d'un changement paradigmatique qui fait que l'Afrique passe d'un continent « à la dérive » à celui de toutes les convoitises. Elle n'est plus ce continent dont on avait lu l'oraison funèbre ; celui qui n'avait plus d'avenir, d'où les vieilles puissances semblaient se retirer les unes après les autres.

Aussi les derniers événements survenus en Côte d'Ivoire, en Libye et le partage du Soudan viennent-ils confirmer que le continent est redevenu l'objet des convoitises, le théâtre d'opérations de la nouvelle guerre froide opposant les puissances traditionnelles et les pays émergents.

Le produit Afrique a gagné des points dans l'échelle des valeurs et, pour parler comme les professionnels du marketing, elle (l'Afrique) connaît un nouveau positionnement, qui fait d'elle un enjeu entre les puissances traditionnelles et les pays émergents. C'est l'une des conséquences majeures de l'évolution des grands équilibres géostratégiques, géopolitiques et géoéconomique que traduit ce regain d'intérêt autour du continent africain.

Le schéma explicatif d'un monde passant du bipolarisme à un monde multipolaire, qui permettait de comprendre les relations économiques internationales a considérablement changé avec l'avènement de nouveaux centres avec leur périphérie. Ainsi, partant d'un monde tiré par la Triade (Japon, Europe, États-Unis), le spectacle actuel de la scène internationale nous campe dans un décor multipolaire avec l'avènement de nouvelles puissances dites émergentes comme la Chine, le Brésil, l'Inde, et impose un nouveau regard sur les relations internationales dans le tiers-monde, dès lors que ces acteurs étatiques redeviennent incontournables dans la scène internationale telle qu'elle a été théorisée par le courant réaliste.

C'est un postulat intéressant, qui devrait être éprouvé avec le temps. Au demeurant, les « nouvelles » relations en train de se tisser entre l'Afrique et la Chine depuis bientôt onze ans, date du premier forum sino-africain, préfigurent de nouveaux types de relations en dehors des anciens schémas d'explication du monde. Une situation qui est dans l'ordre des possibles dans la mesure où tout porte à croire que ces relations sont appelées à durer et à se renforcer. Ce contexte nous impose de repenser la mondialisation, devenue une affaire des nations[3] (Inde-Chine-Brésil et Russie), dès lors que l'économie mondiale est portée par l'expansion de ces nouvelles puissances hégémoniques, même si, dans la littérature, c'est une affaire de firmes multinationales et d'entreprises privées – contredisant ainsi une certaine doctrine sur la mondialisation (Hardt Negri 2000).

Histoire d'un rapprochement avec les pays émergents

Les pays émergents ont cherché, chacun à sa manière, à se rapprocher du continent africain afin d'entrer dans les bonnes grâces de ses dirigeants, qui ne savent plus distinguer entre une relation d'amitié et une relation d'intérêt. Malgré tout, c'est la course aux matières premières et aux nouvelles alliances ; conscient de cela, le Brésil est allé jusqu'à commettre des avocats pour défendre les pays africains à l'OMC contre les politiques occidentales et américaines de subventions de leurs produits agricoles.

Il est important de replacer la question que pose le rapprochement de ces pays (Chine, Inde, Brésil) et de l'Afrique dans son contexte global afin d'en saisir les enjeux à l'échelle mondiale, avant d'étudier les acteurs en présence et leurs stratégies dans une perspective prospectiviste. L'Afrique est devenue un enjeu territorial entre les grandes puissances et les puissances émergentes avides d'assurer leur développement ou d'étendre leur zone d'influence mondiale. Ces antagonismes sont l'illustration d'une tendance à long terme de l'évolution des équilibres géopolitiques.

Elle se traduit par une recomposition de la carte économique mondiale, avec l'émergence de nouveaux pôles de développements. Ces puissances émergentes ont un intérêt très particulier et stratégique en Afrique, particulièrement la

Chine, qui nous servira de support dans la mise en évidence des relations entre l'Afrique et les pouvoirs émergents. Le retour de la Chine en Afrique traduit une ferme volonté de redevenir le leader naturel des pays en développement en gardant le statut du « plus grand pays en développement » et de renouer avec son vieux projet de puissance du « tiers-monde ». Aussi, pour faire face à la forte dépendance de son économie dans les secteurs énergétiques, des matières premières et des produits agricoles, va-t-elle se tourner vers le continent africain pour construire une coopération et des alliances économiques susceptibles de lui assurer un approvisionnement régulier, sûr et moins coûteux en ressources minières et énergétiques.

Les pays dits émergents se font progressivement une place dans ce nouvel ordre et viennent bouleverser les anciens paradigmes de compréhension du monde. Comme l'écrit Yves Lacoste, « Quand la Chine change le monde » (Lacoste 2007), il faut repenser notre vision du monde. Désormais, la coopération « Sud-Sud » se développe de façon autonome, tirée par les grands pays émergents et en dehors des grands flux économiques centrés sur les principaux pôles de développement occidentaux.

Dans la réalité, la croissance mondiale est portée par l'expansion des pays émergents, Chine, Brésil, Inde. Elle semble, de fait, redevenue au tournant du siècle une affaire de nations. C'est pour ces raisons que nous proposons de faire une réflexion sur l'Afrique et les pays émergents afin de voir si celle-ci a une feuille de route face à ces multiples partenaires, de manière à mettre en place une stratégie d'engagement.

Dès lors, quelle est la place de l'Afrique dans ce monde qui bouge et qui décide ? De quelle réponse disposons-nous avec les propositions chinoise, indienne et brésilienne ?

C'est tout le sens de la dimension prospective de ce travail. Que voulons-nous que nos rapports soient avec les pays dits émergents ? Il faudra donc non plus subir cette nouvelle forme de partenariat mais la construire, c'est-à-dire disposer d'un cahier des charges dans les négociations avec les pays émergents. Qu'est-ce qu'un pays émergent d'abord ?

Les pays émergents, un concept flou

Le concept de pays émergents demeure très flou, malgré quelques efforts de clarifications conceptuelles visant à mieux distinguer les pays qui peuvent légitimement se classer parmi ce groupe, devenu depuis quelque temps l'objet d'une importante littérature et de tous les débats.

Ce sont des pays dont le PIB par habitant est inférieur à celui des pays développés, mais qui vivent une croissance économique rapide, et dont le niveau de vie, ainsi que les structures économiques, convergent vers ceux des pays développés. Une telle définition est loin de faire l'unanimité, tant les pays répondant à ces indicateurs sont nombreux. Certains soutiennent que les pays émergents sont les pays intermédiaires qui ne font plus partie des pays les moins avancés et qui sont devenus les nouveaux pays industrialisés, particulièrement les nouveaux dragons asiatiques.

Les cabinets de conseil, les institutions financières, les agences de notation ont défini aussi un certain nombre de caractéristiques afin de désigner les pays dits émergents en recourant à une certaine terminologie faisant référence aux marchés, aux capitaux et aux biens de consommation, contestant du coup la présence de certains pays parmi ceux dits émergents, du fait que ces derniers bénéficient surtout de leur situation de rente par l'exportation massive de leurs matières premières – avec la Russie qui doit sa bonne santé à la vente de ses hydrocarbures. Le concept est utilisé pour la première fois par l'économiste néerlandais Antoine van Agtmael, en 1981, de la Société financière internationale, pour désigner les pays en développement offrant des opportunités pour les investisseurs. Il est devenu l'antichambre vers le développement achevé, un stade qui ne peut être considéré que comme étant transitoire. Toutefois, on peut identifier des pays offrant des opportunités d'investissements et faisant partie des moins avancés du globe.

Le concept de pays émergent ne peut prendre son ancrage en sociologie que s'il peut servir d'idéal-type, au sens weberien du terme, car il ne peut être saisi qu'en recherchant pour chaque type d'économie le maximum de cohérence logique. Par conséquent, il doit servir de fil conducteur dans l'observation des pays dits émergents, à titre de schéma opératoire qui permet de comprendre des faits singuliers.

Pour un auteur comme Christophe Jaffrelot :

> Si la question des pays émergents est traitée comme une évidence par les médias, définir la catégorie de ces nouveaux pays n'est pas une chose aisée. Le caractère flottant de cette catégorie est inhérent à son statut transitoire : « émerger » cela veut dire s'arracher du sous-développement et rejoindre le club fermé des pays riches, car nul n'a vocation à rester émergent. Mais quand le devient-on, et à partir de quand quitte-t-on cette nébuleuse ? (Jaffrelot 2008)

Il est plus aisé de dire ce que n'est pas le type idéal de pays émergent que de montrer de ce qu'il est. Car de considérer la Chine, deuxième puissance économique mondiale, comme un pays émergent, pose plus de problèmes que cela n'en résout. Face à la complexité de la définition du concept, Jaffrelot énumère trois critères complémentaires qui, selon lui, permettent de mieux cerner le phénomène et de pouvoir se faire une idée claire des pays dits émergents :

- une croissance forte et soutenue dans un contexte économique et social encore marqué par une grande pauvreté ;

- une relative stabilité institutionnelle qui permet aux pays en question de disposer d'un État solide et de procédures de régulation des affaires économiques ;
- une volonté de puissance qui suscite bien des appréhensions parmi les riches : les émergents s'affirment sur la scène internationale aux dépens des puissances issues des développements antérieurs.

Le type idéal de pays émergent est un instrument opératoire qui pourrait nous permettre de formuler des hypothèses qui peuvent être corroborées ou réfutées. À partir de la grille d'analyse de C. Jaffrelot sur le type idéal du pays émergent, on peut émettre des conjectures théoriques qui conviennent à tel ou tel pays, elles peuvent ainsi être confirmées ou infirmées par l'expérience.

C'est pourquoi il est impératif de repenser le concept de pays dits « émergents » afin de savoir qui est éligible et qui ne l'est pas. Et comme la manière dont ces pays ont émergé diffère des uns aux autres, on peut dire qu'il n'y a pas de modèle d'émergence, même si des constantes demeurent, dans la mesure où ils partagent les traits suivants : une économie fortement extravertie basée sur l'exportation de marchandises, de biens manufacturés et de matières premières, une volonté hégémonique marquée par de forts appétits énergétiques, avec une forte présence dans les parties du monde où l'on trouve ces réserves (Afrique) ; une remise en cause de la gouvernance mondiale actuelle pour une meilleure représentation des pays émergents au sein de ces institutions.

Enfin, ces pays émergents ont en partage de fortes inégalités, qui se déclinent selon des déséquilibres sociaux économiques et démographiques. Convenons avec la communauté, en attendant d'y revenir plus amplement, de prendre en compte dans le cadre de notre travail axé sur l'Afrique et les pays émergents les pays suivants, comme étant ceux qui représentent les pays dits émergents : Brésil, Russie, Inde, Chine. L'acronyme BRIC a été inventé pour désigner les quatre principaux pays émergents qui seront appelés à jouer un rôle de premier plan dans l'économie mondiale. Il existe des variantes à cet acronyme, dont BRICM, avec l'ajout du Mexique ou BRICS, avec l'Afrique du Sud.

Les pays émergents, dans leur ensemble, connaissent un accroissement de leur revenu par habitant et donc l'augmentation de leur part dans le revenu mondial. Ils se caractérisent par leur intégration rapide à l'économie mondiale d'un point de vue commercial (exportations importantes) et financier (ouverture des marchés financiers aux capitaux extérieurs). Ainsi, ces pays investissent de plus en plus à l'étranger : 117 milliards de dollars en 2005, soit 17 pour cent du total mondial, contre 10 pour cent en 1982[4]. Forts de cela, les pays émergents ont investi le continent africain avec l'intention de maintenir leur taux de croissance et leur volume de développement, en dépendant des ressources énergétiques dont l'Afrique dispose.

L'OCDE, dans son étude sur les conséquences africaines de l'essor des pays émergents (Goldstein, Pinaud, Reisen & Chen 2006 35-45), explique que si les termes de l'échange s'améliorent très légèrement, suite à l'augmentation de la demande, la présence des pays émergents y est pour quelque chose, de sorte que l'Inde est devenue la première destination des produits sénégalais devant la France. Elle absorbe en moyenne 15 pour cent des exportations globales sénégalaises, principalement avec les phosphates (Enda Prospectives 2007).

Contrairement au Brésil et à l'Inde, la démarche chinoise associe une course aux alliances et un intérêt porté aux gisements en matières premières. C'est ainsi que des stratégies sont nouées avec la quasi-totalité des pays du continent en initiant l'organisation d'un forum de coopération Chine-Afrique qui se tient tous les trois ans, et les multiples visites de Hu Jintao depuis son avènement à la tête de la Chine sont les parfaites illustrations de l'importance du continent africain aux yeux de la Chine. La Chine est devenue un des partenaires les plus importants de certains pays africains, surtout ceux disposant de richesses pétrolières et minières, mieux encore, la Chine loue des territoires agricoles qu'elle compte faire exploiter directement par sa propre main-d'œuvre (Brunet & Guichard 2011:165).

La Chine et l'Afrique : histoire d'un rapprochement

Les relations sino-africaines ne datent pas de la Conférence de Bandung ou de la naissance de la Chine communiste. Elles sont très anciennes et remontent au XVe siècle, entre 1405 et 1433 (Gaye 2006:57). Le célèbre navigateur chinois, Zheng He, de la dynastie des Ming, dirigea une flotte de 300 navires qui accosta en Afrique orientale. C'est à sa mort que les Chinois décidèrent de mettre fin à leurs relations commerciales et d'interrompre les visées expansionnistes de l'Empire du Milieu, soucieux de préserver son intégrité face à la menace de l'invasion mongole.

Ainsi, les relations sino-africaines vont demeurer interrompues durant une très longue période, jusqu'à l'avènement des communistes en 1949, coïncidant avec la grande vague des indépendances africaines. C'est une période durant laquelle la guerre idéologico-politique prit le dessus sur la dimension mercantile. La Chine, pour se démarquer des deux blocs qui se menaient une « guerre froide », sera la tête de pont, avec l'Inde, du troisième bloc (le tiers-monde) et va tirer dans son sillage les nouveaux États indépendants et les mouvements nationalistes indépendantistes qui bénéficieront de son soutien militaire dans leur lutte de libération. À cette époque, l'Afrique retrouvait le grand frère qu'elle cherchait et, du coup, la Chine réussit sa « percée sentimentale » (Gaye 2006:62) qui va se traduire par une importante politique d'aide au développement aboutissant à l'envoi de coopérants chinois en Afrique, à la construction de stades et de palais du peuple.

Les Chinois, ne disposant pas de moyens financiers conséquents dans la lutte d'influence qui les opposait aux Soviétiques, vont recourir à des stratégies innovatrices et peu onéreuses[5] pour gagner la sympathie africaine. Ces deux rivaux seront à l'origine de l'organisation des conférences (Conférence des non-alignés par l'URSS et seconde conférence de Bandung, regroupant des pays d'Asie et d'Afrique, par la Chine) dans le but de nouer le plus de relations et conquérir de nouvelles amitiés.

Le continent commençait à intéresser de nouveau la Chine, qui cherchait à charrier des élans de sympathie idéologique. La Chine va développer un argumentaire anticolonialiste et exprimer sa position de non-alignement, qui va séduire les nouvelles élites dirigeantes du continent. Pour montrer au continent l'importance qu'il revêtait aux yeux de la Chine, Chou En Lai entreprit un long périple qui le mena dans plusieurs pays entre 1963-1964 (Maroc, Algérie, Tunisie, Mali, Guinée, Ghana, Égypte, Soudan, Éthiopie, Somalie), pour s'assurer de l'ancrage idéologique des nouveaux États partenaires de la Chine et des possibilités d'élargir l'assiette idéologique chinoise.

Durant cette longue tournée de Chou En Lai, la Chine déclina sa feuille de route pour atteindre ses visées politiques, axées essentiellement sur la participation aux luttes de libération nationale, le soutien politique mutuel et la solidarité tiers-mondiste (Gaye 2006:67). Par extension, les relations sino-africaines sont régies par huit principes, notamment l'égalité entre Chinois et Africains, le respect de la souveraineté des pays receveurs d'aide, l'attribution de celle-ci sous la forme de prêts sans intérêt ou à des taux avantageux, l'aide à l'autosuffisance, le lancement de projets nécessitant peu d'investissements… (Aicardi de Saint Paul 2004).

La Chine réussira une entrée satisfaisante en Afrique avec, à la clé, la reprise du siège au Conseil de Sécurité de l'ONU., au détriment de Taïwan dès 1965, grâce au vote africain, ce qui fera dire à Mao Zedong : « Si maintenant nous sommes entrés à l'ONU c'est que les frères pauvres d'Asie et d'Afrique nous ont épaulés » (Zhang 2000). Pour les récompenser, la Chine va mettre à leur disposition un vaste programme financier et technique d'aide pour les maintenir dans son giron, afin de contrecarrer les visées hégémoniques des Américains et des Soviétiques et de rendre nulle l'offensive de reconnaissance diplomatique de Taïwan.

À partir de 1978, les relations entre les États africains et la Chine vont évoluer et connaître un tournant très important avec l'avènement de Deng Xiaoping à la tête de la République populaire de Chine. La politique extérieure de la Chine a toujours été dépendante de la situation politique intérieure du Parti communiste ; ces changements opérés à la tête du Parti vont modifier la tournure des relations entre la Chine et l'Afrique. En déterminant les nouvelles règles de la coopération sino-africaine, l'implication chinoise dans les programmes d'aide et d'investissement va connaître une baisse drastique, au point de réduire les ambitions de la Chine pour le continent.

C'est l'ère des réformes sous Deng Xiaoping, où la Chine est préoccupée de résoudre ses problèmes internes et de relancer une économie exsangue face à l'échec de la révolution culturelle du grand timonier « Mao », qui faisait passer la grandeur de la Chine avant le bonheur des Chinois. Bien que ses erreurs économiques aient frisé la naïveté, Mao réussit, en vrai politique, à inculquer aux Chinois l'orgueil de la Chine. Il les prépara à accepter les contraintes que ferait peser sur eux le sacrifice du développement (Haber & Mandelbaum 1996). Cet avènement traduit une volonté manifeste de la Chine de rompre avec une mentalité passéiste, de définir un modèle de développement pouvant leur permettre de sortir de cette impasse et de réussir les *Quatre modernisations* proclamées par Zhou Enlai. Le grand mérite de la Chine est d'avoir su très tôt que sans les réformes nécessaires, point de développement. C'est l'une des grandes leçons chinoises pour l'Afrique, qui tarde à reprendre l'initiative et à opérer les ruptures nécessaires afin de se positionner et d'être dans les starting-blocks.

La Chine va rompre avec ses visées idéologiques pour plus de pragmatisme en considérant l'Afrique comme un marché potentiel. Le soutien accordé aux pays africains est remplacé par une relation fondée sur la promotion des investissements et du commerce extérieur chinois en Afrique. L'Empire du Milieu ne va pas faire du tout commercial, car Taïwan élargit petit à petit sa zone d'influence, et il faut l'isoler diplomatiquement.

Le continent va être l'objet de rudes combats entre Taipeh et Pékin à coup de contrats et de prêts, c'est le règne de la « diplomatie du don et du chéquier » qui verra le Libéria (octobre 1989), le Lesotho (avril 1990), la Guinée-Bissau (mai 1990), la Centrafrique (juillet 1991), le Niger (juin 1992), le Burkina Faso (février 1994), la Gambie (juillet 1995), le Sénégal (janvier 1996), São Tomé et Principe (mai 1997) et le Tchad (août 1997) nouer des relations diplomatiques avec l'île de Formose. Les changements de ces liens diplomatiques ont toujours été accompagnés de généreux projets d'aide financés par Taïwan, et de promesses d'achever et d'entretenir également des projets commencés par la RPC.

Cependant, plusieurs de ces pays ont de nouveau changé de camp : le Lesotho en 1994, le Niger en 1996, la Centrafrique et la Guinée-Bissau en 1998, et le Sénégal en 2005. De même, en 1998, Taïwan perd l'Afrique du Sud (son plus important allié en Afrique), qui auparavant n'avait jamais reconnu la RPC. Une valse qui s'explique par l'insolvabilité financière et l'instabilité des régimes politiques. De ce fait, les pays changent de Chine et les Chinois transfèrent leurs oppositions sur le continent où les pays se donnent au plus offrant.

À partir de 2000, Pékin décida de lancer le forum sino-africain pour renforcer la coopération entre les deux parties et mettre en place une politique adaptée au continent. L'objectif de cette nouvelle forme de coopération est, pour les dirigeants chinois, de dépasser le bilatéralisme en prônant un multilatéralisme, au moment où la mondialisation économique se caractérise par une transnationalité et une « déterritorialisation » (Deleuze et Guattari 1991:90), avec une élimination progressive des frontières dans un monde devenu un village planétaire. Le pays-continent justifia cette rencontre en se qualifiant comme :

le pays en développement le plus vaste, tandis que l'Afrique concentre le plus grand nombre de pays en développement ; l'une et l'autre se rapprochant ainsi par les défis communs à relever : la stabilité sur le long terme, le développement économique et l'amélioration des conditions de vie de leurs populations respectives (Gaye 2006:257-258).

Il fallait jeter les bases d'une forme de coopération capable d'instaurer un espace de dialogue collectif pérenne pour le futur. À cette conférence furent présents quarante-cinq pays africains, ainsi que plusieurs institutions internationales et régionales ; elle eut lieu du 10 au 12 octobre ; quatre chefs d'État africains y étaient présents (Bouteflika pour l'Algérie, Eyadema pour le Togo, Mkapa pour la Tanzanie et Chiluba pour la Zambie), ainsi que le représentant de l'O.U.A (Salim A. Salim), et la partie chinoise était représentée par son président, Jiang Zemin, son vice-président, Hu Jintao, et Zhu Rongii.

L'Empire du Milieu s'organise et oriente le continent selon de nouvelles formes de stratégies dans le souci de garantir son approvisionnement énergétique et, par vocation, de jouer un rôle de premier plan sur la scène internationale (Ditguen 2007:22).

La conférence s'est terminée par la publication de deux textes importants : la Déclaration de Pékin et le Programme pour la coopération sino-africaine dans le domaine du développement économique et social. Le premier a eu une portée plus politique, indiquant la vision de Pékin et le devoir de faire sortir les pays africains du sous-développement.

Le deuxième a prôné la promotion de la coopération Sud-Sud, l'amélioration des relations Nord-Sud à travers le dialogue, une participation aux affaires internationales sur une base d'égalité et l'établissement d'un partenariat à long terme au bénéfice de la Chine et de l'Afrique (Aicardi de Saint-Paul 2004). Par la même occasion, la Chine a annulé une partie de la dette des pays africains à hauteur de 10 milliards de dollars. Le deuxième forum s'est déroulé à Addis Abeba (les 25 et 26 novembre 2003) en présence du Premier ministre chinois, Wen Jiabao, d'une douzaine de dirigeants africains, de représentants ministériels ainsi que d'environ 600 chefs d'entreprise (dont 150 chefs d'entreprise chinois). À l'issue de cette conférence, un plan d'action (d'Addis Abeba) a été adopté, définissant les idées directrices et les principaux objectifs pour renforcer la coopération sino-africaine entre 2004-2006.

Ainsi, la Chine s'est engagée à renforcer sa coopération avec les pays africains (les quarante-cinq qui ont participé à la conférence) dans les domaines de la sécurité et de la paix, dans les domaines prioritaires identifiés par le NEPAD, tels que les infrastructures, la prévention et le traitement des maladies transmissibles et infectieuses comme le Sida, le paludisme et la tuberculose, le développement des ressources humaines et de l'agriculture. Sur le plan économique, les deux parties ont décidé de promouvoir leur coopération dans les domaines de l'agriculture, des infrastructures, du commerce, de l'investissement, du tourisme et de l'exploitation des ressources naturelles. La Chine s'est également engagée à élaborer un plan d'action dans les différents domaines, encourageant les entreprises chinoises à participer activement aux projets en Afrique (tels que l'agriculture ou les infrastructures) et à développer leur coopération dans d'autres secteurs (comme les transports, les télécommunications, l'énergie et l'alimentation en eau et en électricité).

Un autre objectif a été de favoriser un commerce équilibré entre la Chine et l'Afrique et d'exempter un certain nombre de produits des droits de douane en provenance des pays africains les moins avancés pour faciliter leur accès au marché chinois. L'intensification des investissements dans les deux sens a été promue, de même que le gouvernement chinois a encouragé les entreprises chinoises à investir en Afrique. Dans les domaines du tourisme, de l'éducation et de la formation, une intensification des relations a été décidée (Gaye 2006:258-260).

En 2006 s'est tenu le troisième forum sino-africain, un sommet qualifié « d'événement historique » par le président Hu Jintao et où quarante et un des quarante-huit pays invités se sont retrouvés au Palais du peuple à Pékin. Ce forum suivra la logique des conférences précédentes et jouera la carte de la parenté entre la Chine et l'Afrique, comme l'a déclaré Hu Jintao, disant que « la Chine sera toujours un ami, un partenaire et un frère de l'Afrique » (Yahmed novembre 2006:47). La même année, la Chine publie en janvier un livre blanc sur sa politique de liaison avec l'Afrique qui précise : « la Chine œuvre à établir et développer un nouveau type de partenariat stratégique marqué par l'égalité et la confiance mutuelle sur le plan politique, la coopération dans un esprit gagnant-gagnant sur le plan économique » (Zhang 2000). Cette position reprend les principes généraux de la coexistence pacifique qui demeurent pour Pékin d'actualité et s'expriment quasiment dans les mêmes termes depuis la déclaration publiée lors de la visite de Jiang Zemin en 1996, jusqu'aux cadres fondateurs du Forum de coopération Chine Afrique (China-Africa Coopération Forum) en 2000 (Niquet 2006).

C'est l'ancrage du nouveau rapprochement entre la Chine et l'Afrique, après plusieurs années d'intense activité de rapprochement diplomatique et de prospection commerciale. Si les deux premiers sommets n'ont pas connu l'effet escompté, force est de reconnaître l'énorme succès du forum de 2006, qui a fortement gagné en importance par la participation de la majorité des pays africains. Les dirigeants ne lésineront sur les moyens, annonçant une augmentation du volume commercial entre les deux parties en vue d'équilibrer la balance commerciale, une aide financière plus importante, des signatures de contrat, l'annulation de la dette des pays pauvres très endettés et des PMA[6].

Pour les pays africains, ce partenariat leur permet de profiter d'un certain nombre d'avantages et de créer de la concurrence pour leurs partenaires traditionnels que sont l'Europe et les États-Unis. De même, ils bénéficient de l'ouverture d'un nouveau marché, de potentialités d'investissement et de crédits à moindre coût sans être soumis à des critères de bonne gouvernance. La troisième tournée de Hu Jintao (30 janvier au 10 février 2007) laissait présager l'intérêt énorme de la Chine par rapport au continent africain. Cet intérêt se traduit par l'augmentation du volume d'échanges entre les deux parties et la multiplication des investissements chinois en Afrique. La rencontre aura permis la signature de contrats portant sur des projets énormes de construction et d'exploitation de gisements miniers. L'importance du sommet sino-africain est à mesurer à l'aune de cette nouvelle démarche stratégique visant à pérenniser les acquis en matière de coopération et à permettre aux entreprises chinoises de signer des contrats avec les États africains.

L'exposé de cet historique entre la Chine et l'Afrique n'est pas immotivé, il nous permet de voir que jusqu'ici c'est la Chine qui pense, oriente et dicte la conduite des événements. Cela veut dire que l'Afrique est demeurée le wagon et n'a jamais cherché à être une locomotive dans ses relations avec les autres. Il faut oser repenser le principe du « gagnant-gagnant », tel que théorisé par la Chine, en disposant d'une feuille de route prenant en compte les objectifs de développement du continent, en s'inspirant des conclusions du NEPAD et des autres politiques de développement.

Contrairement à l'attente des pays africains, la Chine n'opère pas la rupture attendue et tend à renouveler le vieux schéma occidental qui consistait à exporter des produits manufacturés et à importer des matières premières nécessaires à la survie d'une économie chinoise fortement dépendante en énergie. Accusé de « néocolonialisme » par ceux qui avaient mis à genoux les économies africaines en pillant les ressources, le nouvel ami de l'Afrique répondit par la voix de son président : « La Chine n'a jamais imposé sa volonté ou des pratiques inéquitables à d'autres pays et ne le fera jamais. Elle ne fera assurément rien qui puisse nuire aux intérêts de l'Afrique et de ses peuples[7]. » Malgré les dénégations chinoises, les dernières statistiques sur les échanges entre les deux parties révèlent que l'Afrique est toujours dans ce cercle vicieux, « exportation de matières premières contre importation de produits manufacturés ».

On ne va pas jeter l'anathème sur la Chine sous prétexte qu'elle est plus intéressée par les matières premières africaines ; il faut poser la question de savoir ce que l'Afrique a à proposer en dehors de ses ressources. Intégré dans la division internationale du travail en tant que fournisseur de main-d'œuvre et de matières premières bon marché, le continent est incapable d'exploiter les minerais et les matières premières pour développer des industries de transformation ; il est incapable également de développer une base humaine très qualifiée afin de soutenir la croissance et le développement. L'Afrique doit penser une stratégie d'engagement afin de faire face à l'économie la plus puissante qui souhaite s'imposer dans le futur. Sortir de la dictature des urgences et des conditionnalités de circonstances.

Pour une stratégie d'engagement prospective

Les relations entre la Chine et l'Afrique peuvent relever du paradoxe, si on les analyse sous le prisme d'un rapport entre un pays-continent et un continent avec des pays. Cette relation peut être très problématique dans la mesure où la Chine est unique et où l'Afrique ou les Afriques, selon certains détracteurs, est ou sont multiples. Il en ressort une difficulté d'élaborer une stratégie d'engagement en dehors des institutions qui doivent parler d'une seule et même voix pour les mêmes intérêts.

Conscient des difficultés et d'un vide organisationnel au niveau continental, le gouvernement chinois s'emploie à tisser des relations de pays à pays. Prenant en compte des facteurs historiques, géographiques, économiques et humains variés. Les autorités de Pékin mettent en œuvre des projets très différents en Afrique, adaptés aux besoins et ressources des pays avec lesquels l'empire du Milieu développe sa coopération : la préparation d'une zone économique spéciale en Zambie, une ligne de chemin de fer transnationale au Gabon, une raffinerie au Soudan.

C'est la mise à mort du multilatéralisme prôné par la Chine au forum de Pékin en 2000, au bénéfice du bilatéralisme, qui ne peut répondre qu'à des situations urgentes et non prospectives. C'est la stratégie du diviser pour mieux négocier ; la Chine fragilise l'équilibre des institutions sous-régionales et continentales. Nos pays ne peuvent pas séparément faire face au pays-continent. La stratégie du « marcher ensemble et frapper séparément » ne plaidera pas en leur faveur. Il faut reprendre l'initiative pour une stratégie d'engagement à même de pouvoir sauvegarder les intérêts du continent. En pensant à créer une nouvelle voie, qui est le futur chantier du continent, alors que dans l'évolution des rapports entre les deux parties, la Chine a toujours défini et orienté l'agenda. Pour cela il faut sortir de la dictature des urgences et oser inventer l'avenir africain.

On ne peut se projeter dans le futur qu'en questionnant son passé, et c'est l'un des problèmes majeurs du continent africain, que d'asseoir une conscience historique forte pour une Afrique décolonisée mentalement et projetée dans le futur. Ce n'est pas un hasard si la Chine en est arrivé à ce stade de développement : les Chinois sont passés maîtres dans la réécriture de leur histoire, gommant ou modifiant les passages qui ne collaient plus, au point que l'on a pu dire de la Chine qu'il était presque aussi délicat de prédire l'avenir que le passé (De Beer & Rocca 1995:36).

Ce peuple a compris qu'en conduisant l'œil rivé sur le rétroviseur du passé, il y a de fortes chances que l'on rate le virage de l'avenir. En lieu et place des lamentations sans lendemain sur les méfaits de la mondialisation et de la globalisation, des politiques d'assistance et de la main tendue, il convient de se soucier de l'avenir. Ce dernier ne viendra pas tout seul, mais de la volonté de l'imagination autant que de l'action. C'est pourquoi l'Afrique a besoin de la Chine pour comprendre qu'elle peut s'en sortir. Dès lors, la présence chinoise doit-elle nous faire peur ? Devant la supposée menace chinoise entretenue par les Occidentaux et leur intelligentsia, la réponse à cette interrogation nous l'empruntons à feu Tajudeem (Abdul-Raheem 2011) : « Ne vous tourmentez pas ! Organisez-vous ». S'organiser en ayant le droit de penser la question chinoise à l'aune des réalités et intérêts africains et non plus au prisme de l'hégémonie idéologique occidentale.

Les pays africains doivent s'organiser pour une meilleure réactivité par la mise en place d'actions de gestion rationnelle et mesurée de leurs ressources pour un meilleur équilibre des relations commerciales, en faisant preuve de moins de frilosité et de légèreté pour un système de relations économiques   interafricain construit autour d'un objectif d'équilibre des échanges commerciaux. La stratégie d'engagement des États africains face à cette nouvelle forme de coopération taxée de « gagnant-gagnant » par les gouvernements de ces puissances, de « néocolonialisme » par ses détracteurs, doit être axée sur la prospective.

Si la prospective est, selon le mot de Gaston Berger, « la science du comprendre l'avenir en vue de contribuer à le faire », dès lors, il ne s'agit nullement de refuser la prétendue main tendue des pays émergents pour une coopération Sud-Sud, mais précisément de formuler à quelles conditions et selon quelle temporalité les relations entre les pays émergents et l'Afrique peuvent être porteuses de sens et ne sauraient prendre l'allure que le système colonial et néocolonial, avec ses institutions monétaires nous a imposée, jusqu'à se transformer en un appareil destructeur des sociétés et des civilisations.

Faire en sorte que ces investissements/projets puissent apporter un développement local à long terme et non plus une simple stratégie de prélèvement, suivant une logique post-coloniale, sans véritable transfert de technologie. D'un autre côté, considérer ces arrivées comme une nouvelle opportunité pour l'Afrique, favorisant la lutte contre des dysfonctionnements structurels profonds. À partir de là, l'Afrique doit savoir tirer profit de ces opportunités en se posant en tant que réel partenaire des pays émergents et non en tant que quémandeuse. Malheureusement, dans la situation actuelle des institutions africaines, du fait de leur manque de réalisations concrètes, elles peinent à se poser comme interlocutrices de la Chine, de l'Inde, etc., et à mettre en place une réelle politique.

D'où la nécessité de disposer d'un cahier des charges pour négocier avec les Chinois sur la base d'un document stratégique commun comme le NEPAD[8]. De nouvelles stratégies doivent être établies sur de nouvelles références et bâtir une échelle nouvelle des objectifs susceptibles d'inverser le cours de nos relations. Ce travail ne pourrait être fait sans l'intelligentsia africaine, une élite décomplexée qui ne verse plus dans l'« auto-victimisation » et l'« auto-exclusion » en osant créer l'avenir. Les think thank africains doivent mener la guerre des idées face à ces lobbys prochinois composés d'universitaires, de journalistes, d'hommes politiques, ces idéologues de la nouvelle mission civilisatrice chinoise qui nous poussent à nous jeter dans les bras de la Chine sans penser à la menace qui pèse sur les tissus industriels déjà fragiles des pays africains, à moins que le cogito africain ait failli et ne soit de nul effet. Sans anticipation ni prévision ou prospective, l'Afrique va au désastre. S'il y a donc une conviction prospective dans les relations entre les pays émergents et le continent, c'est que nous n'aurons pas d'avenir sans indépendance ni implication dans tous les domaines, à commencer par le choix d'une stratégie d'engagement maîtrisée, et édifiée comme telle, d'après des modèles de transformation sociale qui nous sont propres, voulus par nous-mêmes, notamment en matière d'économie, d'environnement.

Conclusion

Faut-il avoir peur des pays émergents ? Poser cette interrogation, c'est se demander si l'Afrique a un cahier des charges pour décider de son avenir et cesser de faire du « babysitting » ou du « confiage » de son économie. Le continent ne doit plus subir les événements. Dès lors, il doit disposer de son propre agenda pour parler d'une seule et même voix avec méthode, objectifs et stratégies afin de ne pas sombrer dans l'anéantissement le plus total.

Le modèle chinois de développement peut faire peur à certains, nourris à l'idéologie démocratique de type occidental, qui articule réforme démocratique et développement économique. Capitalisme totalitaire animé d'une puissance guidée par une volonté hégémonique, la Chine au régime politique totalitaire et à la démarche économique mercantiliste fait face au modèle de capitalisme occidental basé sur les valeurs démocratiques ; le continent africain est le nouveau théâtre des combats. C'est le lieu où se mène cette guerre froide à distance entre pays émergents et puissances traditionnelles.

Quelles doivent être la position et la réaction du continent face à un conflit qui oppose un impérialisme ascendant aspirant à une domination mondiale à un impérialisme dominant encore la scène internationale, mais sur le déclin ? En ces périodes de mondialisation accélérée où les nations les plus puissantes ainsi que des groupes de pouvoir multiples déstabilisent les nations les moins outillées par les manipulations du cours des changes, des marchés des capitaux, du prix du pétrole ou des cours des denrées alimentaires mondiales ?

Ici s'inscrit la nécessité de définir une nouvelle stratégie d'engagement des pays africains à travers des institutions fortes afin de pouvoir jouer à forces égales contre ces nouvelles puissances. La démarche prospective se situe pour ainsi dire au-delà de l'urgence dans laquelle nos relations sont construites et déterminées par ces puissances à agir, selon les principes de Berger : « Voir loin, voir large, analyser en profondeur, prendre des risques, penser à l'homme. »

Notes

1. *Politique Africaine*, n° 113, mars 2009, p. 2.
2. Robert Mugabe, « Il nous faut nous tourner vers l'Est, là où se lève le soleil ». Discours prononcé à l'occasion du 25ᵉ anniversaire de l'indépendance du Zimbabwe.
3. Marianne http://www.marianne-en-ligne.fr/e-docs/00/00/65/8E/document_article_marianne.phtml.
4. Rapport annuel sur l'investissement de la Conférence des Nations unies pour le commerce et le développement, chiffres cités dans « Le groupe indien Tata Steel prêt à racheter le sidérurgiste Corus », *Le Monde*, 17/10/2006.
5. En général, les frais payés pour un expert technique effectuant un séjour à l'étranger, se sont élevés à environ 300 000 $ au début des années 1990 (salaire, logement et allocations inclus). Les experts chinois coûtent pourtant beaucoup moins cher. Par exemple, en 1991, des médecins chinois en Gambie ont reçu 80 $ d'allocation par mois à côté d'une chambre pour vivre, et au Libéria des experts agricoles ont gagné 500 $ par mois (Brautigam 1998:44-47).
6. Les pays les moins avancés.
7. Discours de Hu Jintao à l'Université de Pretoria lors de sa visite en Afrique du Sud en février 2007.
8. Nouveau partenariat pour le développement économique en Afrique.

Références

Abdul-Raheem, T., 2011, *La vérité aux puissants*, Pambazuka Press Codesria, Le Cap-Dakar.

Adda, J., 2004, *La mondialisation de l'économie, T. II : Problèmes*, La Découverte.

Aicardi de Saint-Paul, M., 2004, « La Chine et l'Afrique, entre engagement et intérêt », *Géopolitique africaine*, n° 14. www.african-geopolitics.org /home_french. htm.

Bangui, T., 2009, *La Chine, un nouveau partenaire de développement de l'Afrique. Vers la fin des privilèges européens sur le continent noir ?*, Paris, L'Harmattan.

Brautigam, D., 1998, *Chinese Aid and African Development : Exporting Green Revolution*, New York, St. Martin's Press.

Bayart, J.-F., 1994, *La réinvention du capitalisme*, Paris, Karthala.

Brunet, A. & Guichard, J.-P., 2011, *La visée hégémonique de la Chine, L'impérialisme économique*, Paris, L'Harmattan.

De Beer, Patrice & Rocca J.-L., 1995, La *Chine à la fin de l'ère Deng Xiaoping*, Paris, Le Monde.

Enda Prospectives, 2007 « L'impact de l'émergence chinoise et indienne en Afrique, étude de cas sur le Sénégal », OCDE.

Gaye, A., 2006, *Chine, Afrique : le dragon et l'autruche*, Paris, L'Harmattan.

Goldstein, A., Pinaud, N., Reisen, H. & Chen, X., 2006, *L'essor de la Chine et de l'Inde, quels enjeux pour l'Afrique ?*, OCDE, Paris.

Haber, D. & Mandelbaum, J., 1996, *La revanche du monde chinois ?* Économica.

Hardt, M., & Negri, A., 2000, *Empire*, Paris, Exils.

Imbert, Anne, 2011, « Quand la Chine fait son bol de riz sous le regard inconscient de l'Occident », http://www.news.batiweb.com ; 9 août.

Jaffrelot, C., 2008 (dir.), *L'enjeu mondial. Les pays émergents*, Paris, Presses de Science Po.

Kabou A., 1993, *Et si l'Afrique refusait le développement*, Paris, L'Harmattan.

Kateb, A., 2011, *Les nouvelles puissances mondiales. Pourquoi les BRIC changent le monde*, Paris, Ellipses.

Lacoste, Y., 2007, « Quand la Chine change le monde », *Hérodote*, n° 125, Paris, 2e trimestre.

Haber, D. & Mandelbaum, J., 1996, *La revanche du monde chinois ?*, Économica, Paris.

Manguelle, D. E., 1991, *L'Afrique a-t-elle besoin d'un programme d'ajustement culturel ?* Paris, Nouvelles du Sud.

Niquet, V., 2006, « La stratégie africaine de la Chine », *Politique étrangère*, 2e trimestre.

Rocca, J.-L., 1995, *La Chine à la fin de l'ère Deng Xiaoping*, Le Monde Poche.

Vercueil, J., 2011, *Les pays émergents. Brésil-Russie-Inde-Chine : mutations économiques et nouveaux défis*, Paris.

Zhang, H., 2000, « La politique africaine de la Chine », Institut d'études sur l'Asie occidentale et l'Afrique, Académie des sciences sociales de Chine. www.chineafrique.com.

Périodiques

« L'État de l'Afrique », 2007, Hors Série *Jeune Afrique* n° 15, avril 2007, Paris, p. 18-54.

Marianne, 2009 http://www.marianne-en-ligne.fr/e-docs/00/00/65/8E/document_article_marianne.phtml. 30 septembre.

Le Monde http://www.lemonde.fr/economie/article/2010/01/25/les-pays-emergents-dans-le- (monde_1296196_3234.htm) visité le 23 décembre 2012.